한국사, 더 쉽고 재밌고 생생하게!
# 생방송 한국사

02
삼국·가야

**동영상 강의 및 감수 고종훈**
서울대학교 동양사학과를 졸업했습니다. 한국사검정시험에서 수많은 합격자를 배출, 메가스터디 한국사 9년 연속 유료 수강생 1위. 누적 수강생이 70만 명 이상인 검증된 한국사 대표 강사입니다. 검증된 역사 지식을 바탕으로 많은 사람들에게 올바른 역사 인식을 심어주고자 노력하고 있습니다.

**기획 및 감수 최인수**
이화여자대학교에서 지리교육 및 역사교육을 전공, 구리 인창중학교에서 역사를 가르쳤습니다. 많은 아이들이 바른 역사를 알기를 바라는 마음으로 어린이 도서 전문 기획자로 활동하고 있습니다.

**감수 공미라**
이화여자대학교에서 역사교육을 전공, 교육대학원에서 석사학위를 받았습니다. 현재 남양주시 주곡중학교에서 역사를 가르치고 있습니다.

**글 심선민**
중앙대학교에서 역사학과 문예창작학을 공부했습니다. 문화예술교육진흥원의 〈꿈다락 토요문화학교〉 문학예술강사로 활동 중입니다. 아이들과 어울리고 배우는 일이 좋아 역사와 문학, 글쓰기를 함께 공부하며 글을 쓰고 있습니다.

**그림 박종호**
동아, LG 국제만화페스티벌에서 〈세상에서 가장 행복한 날〉, 〈여섯 번째 손가락 이야기〉로 상을 받았습니다. 어린이들에게 가장 좋은 작품을 선보이기 위해 노력하고 있으며 재미있는 캐릭터와 생동감 넘치는 연출이 매력적입니다. 대표작으로는 〈이이화 선생님이 들려주는 만화 한국사〉, 〈바로 보는 세계사〉, 〈세계대역사 50사건〉, 〈Hello! MY JOB〉 등이 있습니다.

 삼국 · 가야

글 심선민　그림 박종호
감수 고종훈 공미라 최인수

1판 1쇄 발행 2017년 1월 20일
1판 4쇄 발행 2021년 1월 5일

펴낸이 김영곤
키즈융합부문 대표 이유남　키즈융합부문 이사 신정숙
키즈사업본부장 김수경　에듀1팀 김지혜 윤수지　기획개발 탁수진
영업본부장 김창훈　영업1팀 임우섭 송지은　영업2팀 이경학 오다은
마케팅본부장 변유경　마케팅1팀 김정은 문윤정 구세희
표지·본문디자인 씨디자인_조정은　본문편집디자인 02정보디자인연구소
사진 제공 이뮤지엄(국립중앙박물관 외), 문화재청, 국립중앙박물관 도록, 국립공주박물관 도록, 왕의 초상, 조선중앙력사박물관 도록, 육군박물관 도록, 국립광주박물관 도록, 국립대구박물관 도록, 두암 기용두 도록, 연합뉴스, 위키피디아, 위키미디어, 게티이미지

펴낸곳 (주)북이십일 아울북
주소 (우 10881)경기도 파주시 회동길 201
연락처 031-955-2100 (대표) 031-955-2151 (FAX)
홈페이지 www.book21.com

등록번호 2000년 5월 6일 제 406-2003-061호
이 책 내용의 일부 또는 전부를 재사용하시려면 반드시 (주)북이십일의 동의를 얻어야 합니다.
잘못 만들어진 책은 구입하신 서점에서 교환해 드립니다.

- 제조자명 : (주)북이십일
- 주소 및 전화번호 : 경기도 파주시 회동길 201(문발동) / 031-955-2100
- 제조연월 : 2021년 1월 5일
- 제조국명 : 대한민국
- 사용연령 : 8세 이상 어린이 제품

한국사, 더 쉽고 재밌고 생생하게!

# 생방송 한국사

**글** 심선민　**그림** 박종호　**기획** 최인수　**강의** 고종훈

**02 삼국·가야**

아울북

# 구성과 특징

인물의 주요 사건과 업적이 한눈에
보기 쉽게 그림과 연표로 구성되어 있어요.

**역사 현장이 한눈에!**

그 시대의 다양한 뒷이야기를 통해
지루한 역사가 더욱 재미있어져요.

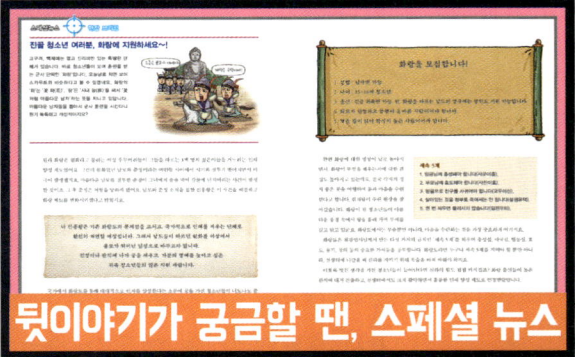

**뒷이야기가 궁금할 땐, 스페셜 뉴스**

 → 타임라인 뉴스 → 주요 뉴스 → 스페셜 뉴스

**역사 현장을 취재하다!**

교과서 핵심 개념을 뉴스 취재 형식으로 보여주어
쉽게 이해하고 깊이 생각할 수 있게 해요.

사건과 인물을 하나하나 연결하면서
복잡한 인물들의 순서도 금방 익혀요.

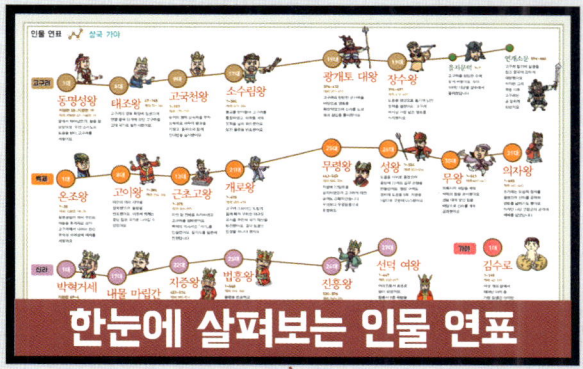

역사 현장 어디든 출동!

바쁘다 바빠!

| 고종훈의 한국사 브리핑 | 인물 연표 | 동영상 강의 |

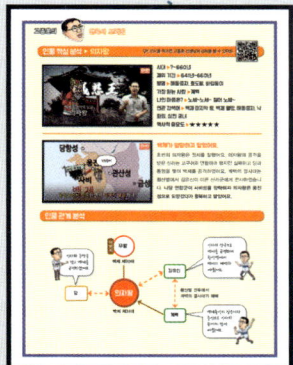

**고종훈 선생님의 핵심 콕콕!**

고종훈 선생님과 함께 인물과 사건의
핵심 내용을 알기 쉽게 다시 한 번 요약해요!

동영상 강의로 다시 한 번 정리

고종훈 선생님의 각 인물별 5분 동영상 강의로
23명의 인물을 완벽하게 정리해요!
('고종훈의 한국사 브리핑' 상단의 QR코드를 찍으면 영상
을 볼 수 있어요.)

# ▶ 방송 순서

생방송 한국사 소개…4
구성과 특징…6

## 고구려

알에서 태어난 주몽, 고구려를 세우다!

### 01 동명성왕(고주몽) 고구려를 건국하다 … 13
1 헤드라인 뉴스 – 알에서 태어난 주몽, 고구려를 세우다!
2 심층 취재 – 고구려, 옆 나라들을 정복하며 성장하다!
스페셜 뉴스 ▶ 인물 인터뷰 – 고구려와 백제, 두 나라의 건국을 주도한 여장부, 소서노
고종훈의 한국사 브리핑

왕의 힘을 키워라! 정복 전쟁 결정!

### 02 태조왕 고구려의 기초를 세우다 … 23
1 심층 취재 – 왕의 힘을 키워라! 정복 전쟁 결정!
스페셜 뉴스 ▶ 10분 토론 – 형제 상속제, 당신은 어떻게 생각하십니까?
고종훈의 한국사 브리핑

고국천왕의 개혁, 고대 국가로 나아간 고구려!

### 03 고국천왕 인재를 등용하다 … 31
1 헤드라인 뉴스 – 고국천왕의 개혁, 고대 국가로 나아간 고구려!
2 심층 취재 – 재상 을파소, 빈민 구제 제도 진대법 실시
스페셜 뉴스 ▶ 인물 포커스 – 발칵 스캔들! 왕후 우씨가 죽은 남편의 동생과 만난 이유는?
고종훈의 한국사 브리핑

전연과 백제, 고구려에 시련을 주다

### 04 소수림왕 고구려를 다시 일으켜 세우다 … 41
1 헤드라인 뉴스 – 전연과 백제, 고구려에 시련을 주다
2 심층 취재 – 중앙 집권을 완성한 소수림왕
3 헤드라인 뉴스 – 고분 벽화에 담긴 고구려인들의 삶 속으로!
스페셜 뉴스 ▶ 현장 브리핑 – 먹고 마시고 즐겨라! 고구려 동맹 축제
고종훈의 한국사 브리핑

최고의 정복 군주, 광개토 대왕

### 05 광개토 대왕 고구려의 영토를 넓히다 … 53
1 인물 초대석 – 최고의 정복 군주, 광개토 대왕
2 헤드라인 뉴스 – 고구려, 신라를 도와 왜를 무찌르다!
스페셜 뉴스 ▶ 문화계 소식 – 고구려의 국격을 문장에 담아낸 광개토 대왕릉비를 소개합니다!
고종훈의 한국사 브리핑

장수왕, 남쪽으로 눈을 돌리다!

### 06 장수왕 동북아시아의 강국이 된 고구려 … 65
1 인물 초대석 – 장수왕, 남쪽으로 눈을 돌리다!
2 헤드라인 뉴스 – 고구려, 남진 정책으로 가장 넓은 영토 차지!
스페셜 뉴스 ▶ 체험! 역사 현장 – 체험! 삼국의 귀족 회의
 ▶ 10분 토론 – 고구려의 역사를 빼앗으려는 중국의 '동북공정', 어떻게 대처해야 할 것인가?
고종훈의 한국사 브리핑

십자형 외교로 살펴보는 동북아시아의 국제 정세

## 07 을지문덕 고구려, 수의 침략을 막아 내다! ······ 77
1 헤드라인 뉴스 – 십자형 외교로 살펴보는 동북아시아의 국제 정세
2 헤드라인 뉴스 – 수의 100만 대군을 물리쳐라!
스페셜 뉴스 ▶ 체험! 역사 현장 – 체험! 고구려 유적지 여행
고종훈의 한국사 브리핑

연개소문, 영류왕에 맞서다

## 08 연개소문 민족의 방파제였던 고구려 멸망하다 ······ 87
1 헤드라인 뉴스 – 연개소문, 영류왕에 맞서다
2 심층 취재 – 민족의 방파제였던 고구려의 멸망
스페셜 뉴스 ▶ 인물 인터뷰 – 이번에는 고구려를 차지하고 말 거야! 당 태종의 계략은?
▶ 현장 브리핑 – 당 태종의 10만 정예병을 막아 낸 안시성 싸움!
▶ 비하인드 뉴스 – 고구려 부흥 운동에 참여할 사람들을 모집합니다!
고종훈의 한국사 브리핑

### 백제

한강 남쪽으로 내려와 백제를 세운 온조왕!

## 01 온조왕 백제를 건국하다 ······ 102
1 헤드라인 뉴스 – 한강 남쪽으로 내려와 백제를 세운 온조왕!
스페셜 뉴스 ▶ 취재 수첩 – 무엇이 무엇이 똑같을까? 고구려와 백제가 닮았어요!
고종훈의 한국사 브리핑

가장 빨리 중앙 집권 국가로 성장한 백제!

## 02 고이왕 백제의 기틀을 세우다 ······ 109
1 인물 초대석 – 가장 빨리 중앙 집권 국가로 성장한 백제!
스페셜 뉴스 ▶ 체험! 역사 현장 – 백제 토성 기행
고종훈의 한국사 브리핑

근초고왕, 동북아시아의 해상 왕국 건설!

## 03 근초고왕 강하고 화려한 해상 왕국 건설 ······ 117
1 헤드라인 뉴스 – 근초고왕, 동북아시아의 해상 왕국 건설!
스페셜 뉴스 ▶ 그때 그 물건 – 백제의 뛰어난 기술과 문화를 자랑하는 칼, 칠지도
고종훈의 한국사 브리핑

광개토 대왕의 등장으로 나제 동맹 체결

## 04 개로왕 한강을 잃은 백제, 위기에 빠지다 ······ 127
1 심층 취재 – 광개토 대왕의 등장으로 나제 동맹 체결
2 헤드라인 뉴스 – 개로왕의 잘못된 정치로 한강을 잃다
스페셜 뉴스 ▶ 현장 브리핑 – 스파이 도림의 꾀에 속아 나라를 망하게 한 개로왕
고종훈의 한국사 브리핑

# ▶ 방송 순서

## 05 무령왕 백제의 보물 창고 ·········· 135
**1 인물 초대석**―위기를 극복하고 국력을 회복한 무령왕!
**2 헤드라인 뉴스**―백제의 문화가 잠들어 있는 무령왕릉
스페셜 뉴스 ▶ 문화계 소식―무령왕릉의 보물을 찾아라!
고종훈의 한국사 브리핑

## 06 성왕 백제를 다시 일으키다 ·········· 143
**1 헤드라인 뉴스**―백제, 두 번째 전성기를 맞이하다!
**2 헤드라인 뉴스**―백제 성왕, 한강을 되찾다?
스페셜 뉴스 ▶ 10분 토론―관산성 전투, 배신인가? 아니면 실리적인 선택인가?
 ▶ 체험! 역사 현장―백제 도읍 관광, 떠나보실래요?
고종훈의 한국사 브리핑

## 07 무왕 백제의 로맨티스트 ·········· 153
**1 헤드라인 뉴스**―백제의 서동, 신라의 선화 공주와 결혼!
스페셜 뉴스 ▶ 그때 그 물건―백제 예술의 극치, 백제 금동 대향로, 백제 최초의 석탑, 미륵사지 석탑
고종훈의 한국사 브리핑

## 08 의자왕 백제의 마지막 왕 ·········· 161
**1 헤드라인 뉴스**―백제의 마지막 왕, 의자왕
**2 헤드라인 뉴스**―계백 장군의 5천 결사대와 황산벌 전투
스페셜 뉴스 ▶ 비하인드 뉴스―백제 부흥 운동을 둘러싼 두 왕자의 어긋난 운명
고종훈의 한국사 브리핑

## 신라

## 01 박혁거세 신라를 세우다 ·········· 170
**1 헤드라인 뉴스**―신라 건국 이야기의 주인공, 박혁거세
스페셜 뉴스 ▶ 인물 포커스―석탈해와 김알지 탄생 이야기로 알아보는 신라의 3성, 박·석·김
고종훈의 한국사 브리핑

## 02 내물 마립간 고구려의 힘을 빌려 위기를 막아 내다 ·········· 177
**1 헤드라인 뉴스**―신라의 기틀을 세운 왕, 내물 마립간
스페셜 뉴스 ▶ 취재 수첩―신라 왕위 계보도로 알아보는 경주 김씨의 왕위 세습 과정
고종훈의 한국사 브리핑

### 03 지증왕 우경을 시작하고 제도를 정비하다 ················ 185
**1** 헤드라인 뉴스 - 지증왕, 왕호와 국호를 정하다!
**2** 심층 취재 - 중국 문화를 수용하여 발전을 이끈 지증왕!
스페셜 뉴스 ▶ 인물 인터뷰 - 신라의 명장 이사부 장군의 우산국 정벌 이야기
고종훈의 한국사 브리핑

### 04 법흥왕 부처의 법을 흥하게 하라 ························ 193
**1** 헤드라인 뉴스 - 신라의 정치·문화적 토대를 만든 법흥왕!
스페셜 뉴스 ▶ 취재 수첩 - 법흥왕과 이차돈의 비밀 계략은? ▶ 현장 브리핑 - 이차돈의 희생으로 피어난 불교의 꽃 ▶ 비하인드 뉴스 - 불교 수용으로 달라진 신라인들의 삶
고종훈의 한국사 브리핑

### 05 진흥왕 삼국의 주도권을 잡다! ·························· 205
**1** 헤드라인 뉴스 - 한강을 차지한 신라, 삼국 통일을 꿈꾸다!
스페셜 뉴스 ▶ 현장 브리핑 - 진골 청소년 여러분, 화랑에 지원하세요!
▶ 취재 수첩 - 한강의 주인은 바로 나!
고종훈의 한국사 브리핑

### 06 선덕 여왕 우리나라 최초의 여왕 ························ 215
**1** 인물 초대석 - 여왕을 등장시킬 만큼 강력했던 골품제!
스페셜 뉴스 ▶ 문화계 소식 - 삼국은 왜 천문 관측을 중요시 했을까?
▶ 문화계 소식 - 일본에 전파된 삼국의 문화
고종훈의 한국사 브리핑

## 가야

### 01 김수로 연맹 왕국에 머무른 가야! ························ 224
**1** 헤드라인 뉴스 - 가야의 시조들, 여섯 개의 알에서 태어나다!
**2** 헤드라인 뉴스 - 중계 무역으로 번성했던 철의 나라, 가야
스페셜 뉴스 ▶ 인물 포커스 - 가야의 인재들이 한 자리에 모이다!
고종훈의 한국사 브리핑

인물 연표 … 232
찾아보기 … 234

# 고구려

중국에 맞서 우리 민족을 지켜 주었던 위대한 나라 고구려!

넓은 영토를 지배하며 동아시아를 호령하던 고구려의 기상을 생각하면

아직도 가슴이 뜁니다.

고구려는 어떤 과정을 거쳐 발전을 이루었을까요?

그리고 삼국 간의 경쟁에서 어떤 모습을 보였을까요?

김역사 기자가 전해드립니다.

# 01 동명성왕 (고주몽)

**고구려를 건국하다**

**시대** 기원전 58년~기원전 19년
**재위 기간** 기원전 37년~기원전 19년

조마조마했는데 무사히 건너 다행이네.

부여

주몽, 네 이놈!

잉어와 자라가 다리를 놓아주다니, 대소 왕자는 닭 쫓던 개 신세가 되었네~

고맙구나! 지금은 이렇게 도망치지만 언젠가 반드시 성공할 거야!

사뿐히 즈려밟고 가시옵소서~!

## 타임라인 뉴스

**기원전 58**
해모수와 유화의 아들로 태어나다

**기원전 37**
고구려를 건국하고 왕위에 오르다

**기원전 36**
비류국을 정복하다

**기원전 34**
졸본성과 궁궐을 완성하다

**기원전 28**
옥저의 일부를 무너뜨리다

**기원전 19**
아들 유리를 태자에 앉힌 후 승하하다

# 1 헤드라인 뉴스

생방송한국사

알에서 태어난 주몽, 고구려를 세우다!

속보입니다. 알에서 태어난 주몽이 고구려라는 나라를 세웠다고 하는데요! 활도 잘 쏘고 나라도 세우다니 정말 대단한 영웅이 아닐 수 없습니다. 그 과정에서 졸본 부여의 공주 소서노의 큰 도움을 받았다고 합니다. 이 소식을 김역사 기자가 취재했습니다.

김역사 기자

안녕하세요. 김역사 기자입니다. 우선 동명성왕 관련 소식부터 전해드리겠습니다.

어느 날 동부여의 왕 금와는 강가에서 한 여인을 만나게 됩니다. 여인은 눈물을 흘리며 금와왕에게 자신의 사정을 털어놓았지요.

"저는 물의 신 하백의 딸 유화입니다. 하루는 하늘에서 해모수라는 이름을 가진 남자가 내려왔어요. 그는 자신을 천제(하느님)의 아들이라고 소개하고, 저와 결혼을 하더니 다시 하늘로 떠나 버렸습니다. 아버지인 물의 신 하백은 제가 허락도 없이 결혼을 했다며 절 내쫓아 버렸답니다."

금와왕은 사정이 딱한 유화를 자신의 궁궐에서 살게 했습니다. 어느 날 신비한 햇빛이 유화를 비추었어요. 유화가 피해보았지만 햇빛은 계속 유화를 따라왔지요. 그리고 얼마 후 유화는 임신을 하여 커다란 알을 낳게 되었습니다. 사람이 알을 낳다니 불길하고 이상한 일이었어요. 금와왕은 신하들을 시켜서 알을 거리에 내다 버리라고 했어요.

동명성왕(고주몽) | 고구려를 건국하다

그런데 신기하게도 짐승들은 알을 먹지도 않을뿐더러 알 주위를 피해 다녔어요. 심지어 새들은 알을 품어 주기까지 했고요. 금와왕이 알을 직접 깨려고도 해봤지만, 알은 끄떡없었어요. 금와왕은 어쩔 수 없이 알을 가져와 다시 유화에게 돌려주었답니다.

그 후 알에서는 아주 튼튼한 사내아이가 태어났습니다. 태어나면서부터 신비한 기운이 있었던 이 아이는 잘생기고 똑똑할 뿐만 아니라 특히 활을 아주 잘 쏘아서 보는 사람마다 감탄했지요. 아이는 '활을 잘 쏘는 사람'이라는 뜻의 부여말인 **주몽**이라는 이름으로 불렸어요.

금와왕의 왕자들은 재능이 뛰어나고 못 하는 것이 없는 주몽을 질투했습니다. 특히 금와왕의 맏아들인 대소 왕자는 주몽에게 왕의 자리를 빼앗길 것이 두려워 그를 죽이려고 했답니다. 유화는 주몽에게 도망치라고 충고했어요. 생명의 위협을 느낀 주몽 역시 부여를 떠날 결심을 했답니다. 그때 주몽에게는 임신한 아내 예씨 부인이 있었어요. 대소 왕자의 군사들로부터 한시라도 빨리 도망쳐야 해서 부인을 데려가기 어려운 상황이었지요. 주몽은 칼을 두 조각으로 나눈 후 한 쪽을 부인에게 보여 주며 말했습니다.

"부인, 함께 떠나지 못해서 미안합니다. 내가 동부여를 떠나기 전에 일곱 모가 난 돌 위의 소나무 아래에 나머지 부러진 칼 한 쪽을 둘 것입니다. 나중에 아들이 태어나거든 나머지 한 쪽 칼을 찾아서 내게 오라고 해 주십시오."

'일곱 모가 난 돌 위의 소나무 아래'라니 알쏭달쏭한 표현이지요? 그것은 바로 주몽이 아들을 위해 낸 수수께끼였어요.

**주몽**

고구려의 건국 이야기인 '주몽 이야기'는 광개토 대왕릉비에 처음으로 소개되었습니다. 주몽의 활약에 대한 이야기는 고려 시대에 쓰여진 『삼국사기』와 『삼국유사』라는 역사책에도 나오지요. 『동국이상국집』에는 주몽의 멋진 모습을 쓴 「동명왕편」이라는 시도 있어요.

▲ 고구려의 성립

주몽은 자신을 따르는 오이, 마리, 협보라는 신하 셋과 함께 동부여를 떠나 남쪽으로 향했습니다. 이윽고 주몽은 강 앞에 다다랐어요. 뒤로는 대소 왕자의 군사들이 바짝 쫓아오고 있었는데 주몽에게는 배가 없어 강을 건널 수가 없었지요. 발을 동동 구르던 주몽이 큰 소리로 외쳤습니다.

"나는 천제의 손자이자, 물의 신 하백의 외손자 주몽이다. 내 뒤를 쫓는 자가 있으니 강을 건너 피할 수 있게 해 다오."

주몽의 외침에는 하늘에서 내려온 해모수의 아들이라는 자신감이 느껴졌답니다. 그러자 정말로 강 위로 자라와 물고기들이 나타나 주몽 일행이 건널 수 있게 다리를 놓아주는 게 아니겠어요? 주몽이 강을 다 건너자, 자라와 물고기들은 다시 흩어져 버렸습니다. 주몽을 뒤쫓던 대소 왕자와 병사들은 강을 건널 수 없었지요.

무사히 강을 건너 계속 남쪽으로 내려간 주몽은 졸본 부여에 도착합니다. 주몽은 동부여에서 급하게 도망 나오느라 뒤따르는 신하 몇 명이 있는 것이 고작이었어요. 그때 그는 졸본 부여에서 **소서노**라는 여인을 만나게 됩니다. 아버지와 남편에게 나라를 다스릴 수 있는 힘과 재산을 물려받았던 소서노는 주몽이 새로운 나라를 세울 수 있도록 도와줍니다. 주몽은 소서노와 함께 신하와 장수들을 모으고 백성들을 다스려 마침내 기원전 37년, '고구려'라는 나라를 세우게 됩니다! 그때 주몽은 22세의 어린 나이였고, 동명성왕이라 불리었답니다.

**소서노**

소서노는 졸본 부여의 공주로, 막강한 힘을 가진 연타발의 딸이었습니다. 이미 결혼을 한 번 했다가 남편이 일찍 죽어서 혼자 비류와 온조라는 두 아들을 키우고 있었어요.

　시청자 여러분, 고구려 건국 이야기를 잘 보셨나요? 이 이야기를 통해 우리는 고구려가 어떻게 시작되었는지 알 수 있습니다. 주몽의 아버지인 해모수는 하늘에서 내려왔다고 되어 있지만, 사실은 북부여의 왕이었다고 전해집니다. 또한 주몽은 어머니 유화와 함께 동부여에서 살며 금와왕의 보호를 받았지요. 그 후 남쪽으로 내려와 졸본 부여 지역 사람들과 힘을 합쳐서 고구려를 세웠습니다. 주몽의 이야기를 통해, 고구려가 **부여**라는 나라에서 시작되었다는 것을 알 수 있어요.

　또한 주몽이 알에서 태어났다는 건 특별한 의미를 가지고 있어요. 우리 조상들은 둥근 알이 태양과 닮았다고 생각했기 때문에, 알에서 태어난 사람은 곧 하늘에서 내려온 신의 아들이라고 믿었어요. 한 나라를 세운 사람이 이렇게 특별하게 태어났다고 하니, 백성들은 왕의 힘을 넘보지 않을 뿐만 아니라 다른 민족보다 더 뛰어나다는 자부심을 느낄 수 있었을 거예요.

　주몽이 세운 고구려는 훗날 드넓은 만주 벌판을 정복하고 강한 나라로 성장하였습니다.

**부여**

부여는 북부여, 동부여, 졸본 부여 등의 여러 지역으로 나뉘어 있었던 연맹 왕국이었답니다.

## 2 심층 취재

생방송 한국사

고구려, 옆 나라들을 정복하며 성장하다!

고구려를 세운 주몽이 이웃 나라들에게 전쟁을 선포했다고 합니다! 주변의 부족들이 고구려에 항복하면서 고구려가 5부족 국가로 모습을 드러냈습니다! 전쟁을 통해 강한 힘을 키워 나가는 고구려의 모습을 김역사 기자가 보도해 주시죠!

주몽이 나라를 세운 곳은 평지가 드물어 방어에는 유리했지만 농사에는 불리했습니다.

김역사 기자

주몽은 고구려를 세우자마자 활발하게 정복 전쟁을 했습니다. 가까이에 있던 말갈을 공격한 것이 그 시작이었지요. 주몽의 활약으로 졸본 주변의 토착 부족들이 고구려에 항복하여 5부족 중심의 나라가 꾸려졌어요. 그 후 동쪽으로 활발하게 진출해 북옥저 역시 고구려의 땅이 됐습니다.

고구려가 처음부터 이렇게 옆 나라를 정복한 것은 아주 효과적인 선택이었어요. 우선 이웃 나라의 넓은 땅에 농사를 지어 식량을 얻을 수 있었고, 전쟁에 진 사람들을 받아들여 인구를 늘릴 수 있었어요. 인구가 늘어나면 농사를 지을 사람도 늘어나고, 군사들도 많이 뽑을 수 있기 때문에 나라가 강해질 수밖에 없어요. 또한 주변 나라들의 침략을 걱정할 필요 없이, 안정된 환경에서 법과 제도를 발전시킬 수 있었거든요. 그리하여 고구려는 점점 강한 힘을 가지게 됐어요.

18 동명성왕(고주몽) | 고구려를 건국하다

이웃 나라를 정복하여 강한 나라를 만들어가던 주몽에게 가슴 아픈 소식이 전해졌어요. 동부여에서 떠날 때 미처 함께 나오지 못했던 어머니 유화가 세상을 떠났다는 소식이었어요. 다행히 금와왕은 유화 부인의 장례식을 후하게 치러주었습니다. 주몽은 동부여에 사신을 보내 그동안 어머니와 자신을 보살펴 준 금와왕에게 감사의 뜻을 전했지요.

유화가 세상을 떠나고 몇 년이 흘러, 예씨 부인과 아들 유리가 고구려로 찾아왔어요. 주몽은 꿈에 그리던 부인과 아들을 다시 만나 뛸 듯이 기뻐했습니다. 게다가 유리가 **주몽이 낸 수수께끼**를 무사히 풀어 만남의 징표인 부러진 칼을 가지고 왔기에 기쁨은 더 컸지요.

**주몽이 낸 수수께끼**

주몽이 동부여에서 도망칠 때 부러진 칼 한 자루를 일곱 모가 난 돌 위의 소나무 아래에 두고 온 것 기억하시죠? 일곱 모가 난 바위는 주춧돌이고 그 위의 소나무는 나무 기둥을 뜻했어요. 즉 유리가 살고 있던 집의 주춧돌과 나무 기둥 사이에 부러진 칼 조각이 있었답니다.

그런데 문제가 생겼어요. 주몽은 졸본 땅에서 소서노라는 여인의 도움을 받아 나라를 세우고, 그녀를 왕비로 세웠어요. 그리고 소서노가 전 남편과의 사이에서 낳은 비류, 온조라는 아들을 왕자로 삼았지요. 이제 본부인인 예씨 부인과 아들이 찾아왔으니 어떤 아들을 태자로 삼아야 할지 고민이 되겠죠? 이때 주몽이 택한 것은 유리였습니다. 소서노는 주몽의 결정에 배신감을 느꼈어요.

"고구려를 세우는 것을 도와줬더니 우리를 버리고, 본부인의 아들 유리를 택했구나!"

소서노와 두 아들은 이복형제인 유리와 싸우는 대신 고구려를 떠나는 것을 택했어요. 그들이 남쪽으로 내려가 세운 나라가 바로 백제랍니다.

주몽에 이어 왕위에 오른 유리왕은 산이 많은 졸본 땅을 벗어나 동쪽으로 조금 더 이동해 압록강 근처 국내성으로 나라의 도읍을 옮깁니다. 또한 아버지에 이어 주변 나라를 정복하여 땅을 넓혀 나갔습니다.

## 스페셜뉴스 인물 인터뷰

## 고구려와 백제, 두 나라의 건국을 주도한 여장부, 소서노

흔히 고구려를 세운 사람은 동명성왕(주몽)으로 알려져 있는데요, 알고 보면 주몽 못지않은 활약을 한 여인이 있지요. 바로 고구려와 백제, 두 나라가 세워질 수 있도록 이끈 여장부, 소서노입니다. 먼저 자기소개를 해 주시죠.

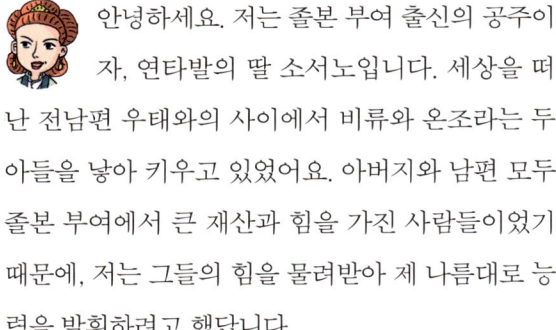 안녕하세요. 저는 졸본 부여 출신의 공주이자, 연타발의 딸 소서노입니다. 세상을 떠난 전남편 우태와의 사이에서 비류와 온조라는 두 아들을 낳아 키우고 있었어요. 아버지와 남편 모두 졸본 부여에서 큰 재산과 힘을 가진 사람들이었기 때문에, 저는 그들의 힘을 물려받아 제 나름대로 능력을 발휘하려고 했답니다.

졸본 부여의 공주면서 힘을 가진 여인이라는 점이 인상적입니다. 주몽왕과의 첫 만남은 어떠셨나요?

 그때 주몽은 22세의 어린 나이였고, 저는 이미 결혼도 한 번 했던 삼십 대 여자였어요. 그는 동부여에서 도망 온 지 얼마 안 되어 가진 것이 아무 것도 없는 상황이었어요. 하지만 저는 그가 왕이 될 수 있는 뛰어난 능력을 가진 사람이라는 걸 알아봤지요. 그 역시 제가 자신을 도와 나라를 세울 수 있도록 도와줄 여자라고 생각했을 거예요.

두 분의 만남이 인상적인데요, 주몽과 함께 고구려를 세우는 과정은 어땠나요?

 나라를 세우려면 무엇보다 강력한 힘을 가져야 하고, 백성들의 마음을 얻어야 하지요. 우선 저는 제가 가진 재산을 이용해 주몽이 강한 군사를 키울 수 있도록 도왔어요. 또한 졸본 지역의 백성들이 주몽을 잘 따를 수 있도록 아버지의 힘을 빌려 그들을 안정시키기도 했어요. 주몽 역시 제 기대에 부응하여 기원전 37년에는 새 나라 고구려를 세웠고, 주변에 있는 나라들을 하나하나 정복하는 데 성공했지요.

 20 동명성왕(고주몽) | 고구려를 건국하다

**그런데 멀리 동부여에서 고구려로 주몽을 찾아온 사람들이 있었다고요? 주몽의 첫 번째 부인인 예씨 부인과 아들 유리라고 들었습니다. 이들이 주몽을 찾아온 것이 어떤 문제를 일으켰나요?**

 만약 주몽이 저와 제 아들들이 했던 일을 인정해 줬다면 문제가 안 되었을 거예요. 그러나 그는 20년 가까이 자신을 도와 나라를 세운 저를 대신해서, 갑자기 찾아온 예씨 부인을 원후로, 아들 유리를 태자로 책봉했어요. 저는 그에게 엄청난 배신감을 느꼈습니다. 누가 뭐래도 고구려의 첫 번째 왕비는 저입니다. 그가 제 도움이 없었다면 고구려를 세울 수 있었을까요?

**아들인 비류와 온조의 실망도 만만치 않았을 것 같은데요. 여기서 잠깐 비류 왕자의 의견을 전화로 연결해 보겠습니다.**

 아버지가 처음 동부여를 도망쳐 졸본으로 오셨을 때 어머님이 온갖 노력으로 나라를 세울 수 있게 돕지 않았습니까? 그런데 결국 나라가 이복형제인 유리의 것이 되었으니 이를 어찌하면 좋을까요. 우리가 고구려에 남아 있으면 유리와 권력 다툼만 벌어질 뿐입니다. 차라리 어머님을 모시고 남쪽으로 가서 새로운 나라를 세우는 게 낫겠습니다.

**비류 왕자님, 말씀 잘 들었습니다. 그럼, 계속 인터뷰를 진행하도록 하죠. 아무리 그래도 다른 지역으로 가서 또 다른 나라를 세우는 게 부담이 되지는 않으신가요?**

 괜찮습니다. 제게는 이미 주몽을 왕으로 성장할 수 있게 도운 경험이 있고, 나라를 잘 이끌 수 있는 힘이 있는 걸요. 고구려의 왕은 주몽이지만, 졸본 지역에는 저와 아들들을 따르는 백성들도 무척 많습니다. 이들을 이끌고 남쪽에 새로운 나라 백제를 세워 제 리더십을 보여 주고 싶네요.

**남편인 주몽을 도와 나라를 세울 뿐만 아니라, 스스로 백성들을 이끌고 새로운 나라를 세우기 위해 떠나는 모습이 고대 여인의 강인한 기상을 보여 주는 듯 합니다. 지금까지 소서노와의 인터뷰였습니다.**

 **고종훈의 한국사 브리핑**

## 인물 핵심 분석 ▶ 동명성왕

QR 코드를 찍으면 고종훈 선생님의 강의를 볼 수 있어요.

- 시대 ▶ 기원전 58년~기원전 19년
- 재위 기간 ▶ 기원전 37년~기원전 19년
- 국정 운영 스타일 ▶ 정복 전쟁으로 영토를 넓힌다!
- 가장 기뻤을 때 ▶ 고구려를 세웠을 때.
- 나에게 의미 있는 장소 ▶ 졸본 부여
- 연관 검색어 ▶ 고구려, 해모수, 유화 부인, 소서노
- 역사적 중요도 ▶ ★★★★★
- 시험 출제 빈도 ▶ 높음

### 주몽이 고구려를 건국했어요.

알에서 태어난 왕들은 보통 사람과는 다른 신비로운 존재였어요. 알에서 태어난 주몽도 마찬가지였지요. 주몽은 자신을 시기하는 대소 왕자를 피해 졸본 부여로 도망쳐 소서노의 도움을 받아 나라를 세웠어요. 이 나라가 바로 고구려랍니다.

## 인물 관계 분석

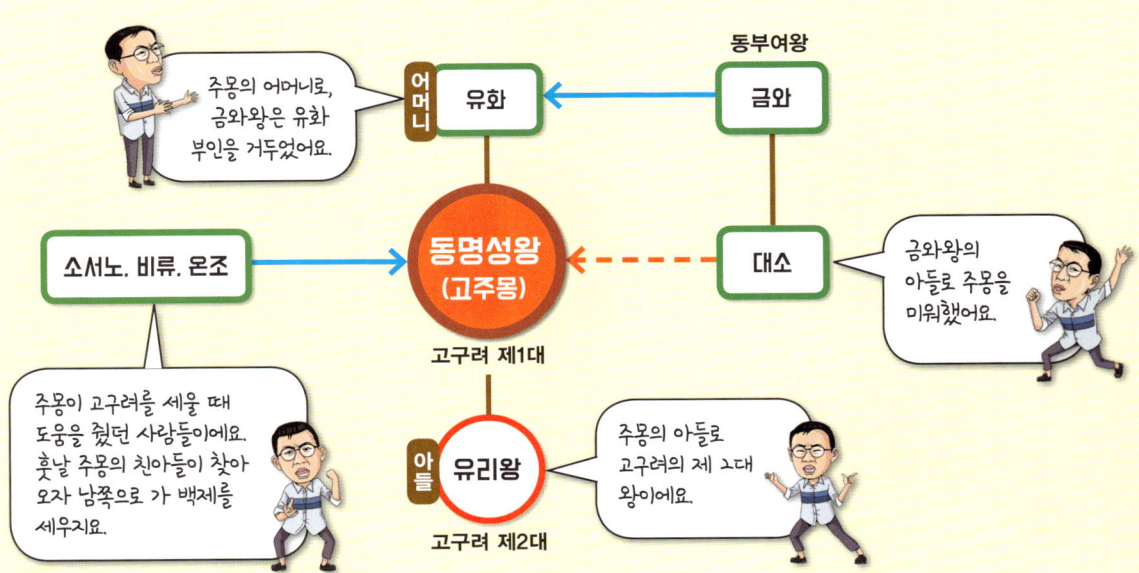

# 02 태조왕

**고구려의 기초를 세우다**

시대 47년~165년  재위 기간 53년~146년

## 타임라인 뉴스

| 47 | 53 | 56 | 114 | 146 | 165 |
|---|---|---|---|---|---|
| 고추가 재사의 아들로 태어나다 | 사촌 형 모본왕의 뒤를 이어 왕위에 오르다 | 옥저의 일부를 무너뜨리다 | 확장된 영토를 다스릴 제도를 정비하다 | 동생에게 왕위를 물려주다 | 고구려의 기틀을 만든 후 승하하다 |

# 1 심층 취재

생방송 한국사

**왕의 힘을 키워라! 정복 전쟁 결정!**

고구려, 백제, 신라 중 가장 먼저 발전한 나라는 바로 고구려입니다. 세 나라의 맏형인 셈인데요. 그렇다면 고구려가 다른 나라들보다 빨리 발전할 수 있었던 비결은 뭘까요? 고구려의 발전 이유에 대해 김역사 기자가 다각도로 알아 보았습니다. 김역사 기자, 나와 주세요.

제가 있는 이곳은 고구려 조정입니다. 고구려가 새롭게 모습을 바꾸기 위해 왕과 신하들이 매일 모여 회의를 계속 하고 있습니다.

김역사 기자

만약 우리 교실에 담임 선생님이 여러 명이라면? 아이들이 어떤 선생님의 말을 따라야 할지 몰라 우왕좌왕 하겠지요? 하물며 국가의 중요한 일을 해야 할 때는 더욱더 힘을 하나로 모아야 할 거예요. 이렇게 권력을 나라의 중심인 왕에게로 모으는 것을 '**중앙 집권**'이라고 해요.

고구려가 중앙 집권 국가가 되는 건 쉬운 일이 아니었어요. 왜냐하면 고구려는 **다섯 부족**이 모여서 세운 '**연맹 왕국**'으로 출발했기 때문이에요. 이들 다섯 부족에는 '군장'이라는 지도자가 있었는데요. 군장은 부족들이 사는 땅을 직접 다스리면서 왕의 간섭을 받지 않았어요. 나라에 큰 일이 있을 때만 왕의 의견을 따랐지요. 왕은 힘이 약했을 뿐만 아니라, 심지어 군장들의 눈치까지 봐야 했어요. 연맹 왕국은 하나의 완전한 나라라기보다는, 여러 부족이 연합한 나라에 더 가까웠거든요.

24 태조왕 | 고구려의 기초를 세우다

▲ 연맹 왕국　　　　▲ 중앙 집권 국가

**중앙 집권**

나라의 힘이 왕에게 모여 있는 거예요. 왕이 나라 전체에 명령을 내리고 다스릴 수 있어요.

**고구려의 다섯 부족**

고구려는 소노부, 계루부, 관노부, 절노부, 순노부의 다섯 부족으로 이루어진 나라였어요.

**연맹 왕국**

여러 개의 힘센 부족이 모여서 하나의 나라를 이루고 있는 것을 연맹 왕국이라고 해요. 부족장들의 힘이 왕만큼 강해서 나라를 함께 다스려요.

연맹 왕국에 머물러 있던 고구려를 '중앙 집권 국가'가 될 수 있도록 한 단계 발전시킨 왕이 바로 태조왕입니다. 태조왕 이전까지 고구려는 다섯 부족의 군장들 중 세력이 가장 큰 군장이 왕위를 이었습니다.

그러다가 태조왕 때부터는 계루부의 '고씨'들이 단독으로 왕위를 이어가게 되었지요. 하지만 다른 부족들의 힘도 여전히 강력했기 때문에 왕의 일에 여전히 사사건건 토를 달며 간섭했답니다. 이때, 태조왕은 다른 부족 세력을 누르고 왕의 힘을 강하게 할 수 있는 확실한 방법을 택해요. 그건 바로 전쟁이었어요.

주몽이 처음 고구려를 세운 이후 모든 고구려 왕들의 목표는 나라의 힘을 강하게 하여 영토를 넓히는 것이었어요. 첫 번째 이유는 옛 고조선의 땅을 되찾기 위해서였습니다. 또 한 가지는 주변 나라를 정복해 농사를 지을 수 있는 평야 지대로 진출하기 위해서였지요.

그 무렵 고구려 주변의 나라들은 서로 끊임없이 전쟁을 하고 있었어요. 이런 상황이 계속되다 보니까 전쟁을 지휘하는 왕의 역할은 점점 커지게 됐고, 부족들의 힘이 왕 아래 놓이게 되었답니다. 태조왕은 군장들에게 높은 벼슬과 신분 같은 충분한 대가를 주어 그들이 반발하지 않도록 했습니다. 또한 각 부족의 역할을 정해주어 5부 체제라는 정치 체제를 발전시켰어요.

고구려는 중앙 집권 국가의 모습을 갖추는 동시에 이웃 국가들을 향한 활발한 정복 활동을 펼쳤습니다. 마음 놓고 정복 활동을 하기 위해서는 고구려를 호시탐탐 위협하는 강대국인 중국 한의 위협을 막아 내는 것이 우선이었어요. 태조왕은 **요서** 지역에 열 개의 성을 쌓아 중국의 한이 쉽게 쳐들어오지 못하도록 방어했답니다.

고구려는 그 후 주변에 있던 옥저를 무너뜨려 땅을 넓혔어요. 농사가 잘 되고 해산물이 풍부한 옥저를 고구려가 정복하면서 고구려는 풍족한 자원을 얻게 되었어요. 그 자원으로 더욱더 왕의 힘을 강하게 키워 나갔지요.

연맹 왕국들을 차례차례 정복하여 자신감을 키운 고구려는 마침내 후한과의 결전을 준비하여 요서 지역에 쳐들어갔어요. 요서 지역은 고구려가 옛 고조선의 땅을 되찾기 위해서 반드시 차지해야 하는 중요한 지역이었거든요. 때마침 한에서는 **황건적의 난**이라는 농민 **반란**이 일어나 뒤숭숭한 상황이었어요. 그 틈을 타 고구려는 요동 지역으로 진출을 꾀하게 됩니다. 영토를 차지한 것은 아니었지만, 고구려의 힘을 보여 주는 데 성공했지요.

이렇게 기세등등한 고구려에게도 아직 무너뜨리지 못한 나라가 남아 있었습니다. 그 나라는 바로 먼 옛날 주몽이 쫓겨나온 부여였어요. 부여는 일찍부터 한과 교류하며 발전된 문화를 받아들였기 때문에 사이가 좋

**요서**
랴오허(요하) 강의 서쪽 지역을 뜻해요. 고구려와 중국의 국경 지대로 자주 전쟁이 벌어졌어요.

**황건적의 난**
후한 말 백성들의 삶이 어려워지면서 일어난 농민 반란이에요. 반란군이 머리에 노란 두건을 썼다고 해서 황건적의 난이라는 이름이 붙었어요.

**반란**
정부나 지도자에게 불만을 품은 사람들이 전쟁을 일으키는 것

았습니다. 그래서 고구려와 한이 갈등할 때 한의 편에 서기도 하지요.

부여가 한의 편에 서게 되면서 고구려는 아쉽게 전쟁을 멈춰야 했어요. 하지만 한과 치열한 전쟁을 벌인 덕분에 고조선의 땅이 었던 요서 지역 일부를 되찾고 한의 기세를 꺾을 수 있었습니다. 태조왕은 자신이 정복한 지역을 직접 찾아가 그 지역 백성들이 고구려의 백성이 될 수 있도록 돌봐 주기도 했어요.

▲ 태조왕의 진출 지역

태조왕은 고구려를 중앙 집권 국가로 만들 수 있도록 많은 노력을 했답니다. 5부 중 하나인 계루부에서 왕위를 계속 잇도록 하는 데 성공하고, 활발한 정복 전쟁으로 왕의 역할을 강하게 만들었으니까요. 그러나 아직 한계는 남아 있었어요. 죽은 형을 대신해 아우가 왕위를 잇는 '형제 상속제'가 유지되고 있었거든요. '형제 상속제'는 아버지가 아들에게 왕의 자리를 물려 주는 '부자 상속제'보다 안정적이지 못한 왕위 계승 방법이었어요. 형이 동생에게 죽임을 당하거나 형제 간의 갈등으로 나라가 분열될 수도 있었기 때문이에요.

여기서 잠깐! 태조왕이 나라를 다스린 기간은 과연 얼마나 될까요? 무려 93년이랍니다! 우리나라 역사에 등장하는 왕들 중에서 가장 오랜 기간 나라를 다스린 거예요. 태조왕은 고구려를 중앙 집권 국가로 이끌 수 있는 중요한 기틀을 마련한 후, 100세가 넘은 나이에 세상을 떠났어요.

## 스페셜뉴스 10분 토론

### 형제 상속제, 당신은 어떻게 생각하십니까?

형이 죽어 아우가 왕위를 잇는 것을 '형제 상속제'라고 합니다. 최근 태조왕의 죽음을 두고 아우인 수성이 그를 죽인 게 아니냐는 소문이 돌고 있습니다. 수성은 나이든 태조왕을 모시고 정복 전쟁에서 많은 공을 세운 인물이기도 하지만, 오랜 세월 왕의 자리를 욕심내다 보니 사람들에게 안 좋은 평가를 듣기도 했죠. 태조왕의 뒤를 이어 수성이 왕이 되면서 고구려의 왕위 계승 전통인 '형제 상속제'가 옳은지에 대한 사람들의 의견도 엇갈리고 있습니다. 스튜디오에 모신 분들과 함께 형제 상속제에 대한 10분 토론을 진행하겠습니다!

오고대

아직 나라를 다스려 본 적이 없는 어린 왕자가 왕위를 잇기에는 고대 사회는 너무 불안정하다고 생각해요. 이웃 나라와의 정복 전쟁도 자주 벌어지고, 중국의 한을 견제하기에도 급급한 상황이잖아요. 게다가 아직은 다른 군장들이나 왕족들의 견제가 심해 왕의 자리를 물려받는 과정이 순탄하지만은 않지요. 차라리 형의 옆에서 오랜 시간 정치를 해 본 경험이 있는 동생이 왕을 잇는 편이 더 낫지 않을까요? '형제 상속제'는 고대 사회에서는 필수적인 왕위 계승 방법이라고 생각합니다!

고위직

'형제 상속제'는 '형사취수제'와 마찬가지로 고대 사회에 전해져 내려오는 오랜 풍습입니다. '형사취수제'가 뭐냐고요? 고대 사회에서는 전쟁이나 자연재해 등으로 남편이 일찍 죽는 일이 자주 생겼어요. 그럼 남은 부인과 자식들은 생활이 어려워질 뿐만 아니라, 그들의 재산을 지킬 수 없게 돼요. 그때 죽은 남편의 가까운 남자 형제나 친척이 홀로 남겨진 부인과 결혼해 가족을 대신 보호해 주는 제도를 '형사취수제'라고 합니다.

저는 형이 동생에게 왕의 자리를 물려주는 것 역시 마찬가지가 되어야 한다고 생각합

**시청자 의견** ▶ [@오즈의 맙소사] 만약 부인이 두 번 결혼하기 싫다고 하면 어쩌지? 부인의 생각도 들어줘야지!

태조왕 | 고구려의 기초를 세우다

니다. 다른 군장들이나 왕족에게 왕의 자리를 빼앗기기 전에 아우가 왕위에 올라 왕권을 잘 유지하면 좋겠거든요. 형제 상속제와 형사취수제를 계속 이어가서 고구려 사회가 안정적으로 돌아갔으면 좋겠습니다.

나상소

저는 '형제 상속제'에 반대합니다. 처음에는 동생에게 왕위를 물려줄 수도 있겠죠. 그러나 시간이 흘러 왕의 자손들이 자꾸 생겨나면 문제가 더 복잡해질 수 있습니다. 왕에게는 다른 형제도 있고 그 형제들의 자식도 있으니까요. 같은 형제들끼리 왕권 다툼을 하게 되면, 나라가 무너질 수 있습니다. 왕과 아들의 나이, 나라가 돌아가는 상황, 다른 형제들이 나라에 세운 공과 상관없이 무조건 왕의 아들이 왕위를 이어받도록 원칙을 딱 정해 두면 그 문제로 싸울 일이 줄어들 거예요. 왕의 힘도 강해질 수 있고요. 중앙 집권 국가를 잘 안정시키기 위해서라도 형제 상속제가 아닌 부자 상속제로 바뀌어야 한다고 생각합니다.

을유교

저도 동의합니다. 부자 상속제로 바뀌어야 하는 것은 물론 더 나아가서 장자 상속제가 되어야 한다고 생각해요. 왕의 아들 중 첫째 아들인 장자가 왕위를 이을 수 있도록 딱 정해 두자는 것이지요. 이미 중국은 오래 전부터 유교의 질서에 따라 장자 상속제를 따르고 있지 않습니까? 제 생각이 고대 사회에 어울리지 않는다는 것은 알지만 저는 '형사취수제' 또한 반대합니다. 한 번 결혼한 여자가 다른 남자랑, 그것도 남편의 동생과 또다시 결혼을 한다니 도덕적으로 옳지 않다고 생각하거든요.

형제 상속제에 대한 다양한 이야기를 들어봤습니다. 중앙 집권 국가로 발전하면서 고구려의 왕위 계승 방식도 변화의 바람이 불기 시작하였다는 것을 느낄 수 있었던 시간이었네요. 이상 10분 토론이었습니다.

▶ [@순대렐라] 왕의 형제들도 여전히 왕위를 탐낼 것 같은데. 부자 상속제가 잘 지켜질 수 있을까?

## 고종훈의 한국사 브리핑

### 인물 핵심 분석 ▶ 태조왕

QR 코드를 찍으면 고종훈 선생님의 강의를 볼 수 있어요.

시대 ▶ 47년~165년
재위 기간 ▶ 53년~146년
국정 운영 스타일 ▶ 딴 생각 말고 나만 바라봐!
요즘 드는 생각 ▶ 고구려는 우리 고씨가 다스린다!
마음에 안 드는 것 ▶ 형제 상속제
연관 검색어 ▶ 중앙 집권 국가, 형제 상속제, 5부 체제
역사적 중요도 ▶ ★★★☆☆
시험 출제 빈도 ▶ 보통

---

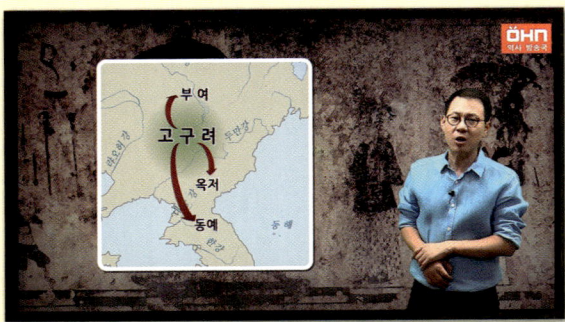

### 다른 나라를 정복하며 힘을 키웠어요.

태조왕이 다스리던 시기에 고구려는 정복 전쟁을 통해 나라의 힘을 키웠어요. 옥저를 정복하였으며 이 과정에서 왕권을 키웠어요. 또한 요서 지역에 성을 쌓아 중국의 침략에 대비하였지요.

### 체제를 개편해 고구려를 고대 국가로 성장시켰어요.

태조왕은 중앙 집권에 힘을 써 왕권을 강화시키려 노력했어요. 고구려는 연맹국가였지만 태조왕 때는 5부의 하나인 계루부에서만 왕위를 잇도록 하였어요. 그리고 각 부족의 역할을 정해 주어 5부 체제라는 정치 체제를 발전시켰습니다.

### 요동 지방으로의 진출을 꾀했어요.

태조왕은 고구려의 성장을 가로막고 있던 한군현 세력을 물리치기 위해 여러 차례 전쟁을 벌였어요. 고구려 서쪽의 요동군과 전쟁을 해 요동 지방으로 진출을 꾀했고, 요서 지방의 일부를 되찾았어요.

# 03 고국천왕

**인재를 등용하다**

시대 ?~197년    재위 기간 179년~197년

> 쌀 빌려 가는 기간은 3월부터 7월까지예요.

> 으샤~.

> 이름은 애순이고요.

> 올해는 보릿고개도 걱정없겠어.

> 가을에 추수해서 갚으면 되니까 마음 놓고 가져가세요!

> 쌀이다, 쌀!

접수대

> 앞으로 길이 남는 모범적인 제도가 되길 바랍니다!

> 진대법은 한반도 최초의 사회 보장 제도입니다!

## 타임라인 뉴스

| ? | 176 | 179 | 184 | 194 | 197 |
|---|---|---|---|---|---|
| 신대왕의 둘째 아들로 태어나다 | 태자로 책봉되다 | 왕위에 오르다 | 요동군의 침입을 물리치다 | 을파소가 진대법을 실시하다 | 승하하다 |

# 1 헤드라인 뉴스

*생방송 한국사

### 고국천왕의 개혁, 고대 국가로 나아간 고구려!

오늘의 첫 소식은 고국천왕이 5부의 귀족들을 제외하고 새로운 신하를 뽑으려고 한다는 소식입니다! 아직까지는 왕이 신하들을 쥐락펴락할 만큼 강하지는 못한 상황인데요. 과연 고국천왕은 이 어려움을 어떻게 이겨 낼 수 있을까요? 궁궐에 나간 김역사 기자를 연결합니다.

지금 고구려에서는 고국천왕을 중심으로 개혁이 한창 진행 중입니다.

김역사 기자

고국천왕은 우선 '**형제 상속제**'를 '부자 상속제'로 바꾸어 왕권을 더욱 강하게 만들었습니다. 또한 계루부, 소노부, 절노부, 순노부, 관노부의 5부를 '동, 서, 남, 북, 중'의 **방위**를 의미하는 5부로 바꾸었어요. 태조왕의 중앙 집권 정책을 더 강하게 추진한 거지요.

앞선 뉴스에서 '연맹 왕국'에 대해 설명한 적이 있지요? 각 부족을 다스리는 군장은 왕과 거의 비슷한 힘을 가지고 있고, 대등한 관계였어요. 심지어 왕을 뽑거나 바꿀 힘도 있었지요. 부족들이 고구려라는 이름으로 힘을 합칠 때는 나라에 큰 일이 있을 때 뿐이었답니다.

하지만 5부의 성격이 바뀌면서 상황이 달라졌습니다. 각각의 힘을 가지고 자신의 땅을 다스리던 부족적 성격의 5부가 지금의 경기도, 전라도와 같이 행정 구역적인 성격을 띠게 되었어요.

그래서 군장이 알아서 자기 지역을 다스리던 때와 달리, 왕이 중앙에서 각 지방으로 관리를 보내 모든 지역을 직접 다스리게 됐지요. 5부가 행정 구역적 성격으로 바뀌었다는 것은 고구려가 더욱더 중앙 집권 국가의 모습을 갖추게 됐다는 것을 의미해요. 이제부터 5부 출신의 귀족 가문들은 왕과 힘을 모아 정치를 주도해 나가게 된답니다. 태조왕에 이어 고국천왕 역시 고구려가 고대 국가로 우뚝 설 수 있도록 훌륭한 기틀을 마련한 셈이에요.

　그러나 아직은 5부 출신 귀족들의 힘을 만만하게 볼 수 없는 상황이었습니다. 권력이 강한 귀족들은 자신들의 힘만 믿고 백성들의 재산을 빼앗기도 하고, 왕의 명령을 따르지 않고 반란을 일으키는 등의 문제를 일으켰지요. 고국천왕은 이들 괘씸한 귀족들을 처벌한 후, 5부를 제외한 새로운 출신의 인물을 신하로 뽑아 자신의 오른팔로 삼아야겠다는 결심을 했습니다. 왕의 힘을 키우고, 귀족들을 견제하기 위해서였어요.

　"요즘 나라의 기강이 엉망이 되어 능력 있는 사람들은 벼슬길에 오르지 못하고, 능력 없는 이들이 벼슬을 하여 백성들에게 큰 피해를 주고 있구나. 이제 나는 현명한 인재를 구하려고 한다. 너희 신하들이 책임지고 내게 추천해 보거라."

　신하들은 뛰어난 능력을 갖춘 안유라는 신하를 추천했습니다. 그런데 겸손하고 인품이 뛰어났던 안유는 높은 벼슬자리에 오를 수 있는 좋은 기회를 마다하고, 다른 사람을 대신 추천하는 게 아니겠어요?

　"저는 어리석은 사람이라 나라의 큰일을 맡기에는 부족합니다. 저를 대신해 을파소라는 인물을 추천합니다. 을파소는 유리왕 때 대신이었던

**형제 상속제**
왕위를 형제에게 물려주는 '형제 상속제'는 형제들 간의 왕권 다툼이 자주 벌어질 수 있기 때문에 불안정한 왕위 계승 방식이에요. 그래서 왕위를 아들에게 물려 주는 '부자 상속제'가 등장하지요.

**방위**
동서남북을 기준으로 하는 방향

을소의 후손입니다. 그는 누구보다 의지력이 뛰어나고 지혜로운 사람인데, 다만 세상에 자신을 드러내지 못해 농사를 지으며 살고 있을 뿐입니다. 나라를 발전시키기 위해 반드시 그를 신하로 뽑길 바랍니다."

고국천왕은 신하들에게 을파소를 데려오게 했습니다. 겨우 농사꾼 신분이었던 을파소에게 직접 신하를 보내어 예의를 갖춘 고국천왕의 됨됨이에 을파소 역시 마음을 열었어요. 고국천왕은 을파소가 무척 마음에 들었지만, 시골 생활밖에 해보지 못한 그에게 단번에 큰 벼슬자리를 주는 것에 대해 걱정이 되었어요. 그래서 지금의 장관급에 해당하는 '중외대부'라는 자리를 주고 그의 실력을 지켜볼 참이었습니다. 그런데 을파소가 왕에게 이렇게 말하는 것이 아니겠어요?

"부족한 제가 어찌 대왕님의 명령을 감당할 수 있겠습니까. 저보다 훌륭한 인재를 뽑아 그에게 높은 관직을 주고 큰일을 시키는 게 어떨까요?"

겉으로 보기에는 고국천왕의 부탁을 거절하는 것처럼 보였지만, 사실 '중외대부'라는 관직으로는 자신의 뜻대로 정치를 할 수 없었기 때문에, 더 큰 직책을 달라는 뜻이었던 거예요. 을파소의 뜻을 알아챈 고국천왕은 그를 국무총리급인 국상으로 임명하여 나랏일을 맡겼습니다.

갑자기 국상에 오르게 된 을파소를 향한 귀족들의 질투와 반발도 만만치 않았어요. 그러나 고국천왕은 을파소를 끝까지 지지해 주었죠. 덕분에 을파소는 마음 놓고 왕의 힘을 강하게 할 수 있는 다양한 제도를 만들고, 빈민 **구제** 제도인 진대법을 실시하는 등의 업적을 남겼답니다.

을파소의 등용으로 백성들의 삶은 나아지고, 왕의 힘은 강해졌으며, 귀족 세력을 견제할 수 있었으니 일석삼조가 아닐까요?

**구제**
자연적인 재해나 사회적인 피해를 당하여 어려운 처지에 있는 사람을 도와줌.

## 2 심층 취재

*생방송*한국사

재상 을파소, 빈민 구제 제도 진대법 실시

194년인 오늘, 드디어 고구려에서 진대법을 실시하게 되었습니다. 우리나라에서 최초로 실시된 빈민 구제 제도라고 하는데요. 진대법을 실시하도록 건의한 사람은 바로 을파소입니다. 지금부터 이 역사적인 순간을 함께 하시겠습니다!

을파소는 자신을 믿고 일을 맡겨 준 고국천왕의 뜻을 실현하기 위해 다양한 일을 하였습니다. 우선 그는 부족 출신 귀족들이 권력을 독차지하는 것을 막고, 관직을 돈으로 사고파는 것 역시 금지시켰습니다. 또한 실력 있는 이들을 뽑아서 관리로 채용하였어요. 고구려 사람들이 책읽기, 역사와 문화, 무예 등을 익힐 수 있는 교육 제도를 만드는 데에도 노력을 기울였습니다. 훌륭한 교육 제도가 뒷받침되어야만 실력 있는 신하들을 많이 뽑을 수 있기 때문이에요.

그러나 무엇보다도 을파소가 했던 개혁 정치 중에서 가장 빛나는 것이 바로 오늘 소개해 드릴 '진대법'입니다. 진대법을 바라보는 다양한 시각을 현장을 연결해 바로바로 전해 드리도록 하겠습니다. 먼저 개혁을 추진한 을파소의 생각을 들어볼까요?

평범한 농부에서 국상의 자리까지 오른 을파소! 최근 그가 다양한 개혁 정책을 추진하여 눈길을 끌고 있습니다.

김역사 기자

저는 나랏일을 맡은 후 백성들의 삶을 나아지게 하려고 애썼습니다. 많은 문제점들을 고쳤지만, 아직도 해결하지 못한 문제가 남아 있어요. 그중 하나는 자연재해로 인해 굶어죽는 백성들이 늘어나고, 전염병까지 돌아 큰 피해를 입는 것이지요.

게다가 귀족들은 이러한 백성들의 처지를 이용하여 이득을 얻었어요. 흉년일 때 백성들에게 곡식을 빌려주고 나중에 훨씬 많은 이자를 받는 **고리대**를 운영했거든요. 백성들이 고리대를 갚지 못할 경우에는 귀족의 노비가 될 수밖에 없었지요. 나라의 힘이 되어야 할 백성들이 귀족의 노비가 되어 버리면, 귀족의 힘은 강해지고 왕의 힘이 약해지게 되니 큰일입니다. 저는 그래서 고국천왕에게 '진대법'을 제안했습니다.

**고리대**
부당하게 비싼 이자를 받는 돈놀이

### '진대법'은 어떤 법인가요?

진대법은 가난한 백성들에게 봄에 곡식을 빌려주고 가을에 돌려받는 빈민 구제 제도입니다. 지금까지와는 달리, 이제는 좀 더 확실하고 꾸준한 방법으로 백성들의 어려움을 도와줄 수 있을 것 같습니다.

### 을파소님, 좋은 말씀 감사합니다. 그러면 고국천왕님의 말씀도 들어보실까요?

나는 재상 을파소의 제안을 받아들여, 빈민 구제 제도인 진대법을 시행하도록 하겠다. 앞으로 흉년이 들었거나, 봄철에 곡식이 부족하여 백성들이 굶주리는 일이 생기면 나라에서 곡식을 빌려주고, 가을이 되어 곡식을 추수하면 그때 갚도록 하라.

고국천왕 | 인재를 등용하다

'진대법'이 시행되자, 나라의 창고 앞에는 가난한 백성들이 줄을 지어 곡식을 받아가고 있는데요. 어떻게 이용하면 되는지 관리인을 통해 들어보겠습니다.

창고 관리인

우선 국가에서 쌀을 빌릴 수 있는 기간은 3월부터 7월까지입니다. 빌려갈 때는 가족이 몇 명인지, 각각 몇 살인지, 쌀이 얼마나 필요한지 말씀해 주시면 됩니다. 10월에 다시 수확철이 돌아오면 그때 빌려간 만큼 반납하면 됩니다.

**줄을 서고 있는 백성들에게 진대법에 대한 생각을 물어봤습니다.**

백성 이보통

예전에는 농사를 망치면 봄이 왔을 때 식량이 떨어질까 두려워해야 했는데, 이렇게 나라에서 가장 필요할 때 식량을 빌려주니 감사한 일이지요. 일단 굶주림만 피할 수 있으면 또 힘을 내서 농사를 지을 수 있고, 나라에 세금도 낼 수 있으니까요. 당연히 모든 고구려 백성들이 기뻐할 수밖에 없지요.

**외국에서도 진대법은 큰 화제를 낳고 있다고 합니다. 한번 들어보시죠.**

이웃 나라
'후한'의 백성

고구려에 진대법이 시행되면서 백성들이 살기 좋아졌다는 소식이 이웃 나라들에도 널리 알려졌습니다요. 저 역시 고구려로 이민을 가면 행복하게 살 수 있을 것 같아 이렇게 찾아왔지요.

현장의 생생한 목소리 잘 들었습니다. 을파소가 제시한 진대법은 고려 시대의 의창, 조선 시대의 상평창, 환곡으로 이어지게 됩니다. 지금까지 진대법에 대해 알아봤습니다.

## 발칵 스캔들! 왕후 우씨가 죽은 남편의 동생과 만난 이유는?

김역사 기자

역사상 이렇게 큰 파문을 일으킨 여성은 없었습니다.
고구려를 떠들썩하게 만들 사건의 현장!
하룻밤 동안 형수인 왕후 우씨와 두 명의 시동생들에게는 무슨 일이 벌어졌을까요?

197년, 19년 동안 나라를 다스린 고국천왕이 왕위를 이을 아들을 낳지 못하고 세상을 떠납니다. 그러나 왕후 우씨는 남편의 죽음을 슬퍼할 새도 없이 이 사실을 모든 사람들에게 철저하게 숨긴 채 궁궐 밖으로 빠져나갔지요. 고국천왕에게는 두 명의 동생이 있었는데요. 첫째는 발기, 둘째는 연우였어요. 우씨는 이 두 명의 시동생들을 찾아가 자신의 손을 잡을 수 있는 사람들인지 확인했어요.

우씨는 발기에게 고국천왕이 세상을 떠났다는 사실을 감추며 왕이 되지 않겠냐는 제안을 합니다. 발기는 우씨의 제안을 거절하며 오히려 여자인 우씨가 밤늦게 돌아다니는 사실을 꾸짖었어요. 우씨의 도움이 아니더라도, 고국천왕의 첫째 동생인 자신이 왕이 되는 것은 당연하다고 생각했기 때문이에요. 우씨 역시 자신에게 거만하고 무례하게 대한 발기에게 등을 돌려 나왔어요.

하지만 둘째 연우는 달랐습니다. 옷을 갖춰 입고 우씨를 마중 나온 연우! 심지어 그

는 손수 돼지고기를 잘라 우씨에게 대접하려고 했어요. 그러다가 그만 손가락을 베고 말았던 거예요. 그런데 우씨는 망설임 없이 치마끈을 풀더니 그의 다친 손가락을 감싸주었어요. 우씨는 발기와는 달리 연우에게 고국천왕이 죽었음을 알리며, 은밀한 거래를 제안했어요.

다음날, 궁궐에서는 충격적인 발표가 들려옵니다. 고국천왕이 세상을 떠나기 전 둘째 동생 연우를 왕으로 삼겠다고 유언을 남겼다는 거예요. 모든 것이 연우를 다음 왕으로 세우기 위한 우씨의 거짓말이었지요. 하루아침에 우씨의 계략으로 왕의 자리를 빼앗긴 발기가 반란을 일으키려고 했지만 이미 궁궐 내 여론은 우씨 왕후의 편이었습니다. 그만큼 우씨 왕후와 우씨 가문의 영향력이 막강했다는 거겠지요?

발기는 중국 한의 요동 태수 공손씨에게 도움을 청해 3만의 군사를 끌고 고구려를 침략합니다. 전쟁은 고구려 왕실의 승리로 끝났고, 그 후 '형사취수제'에 의해 왕후 우씨가 연우와 한 번 더 결혼을 하게 됐답니다. 결국 모든 것이 우씨의 뜻대로 이루어졌어요. 훗날 우씨는 죽어서 고국천왕의 곁이 아닌, 연우(산상왕)의 곁에 묻히게 해달라고 합니다. 고국천왕이 어렵게 부자 상속제를 확립했는데, 정작 자신의 다음 왕은 부인 우씨에 의해 형제 상속이 되는 상황이 만들어진 것이지요.

두 번의 나라를 세운 여군주 소서노와 우씨 왕후 등 고구려의 여인들은 스스로 운명을 만들어가는 여장부들이었답니다. 우씨는 자신의 권력과 정치적인 판단력을 믿고 왕의 자리에 오를 사람을 결정한 여인이면서, 우리 역사상 두 번 왕후에 오른 유일한 여인이었지요. 왕후 우씨, 그녀의 삶이 어떻게 보이나요?

# 고종훈의 한국사 브리핑

## 인물 핵심 분석 ▶ 고국천왕

QR 코드를 찍으면 고종훈 선생님의 강의를 볼 수 있어요.

시대 ▶ ?~197년
재위 기간 ▶ 179년~197년
국정 운영 스타일 ▶ 귀족의 힘을 누르고 강한 왕권을 가진 고구려로!
내가 제일 잘한 것 ▶ 진대법을 실시한 것
연관 검색어 ▶ 부자 상속제, 을파소, 진대법
역사적 중요도 ▶ ★★★★☆
시험 출제 빈도 ▶ 높음

### 고국천왕은 왕권을 강화하려고 노력했어요.

고국천왕은 왕위의 형제 상속제를 아들이 왕위를 잇는 부자 상속제로 바꾸어 왕권을 키웠습니다. 부자 상속제는 왕권을 강화할 수 있는 토대가 된다는 점에서 큰 의미가 있어요.

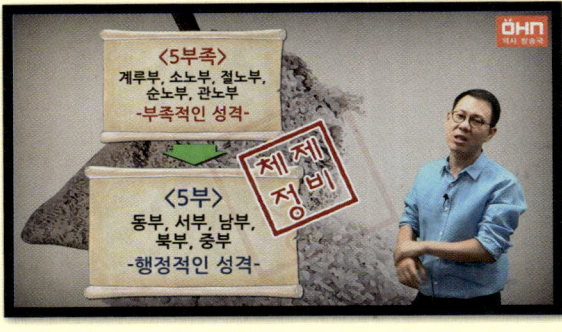

### 부족적인 성격의 5부를 행정적인 성격의 5부로 개편했어요.

고국천왕은 기존에 부족의 성격이 강했던 5부를 동·서·남·북·중을 의미하는 행정 구역적 성격의 5부로 바꾸어 왕 밑에 두고자 했어요. 이렇게 체제를 정비한 것 또한 왕권을 강화하려고 한 것이지요.

### 을파소라는 훌륭한 재상이 고국천왕을 도왔어요.

을파소는 고구려의 명재상이에요. 그는 우리나라 최초의 빈민 구제 제도인 진대법을 실시하였습니다. 진대법은 봄철에 곡식이 부족할 때 나라에서 곡식을 빌려 주는 제도예요. 고구려의 진대법은 고려 시대의 의창, 조선 시대의 상평창, 환곡으로 이어지게 된답니다.

# 1 헤드라인 뉴스

### 전연과 백제, 고구려에 시련을 주다

승승장구할 것만 같았던 고구려에도 마침내 위기가 찾아왔습니다! 북쪽으로는 중국의 수많은 나라가 쳐들어오고, 한강에서는 백제가 공격을 해 오고 있습니다. 소수림왕은 이런 어려운 상황을 어떻게 이겨 냈을까요?

고구려는 중국 대륙과 가까웠기 때문에, 반도 안쪽에 위치한 두 나라인 백제와 신라의 방파제 역할을 해야 했습니다.

김역사 기자

소수림왕이 왕위에 오르기 전 고구려의 왕은 고국원왕이었어요. 고국원왕이 고구려를 다스리던 때에는 중국 내에서도 많은 나라가 금방 세워졌다가 망하는 혼란스러운 시기였어요. 고구려 역시 주변 국가들의 침략으로 어려운 시기를 견뎌야 했지요.

고구려와 국경을 접한 북쪽 요서 지방에는 선비족이 세운 **전연**이 있었어요. 전연은 끝없이 고구려를 침략했는데 전연의 왕 모용황은 고구려의 도읍을 함락하여 궁궐을 불태우고 포로 5만 명을 잡아 돌아가기도 했어요. 그때 고국원왕의 어머니와 왕비도 전연의 인질로 잡혀갔어요. 또 모용황이 고국원왕의 아버지 미천왕의 무덤을 파내 시신을 가져가는 굴욕적인 일도 벌어졌지요. 고국원왕은 아버지의 시신은 물론 포로로 끌려간 어머니와 아내를 되찾아오기 위해 전연에 진기한 물건을 바쳐야만 했습니다.

백제는 고구려가 어려움을 겪고 있었던 이 기회를 놓치지 않았어요. 세 나라 중 가장 먼저 고대 국가로 성장한 나라는 고구려였지만, 후속 주자였던 백제의 성장도 만만치 않았습니다. 온조가 세운 백제는 발 빠르게 중앙 집권 국가의 모습을 갖추고 주변의 작은 나라들을 정복해 힘을 키웠습니다.

▲ 고구려의 위기(고국원왕 시기)

어느 정도 힘을 키운 후부터는 한강 이북 지역을 노렸어요. 당시 백제의 왕이었던 근초고왕은 백제 역사상 최고의 정복 군주답게 3만 명의 군사를 끌고 고구려 땅을 치고 올라왔어요. 이때 고국원왕은 직접 평양성에서 벌어진 전쟁에 참여했다가 백제군의 화살에 맞아 전사하게 됩니다. 사기가 오른 백제의 군사들은 승리를 이어가며 더욱더 많은 땅을 차지할 수 있었고, 고구려 사람들은 크나큰 충격에 휩싸였지요.

**전연**

중국의 5호 16국 시대에 선비족의 모용씨가 요서 지방에 세운 나라예요.

온 나라가 혼란에 빠진 고구려. 왕의 죽음을 슬퍼할 새도 없이 고국원왕의 뒤를 이어 맏아들인 소수림왕이 왕위에 오릅니다. 다행히 소수림왕은 아주 현실적이면서도 똑똑한 왕이었습니다. 왕이 되고난 후 즉시 주변 나라와의 전쟁을 멈추고 어려워진 나라의 살림살이를 돌보는 데 힘썼어요. 아버지 고국원왕의 복수를 생각하면 당장에라도 백제와의 전쟁을 선포하고 싶었을 텐데 말이죠.

그러나 고구려가 전쟁을 멈춘 것은 더 큰 복수를 위한 치밀한 준비를 위한 것이기도 했지요.

## 2 심층 취재

중앙 집권을 완성한 소수림왕

안녕하세요. 오늘은 소수림왕이 나라의 법인 율령을 **반포**하고 불교를 국가 종교로 **공인**했다는 소식이 있습니다. 고구려가 다른 나라들보다 몇백 년이나 앞서 나라의 기틀을 완성하는 순간인데요. 소수림왕의 훌륭한 정책들을 같이 살펴보시죠.

소수림왕은 나라를 안정시키는 데 노력하였습니다.

김역사 기자

지금까지 태조왕과 고국천왕 등의 왕들은 고구려를 중앙 집권 국가로 만들기 위해 많은 노력을 해왔습니다. 왕권을 계루부 고씨의 독점 상속 및 부자 상속제로 만든 것이 중앙 집권을 향한 첫 번째 노력입니다. 두 번째는 행정 제도를 잘 정비한 거예요. 부족들이 각자 다스리고 있던 땅을 이제는 중앙에서 왕이 내려보낸 신하가 관리하도록 하는 겁니다. 부족적 성격의 5부가 행정 구역적 성격의 5부로 바뀌었던 사실 기억하시죠?

단순히 왕위만 물려받는다고 해서 강한 왕이 될 수 있는 건 아니에요. 왕의 힘을 지속적으로 강하게 하기 위해서는 다양한 제도, 정치적인 수단이 필요하답니다. 그 방법은 크게 두 가지로 볼 수 있어요. 백성들이 왕을 진심으로 따를 수 있도록 '마음과 생각'을 움직이는 방법이 있고,

또 다른 한 가지는 왕의 명령을 따르지 않거나 죄를 지은 사람들을 혼낼 수 있도록 하는 '법과 규칙'을 만드는 방법이 있어요.

소수림왕은 백성들이 왕을 잘 따를 수 있도록 불교라는 종교를 이용하기로 합니다. 소수림왕은 372년에 불교를 고구려의 국가 종교로 공인했답니다. 불교는 인도의 고타마 싯다르타(석가모니)가 만들어 동남아시아, 중국 등에 전파되었고 마침내 우리나라와 일본으로까지 전해진 종교에요. 소수림왕 때 중국에서 순도 스님이 불교를 널리 알리기 위해 고구려에 들여왔지요.

불교를 알기 전까지 삼국의 사람들은 농사와 관련된 신들을 믿거나, 곰이나 호랑이 같은 부족을 상징하는 동물을 믿는 등 다양한 신을 믿고 있어서 생각이 하나로 모이질 못했어요. 소수림왕은 불교를 국가의 종교로 삼으면서 귀족들과 백성들의 마음을 하나로 모을 수 있도록 했어요.

그런데 불교라는 종교를 믿는 것이 왜 사람들의 마음과 생각을 움직일 수 있다고 보았을까요? 불교는 부처의 말씀을 따르는 종교예요. 그래서 고대 국가의 왕들은 왕이 곧 부처와 같다는 생각을 널리 백성들에게 알렸어요. 불교를 믿는 것 역시 왕을 특별하게 만들어 주는 정치적인 수단이었답니다. 백성들에게 "우리나라를 다스리는 왕은 부처님이나 다름없는 위대한 능력을 가진 존재구나!"라는 자부심을 느끼게 하는 거예요. 게다가 자비와 평등을 강조하는 불교의 사상은 잦은 전쟁과 자연재해로 지친 백성들의 마음을 위로해 주었답니다.

소수림왕은 불교를 통해 귀족들과 백성이 왕을 따를 수 있도록 했어요. 왕의 힘이 강해질 뿐 아니라, 나라의 힘도 하나로 모일 수 있었지요.

**반포**
세상에 널리 퍼뜨려서 알리는 것을 말해요.

**공인**
국가나 공공 단체 또는 사회단체 등이 어느 행위나 물건에 대하여 인정함 불교를 먼저 받아들인 나라일수록 더욱 빠르게 발전할 수 있었기 때문에 불교의 공인은 중앙 집권 국가를 이루는 중요한 조건 중 하나였답니다.

소수림왕의 또 다른 중요 정책 중 하나는 고구려의 도읍인 국내성에 태학이라는 학교를 세우는 것이었습니다. 태학에서는 이름 높은 학자들이 선생님이 되어 학생들에게 '유교'라는 학문을 가르쳤어요.

이미 강대국인 중국은 오래 전부터 유교 사상에 따라 나라를 다스리고 있었어요. 유교를 이용해 나라를 다스릴 경우 유리한 점이 있기 때문이겠죠? 유교에서는 신하들이 임금님께 충성을 다해야 한다는 것을 강조하였어요. 그래서 그 내용을 충실히 공부하다 보면 신하들의 충성심을 높일 수 있기 때문에 왕의 권력이 강해질 수 있었어요. 또한 유교를 통해 많은 사람들이 윗사람에 대한 예절을 지키다 보면 사회적으로도 안정될 수 있었지요.

그뿐만이 아니에요. 학교를 세우면 훌륭한 인재들을 키워낼 수 있지요. 그 인재들이 왕의 충실한 신하들이 된다면, 왕의 정책을 똑똑하게 잘 실행할 수 있겠죠?

태학은 우리 역사에 기록된 최초의 교육 기관이었어요. 아쉬운 점이 있다면 귀족 출신과 같이 높은 계급의 아이들만이 다닐 수 있는 학교였다는 거예요. 하지만 왕에게 힘을 실어 줄 신하들을 많이 길러내 소수림왕이 나라를 다스리는 데 크게 기여했지요.

이렇듯 소수림왕은 불교 공인과 태학 설립 등 다양한 제도를 정비하고, 불교와 유교를 이용해 왕권을 강화시킬 수 있었어요. 하지만 아직 그의 업적은 끝나지 않았습니다. 다음 해인 373년, 소수림왕은 나라의 법

> **유교**
>
> 공자라는 중국의 학자가 내세운 도덕적인 가르침이에요. 유교에 따르면 모름지기 사람들은 자신이 속한 '나라'와 '가족'이 잘 유지될 수 있도록 많은 규칙을 지켜야 해요. 부모님의 말씀을 잘 들어야 하고, 윗사람을 공경해야 하며, 임금님께는 충성을 다해야 하지요. 또 임금 역시 신하들의 의견에 귀 기울이고 백성들이 안정된 삶을 살 수 있도록 다스려야 합니다.

인 '율령'을 반포하게 됩니다.

그전까지 고구려 사회는 부족마다, 지역마다 법이 달라서 임금님의 명령이 전달되기 어려웠어요. 소수림왕이 새로이 '율령'을 반포하게 되면서 고구려의 법은 하나의 기준으로 통일됐고, 온 백성이 같은 법을 따르게 됐지요. 나라를 다스리고 사회의

▲ 중앙 집권 체제 강화

질서를 지키도록 하기 위해서는 법과 규칙이 필요합니다. 잘 정비된 법이 있으면 죄를 지은 사람들이 벌을 받게 되고, 관리들이 함부로 백성들의 세금을 걷을 수 없으며, 귀족들이 왕의 명령을 어기고 제멋대로 행동할 수 없게 되지요. '율령'을 바탕으로 왕의 힘은 더욱 강해지고, 사회는 더욱 안정적으로 돌아갈 수 있게 됐습니다.

아버지인 고국원왕이 전쟁 중에 죽고 위아래로 다른 나라들의 공격을 받는 복잡한 정치 상황 속에서 왕위에 오른 소수림왕. 그가 왕이 된 후 왕의 힘은 더욱 강력해졌고, 나라는 안정적으로 돌아가게 됐지요. 고구려의 중앙 집권을 완성하고 문화의 꽃을 피운 거예요. 그렇게 내부적으로 단단해진 고구려는 외부로 진출할 힘을 지니게 됩니다. 만약 소수림왕이 이때 나라의 기틀을 바로 세우지 못했다면, 만주 벌판을 정복한 광개토 대왕의 업적 또한 없었을지도 모릅니다.

## 3 헤드라인 뉴스

### 고분 벽화에 담긴 고구려인들의 삶 속으로!

이곳은 세계 벽화 대회 현장입니다. 전 세계에서 온 사람들이 모여 고구려의 고분 벽화를 구경하고 있습니다. 벽화의 종류도 다양하고 그 속에 담긴 이야기도 풍부하기로 소문난 고구려 벽화. 지금부터 벽화에 담긴 고구려인들의 삶 속으로 들어가 보시죠!

> 고구려의 벽화는 한마디로 고구려 시대의 사진이라고 생각하시면 됩니다.

김역사 기자

고구려 사람들은 굴식 돌방무덤의 벽과 천장에 수많은 그림을 그렸어요. 고구려의 고분 벽화에는 고구려 사람들의 삶이 생생하게 담겨 있습니다. 이렇게 그려진 벽화 중에는 유네스코 세계 문화유산으로 지정된 것도 있어요.

먼저 평안남도 남포시에 있는 덕흥리 고분입니다. 유주자사라는 높은 공무원이 지방에서 모여든 신하들의 이야기를 듣고 있습니다. 높은 직책의 사람이 더 크게 표현된 점이 인상적이에요. 신하들이 입은 관복도 자세하게

▲ 덕흥리 고분 벽화(묘주와 13군 태수)

소수림왕 | 고구려를 다시 일으켜 세우다

볼 수 있네요.

　주변 국가와 전쟁이 잦았던 고구려 사람들은 어렸을 때부터 무술 훈련을 받았을 뿐 아니라, 다양한 스포츠와 놀이를 즐겼어요. 오른쪽에 있는 덕흥리 고분의 기마 궁술 대회 모습을 보실까요? 말을 타고 달려가다가 과녁을 맞히는 놀이를 하고 있네요.

▲ 덕흥리 고분 벽화(기마 궁술 대회)

　이제 평안남도 강서군에 위치한 수산리 고분으로 가보실까요? 남편과 부인이 시중들을 거느리고 곡예단(서커스단)의 공연을 구경하고 있어요. 남녀 주인은 크게 그려져 있고, 양산을 받쳐 주고 있는 시중들은 작게 그려져 있어서 귀족인지 평민인지 한눈에 구별할 수 있어요.

▲ 수산리 고분 벽화

　중국 지린 성 지안에 있는 무용총 수렵도에도 말을 타고 달려가며 사슴과 호랑이를 사냥하는 고구려인들의 모습을 볼 수 있습니다. 역동적으로 활시위를 당기는 모습과 온 힘을 다해 달려가는 동물들의 모습이 당장에라

▲ 무용총 수렵도

▲ 각저총 씨름도

▲ 안악 3호분

도 뛰쳐나올 것처럼 무척 생생하네요.

이번에는 중국 지린 성 지안 시내에 있는 각저총 씨름도를 살펴볼까요? 좀 이상한 점을 발견하였나요? 바로 씨름을 하고 있는 왼쪽 사람이 큰 눈과 매부리코를 가지고 있다고 것을 알 수 있지요. 이 사람은 고구려인이 아닌 **서역**인이랍니다. 이를 통해 고구려가 서역과도 교류를 하였다는 것을 알 수 있지요.

황해도 안악군에 있는 안악 3호분을 보실까요? 고구려의 귀족 저택에서 볼 수 있는 부엌의 풍경이 담겨 있어요. 한 사람은 부뚜막 아궁이에 불을 지피고 있고, 다른 한 사람은 큰 솥에 무엇인가를 만들고 있어요. 다른 사람은 그 옆방에서 그릇들을 쌓아 올리고 있네요.

고구려의 고분 벽화는 아주 오랜 시간 보존되어 온 뛰어난 작품들이에요. 그 시대의 사회 모습과 생활 모습을 두루 알 수 있는 귀중한 자료들이기도 합니다. 지금까지 벽화 속에 담긴 고구려 사람들의 삶을 보여 드렸습니다.

**서역**
중국의 서쪽에 있던 여러 나라를 통틀어서 이르는 말

## 스페셜뉴스 — 현장 브리핑

# 먹고 마시고 즐겨라! 고구려 동맹 축제

가을이 한창인 10월, 이곳은 고구려의 제천 행사인 동맹 축제가 열리고 있는 현장입니다. 나라 안의 백성들이 모두 모여 하늘에 제사를 지내고, 노래와 춤을 즐기는 모습이네요. 왕 역시 오늘은 제사장의 옷을 입고 있고, 5부의 귀족들은 나랏일을 논하는 회의 준비에 여념이 없습니다.

　오늘은 풍성하게 농사를 지을 수 있도록 해 주신 하늘에게 감사하는 날입니다. 오늘만큼은 서로 가진 음식을 나누어 먹고 축제를 즐기며 마음껏 즐기는 날이죠. 고구려의 왕은 감옥에 갇힌 죄인들도 풀어 주죠. 왕의 지도 아래 내년 농사도 잘 될 수 있도록 기도도 해요.

　고구려 사람이라면 누구나 동맹 축제가 열리는 동안 동명성왕 주몽과 유화 부인을 모시는 제사를 지냅니다. 모든 고구려인들이 주몽의 후손이라는 자부심과 하나된 마음을 갖기 위해서예요.

　축제 곳곳에서 곡예를 부리는 사람들의 모습 역시 쉽게 찾아볼 수 있어요. 공과 막대기를 번갈아가며 던지기도 하고, 물구나무를 서기도 하고, 칼 재주를 부리기도 하네요. 악기를 연주하는 사람들 옆에는 무용수들이 춤을 추고 있습니다. 한 줄로 나란히 서서 손을 뻗어 올린 모습이 아름답네요.

　그동안 농사일만 하고 전쟁터에 끌려다니느라 무척 지쳐 있던 백성들도 씨름 대회며, 사냥과 말타기 시합에 나가 상을 타기도 해 그간의 힘든 일을 잊고 즐길 수 있지요. 또 밤새도록 노래를 부르며 춤을 춥니다.

▲ 장천 1호분 벽화(위)와 무용총 벽화(아래)

# 고종훈의 한국사 브리핑

## 인물 핵심 분석 ▶ 소수림왕

QR 코드를 찍으면 고종훈 선생님의 강의를 볼 수 있어요.

시대 ▶ ?~384년
재위 기간 ▶ 371년~384년
국정 운영 스타일 ▶ 일단 나라를 안정시키고 백제에게 복수한다.
백성들에게 하고 싶은 말 ▶ 불교를 믿어라!
연관 검색어 ▶ 고국원왕, 백제, 근초고왕, 불교, 율령
역사적 중요도 ▶ ★★★★☆
시험 출제 빈도 ▶ 높음

### 국가적 위기 속에서 소수림왕이 왕위에 올랐어요.

아버지 고국원왕 시절 선비족이 세운 전연이 고구려를 공격했어요. 이때 고국원왕의 어머니와 백성이 전연의 인질로 끌려가고 말았어요. 또 백제의 공격을 받아 고국원왕이 전사하고 말아요. 이러한 국가적 위기 속에서 소수림왕이 왕위에 올랐고, 그는 **아버지를 죽인 백제에 대해 복수를 준비했어요.**

### 중앙 집권 체제를 강화하여 국가 위기를 극복하려 했어요.

소수림왕은 불교를 받아들여 백성들을 정신적으로 통일했어요. 또 태학을 설립해 유학을 가르쳐 인재를 양성했습니다. **이를 통해 중앙 집권 체제를 완성해 왕권을 강화하고자 했지요.**

### 나라의 법인 율령을 반포했어요.

소수림왕은 율령을 발표해 국가 체제를 정비했습니다. 이 덕분에 사회 질서가 유지되고 왕의 힘이 강해질 수 있었어요. **이 모든 것은 왕권을 강화시켜 고구려가 중앙 집권 체제로 나아갈 수 있게 하였지요.**

# 05 광개토 대왕

**고구려의 영토를 넓히다**

시대 374년~412년   재위 기간 391년~412년

## 타임라인 뉴스

**374** 고국양왕의 아들로 태어나다

**386** 태자로 책봉되다

**391** 왕위에 오르다

**395** 백제를 상대로 전쟁을 벌여 대승을 거두다

**400** 신라에 5만 대군을 보내 왜군을 물리치다

**412** 고구려 영토 개척의 업적을 남기고 승하하다

# 1 인물 초대석

**최고의 정복 군주, 광개토 대왕**

오래 기다리셨습니다. 지금부터 고구려의 전성기를 이끈, 그 이름도 유명한 광개토 대왕을 만나보겠습니다. 광개토 대왕은 활발한 정복 활동을 펼쳐 고구려를 대제국으로 만들었는데요. 오늘은 직접 스튜디오에 모시고 말씀 나눠보도록 하겠습니다. 인사부터 하시죠.

광개토 대왕

안녕하세요. 저는 18세에 왕위에 올랐습니다. 그때 전 '영락'이라는 독자적 **연호**를 사용했어요. 중국의 황제들이 쓰는 연호를 따라 썼던 다른 나라들과 달리, 고구려만의 연도를 표시한 거예요.

또한 저는 왕위에 오르기 무섭게 곧바로 전쟁을 시작했어요. 그럴 수 있었던 것은 고구려 기마병의 군사력과 전술에 대한 저의 자신감 때문이었어요. 고구려 기마병은 단단한 철갑옷을 입었을 뿐 아니라, 평소에도 늘 활쏘기와 말타기 등의 무술 훈련으로 단련되어 있었거든요.

당시 중국은 많은 나라들이 생겼다가 무너지는 혼란기였어요. 하지만 중국의 위기가 우리 고구려에게는 기회가 되었죠. 중국이 내부의 싸움으로 정신없는 틈을 타서 만주와 요동 땅을 차지할 수 있었고, 남쪽의 백제도 공격할 수 있었으니까요.

광개토 대왕 | 고구려의 영토를 넓히다

### 전쟁으로 제일 처음 무너뜨리고 싶었던 나라는 어디였나요?

바로 백제입니다. 앞서 고국원왕께서 백제와의 전쟁에서 전사했던 굴욕적인 일이 있었으니까요. 저는 왕위에 오른 지 두 달 만에 4만 명의 군대를 끌고 백제를 공격해 열 개의 성을 빼앗았습니다.

또한 저는 백제의 **관미성**을 공격했어요. 관미성은 한강을 손에 넣을 수 있느냐 없느냐를 결정할 수 있을 만큼 중요한 곳이었어요. 그만큼 관미성을 둘러싼 지형이 험해 정복하기 쉽지 않은 곳이었는데요. 군사를 여러 길로 나누어 보내고 20일간 끈질긴 전투를 벌인 끝에 함락시킬 수 있었죠.

### 백제가 그대로 당하고만 있지는 않았을 것 같은데요?

물론 백제도 관미성을 되찾고자 여러 번 군사를 보냈습니다. 하지만 번번이 패배하고 말았지요. 그때 저는 한강 이북 땅인 임진강 일대를 차지했을 뿐 아니라, 아예 내친김에 백제의 도읍을 공격해 58개의 성을 점령해 버렸거든요. 수십 년 전의 굴욕을 떨쳐내고 왕위에 오른지 6년 만에 백제를 향한 복수에 성공했다고나 할까요! 백제의 아신왕은 제게 포로 천 명과 천 필의 옷감을 바치며 항복했습니다.

"저 아신은, 영원히 고구려 광개토 대왕님의 신하가 되겠사옵니다."

그런데 백제가 고구려와 동맹 관계였던 신라를 공격했지 뭡니까. 그것도 바다 건너 일본 세력을 끌어들여서요. 저는 왜를 몰아내달라는 신라의 요청으로 5만의 군대를 끌고 남쪽으로 원정을 떠났습니다. 이 원정은 신라인들에게 크나큰 영향을 주었음은 물론, 금관가야라는 나라의 힘을 약하게 했지요.

**연호**

왕이 새롭게 왕위에 올랐을 때 자신이 다스리기 시작한 해에 이름을 붙이는 거예요. 보통 중국의 황제들이 자주 사용했답니다.

**관미성**

백제의 도읍을 지키던 북쪽의 성 중 하나였어요. 강화군 교동도, 임진강과 한강의 하류에 있는 오두산성, 또는 예성강 하구 중 한 곳에 있었을 것으로 추정되고 있지요.

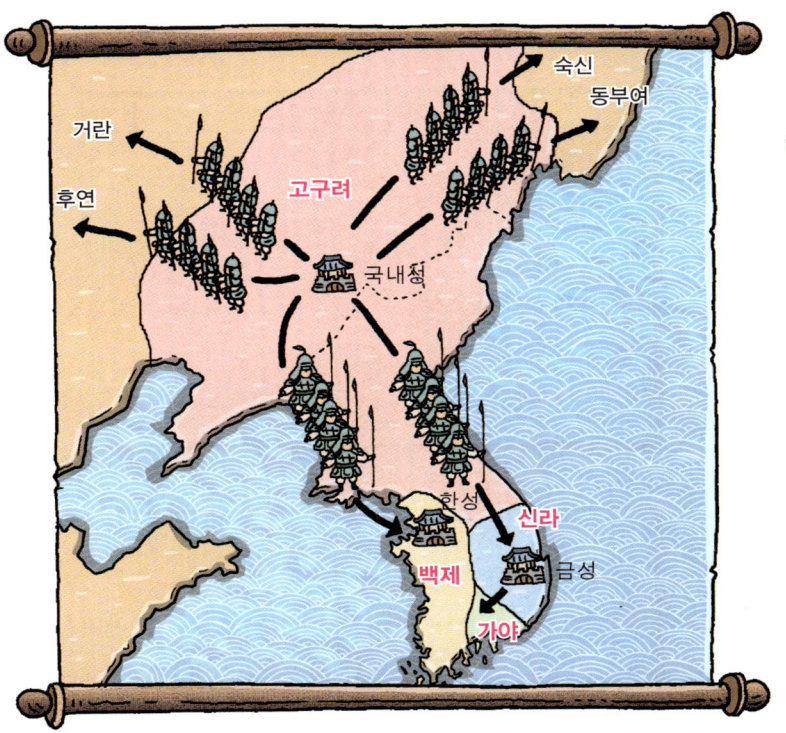

▲ 고구려의 약진

**모후**
임금의 어머니

**남쪽에 있는 백제를 혼내 줬으니 이제 북쪽으로 진출할 차례네요.**

 북쪽에는 고구려와 사이가 나빴던 중국 5호 16국의 하나인 선비족 모용수가 건국한 '후연'이라는 나라가 있었습니다. 참고로, 과거에 고국원왕의 아버지인 미천왕의 무덤을 파헤쳐 시신을 꺼내고, 고구려 백성과 왕비, 고국원왕의 **모후** 등을 인질로 잡아가기도 해서 우리 고구려와 악연이 있던 전연과는 다른 나라이지요.

고구려의 팽창에 위기를 느낀 후연의 왕들은 계속 우리 고구려와 분쟁을 일으켰어요. 저도 처음에 후연을 상대하기 만만치 않았는데요. 하지만 점차 우리 고구려군이 승리의 주도권을 잡아나갔지요. 후연은 비겁하게도 우리가 대군을 끌고 신라에 침입한 왜를 물리치러 떠난 틈을 노려 쳐들어오기도 했습니다. 이에 저는 곧장 후연으로 쳐들어가서 요서 지방을 함락시켰어요. 옛 고조선의 영토를 회복하여 매우 감격스러웠지요.

**만주 벌판을 호령하는 대왕님의 정복 전쟁은 계속되어 거란, 동부여와 숙신**

**등을 정복하신 것으로 알고 있습니다. 그 덕에 고구려의 영토는 더욱더 드넓어졌는데요, 땅을 많이 차지하면 어떤 점에서 유리할까요?**

 넓은 영토를 차지했다는 건, 단순히 땅을 많이 가지게 되었다는 의미만 있는 것은 아니에요. 어떤 경제적인 이득이 있었는지 알려드리겠습니다.

- 농사를 지을 수 있는 땅이 넓어져 자연재해나 흉년 때문에 발생하는 식량 부족 문제를 해결할 수 있게 됩니다.
- 각 지역마다 쌀, 면, 특산품이나 해산물 등을 세금으로 거둬들일 수 있게 됩니다.
- 속국이 된 나라에는 각종 공물과 가축 등을 바치게 합니다.
- 새로운 지역 부락민들의 노동력을 이용할 수 있습니다.

저는 땅만 넓힌 것이 아니라, 정복 지역의 부족들을 고구려의 백성으로 끌어안았습니다. 또한 그들과 다양한 물품을 교역하면서 더 풍족한 환경을 만들었답니다. 저를 단순히 정복 군주로만 생각하시는 분들이 많은데, 사실은 어떤 왕보다도 고구려 백성의 삶을 한층 더 나아지게 했던 왕이라는 것을 잊지 마세요!

제가 연호를 '영락'이라고 한 이유도 마찬가지에요. 영원할 '영(永)' 자에 즐거울 '락(樂)' 자를 써서 오래도록 백성을 즐겁고 평안하게 하겠다는 저의 생각을 담았지요.

왕위에 오른 후 20년 동안 쉼 없이 전쟁터를 누비며 넓은 영토를 차지한 광개토 대왕님을 흔히 동양의 알렉산드로스 대왕이라고 부르기도 한다면서요?

그야 젊은 나이에 왕위에 올라 드넓은 땅을 차지한 정복 군주라는 점 때문이겠지요. 고구려는 만주의 남주 지역과 요동 지역, 남으로는 한강 이북까지 이르는 대제국을 건설했어요. 심지어 제가 무찌른 부여의 성이 64개, 촌이 1400여 개였다는 기록이 『삼국지 위지 동이전』의 「고구려전」에 전해지고 있다니까요. 이걸 보면 고조선의 뒤를 이어 동북아시아의 **패자**였던 고구려의 모습을 확인할 수 있답니다. 또 이 모든 역사적인 내용은 '광개토 대왕릉비'라는 비석에 담겨 있어요.

**패자**
운동 경기나 어느 분야에서 으뜸이 되는 사람

▲ 중국 지린 성에 있는 광개토 대왕릉비

광개토 대왕의 은혜가 저 높은 하늘까지 이르렀고, 그의 위업은 온 세상에 널리 떨치게 됐다. 적국의 무리를 무찌르자 고구려의 백성 모두가 농사일에 힘써 안정적으로 살 수 있었다. 곡식이 풍성한 결실을 맺자 고구려는 부유하고 풍족해졌으며 더욱 강해졌다.

그렇군요. 우리 역사를 이끌어 간 나라들은 대체로 주변 나라를 침략하는 정복 국가보다는 내부의 발전을 중요시하는 문화 국가의 모습을 보여줍니다. 그래서인지 이 시기 고구려의 모습은 웅장하면서도 가슴을 시원하게 해 주지요. 지금까지 우리나라 역사상 최고의 정복 군주였던 광개토 대왕님을 만나봤습니다.

## 2 헤드라인 뉴스

### 고구려, 신라를 도와 왜를 무찌르다!

광개토 대왕이 드넓은 만주의 땅을 정복해 나갈 무렵, 신라에 왜가 쳐들어옵니다. 어찌 된 일이었을까요? 일본을 이용해 고구려를 향한 복수를 꿈꾸던 백제, 그리고 그런 백제의 콧대를 납작하게 해 주고 싶었던 고구려. 그 결과는 어떻게 됐을지 알아보도록 하겠습니다.

고구려 광개토 대왕의 침입 이후 백제의 아신왕은 굴욕을 갚기 위해 이를 갈고 있었습니다. 그런데 고구려의 힘이 막강하다보니 혼자서 싸우는 건 무리였어요. 그래서 바다 건너 왜와 힘을 합쳐 고구려 대신 만만한 신라를 정복해서 한반도 남부 지역을 장악할 생각이었던 거예요.

삼국 중 유일하게 고대 국가로 발전하지 못해 힘이 약했던 신라는 백제와 왜, 가야 연합군이 손을 잡고 침략하면서 큰 위기를 겪을 수밖에 없었어요. 신라의 도읍인 금성(지금의 경주)을 단번에 빼앗길 정도였지요. 이때 신라의 내물 **마립간**은 광개토 대왕에게 사신을 보내 도움을 요청했어요. 고구려의 입장에서는 영원한 신하가 되겠다는 맹세를 했으면서 또 다시 고구려를 침략할 기회를 엿보는 백제를 가만히 내버려 둘 수 없었겠죠? 광개토 대왕은 신라에서 온 사신에게 이렇게 말했어요.

당시 동북아시아의 여러 나라들과 달리 신라만 유일하게 왕 대신 독자적 호칭인 '마립간'이라는 칭호를 썼습니다. 이는 신라의 발전이 뒤쳐졌음을 의미합니다.

김역사 기자

**마립간**

신라 때에, '임금'을 이르던 말로 '대장군', '최고 우두머리'라는 뜻이에요. 지증왕 때 가서야 '왕'이라는 호칭이 등장하면서 사라졌어요.

"걱정하지 말거라. 내가 친히 신라를 위해 군대를 보내겠노라."

광개토 대왕은 신라를 구원하기 위해 강력한 철갑 기병대와 보병 5만 명을 보낼 것을 지시했어요. 고구려 기마병들의 용맹은 이미 널리 알려진 터라 왜군은 싸워보지도 못하고 위협을 느낀 채 도망갈 정도였습니다. 그러나 천하의 고구려군이 왜군을 그냥 보내줄 리가 없지요? 신라의 도읍인 금성을 되찾은 고구려군은 도망치는 왜를 끝까지 쫓아갔어요. 그러다 금관가야가 있는 김해 지역까지 들어가게 됐지요.

당시 금관가야는 철 생산지로 유명한 나라였습니다. 그래서 주변 국가들이 철을 얻기 위해 가야에 많이 들어와 있었는데요. 특히 일본인들이 많았어요. 금관가야는 아름다운 문화를 꽃피웠지만 아직 연맹 왕국에 머물러 있던 작은 나라였어요. 그런 가야에 왜군을 격퇴하겠다고 막강한 고구려의 군대가 쏟아져 들어왔으니 그 엄청난 힘에 나라 전체가 짓눌릴 수밖에요. 결국 금관가야는 쇠퇴하고 대가야로 중심 세력이 바뀌게 되었지요. 그리고 점차 힘이 약해지던 가야는 훗날 신라 땅에 완전히 속하게 된답니다.

이 원정으로 고구려는 백제와 왜, 신라, 가야 등 한반도 남쪽에 있었던 나라들에게 영향력을 미치게 되었고, 다시는 고구려에 맞설 수 없도록 힘을 보여줬습니다. 누가 위이고 아래인지 확실하게 했다고나 할까요? 그런데 고구려가 신라를 도와줬다고 해서 두 나라가 서로를 친밀하게 여겼다고 생각하면 곤란해요. 어디까지나 삼국은 서로 경쟁하는 나라들이었기 때문에 이해 관계가 얽혀 있답니다.

그래서 신라는 고구려 군대를 끌어들여 나라를 지킨 대가로 고구려에게 철저하게 보상을 해야 했어요. 또한 발전된 고구려인들과의 접촉은 신라 사회에 많은 영향력을 주었지요. 당시 고구려인들의 눈에는 발전이 늦어진 신라의 모습이 한심하게 보였을 거예요. 신라는 그때까지도 왕의 힘이 약해서 박·석·김의 세 성씨가 번갈아가며 왕을 했었는데, 광개토 대왕의 원정 이후 김씨의 왕위 계승이 확립되었어요.

광개토 대왕과 고구려 군대가 신라의 요청으로 활약했다는 사실은 광개토 대왕릉비라는 비석에 적혀 있어요. 여기에 신라의 내물 마립간이 광개토 대왕에게 복종하겠다고 맹세했다는 말이 나오거든요. 또한 경주에 있는 무덤인 호우총에서 **호우명 그릇**이 발견됐는데요. 그 그릇 바닥에는 광개토 대왕의 이름이 새겨져 있답니다. 거대한 무덤이 세워질 정도로 신분이 높았던 사람의 무덤에도 광개토 대왕의 이름이 적힌 그릇이 발견될 정도니, 신라에 미친 고구려의 영향력이 얼마나 어마어마했는지 짐작할 수 있겠지요?

**호우명 그릇**

광개토 대왕이 왜를 몰아내 준 것에 대해 감사하다는 내용이 적혀 있는 그릇입니다. 호우명 그릇이 발견된 무덤을 호우총이라고 불러요.

그 후로 신라 역시 부지런히 나라의 발전을 거듭하여 고구려와 백제 같이 발전된 중앙 집권 국가의 모습을 갖추게 됩니다. 나중에는 신라가 백제와 동맹을 맺고 고구려를 공격하기도 하니, 고구려, 백제, 신라 이 세 나라의 관계란 참으로 엎치락뒤치락 복잡하답니다. 지금까지 한반도 남부에도 영향력을 떨쳤던 고구려의 모습을 전해드렸습니다.

그릇의 바닥에는 '광개토지호태왕'이라는 글자가 새겨져 있어요.

▲ 호우명 그릇

## 고구려의 국격을 문장에 담아낸 광개토 대왕릉비를 소개합니다!

광개토 대왕의 노력으로 고구려의 영토는 넓어질 대로 넓어졌고, 그동안 잦은 침략으로 고구려를 괴롭혔던 주변 국가들에게 본때를 보여줬습니다. 이제 광개토 대왕의 이 위대한 업적을 후손들에게 길이길이 남겨야 하겠지요? 광개토 대왕릉비에 고구려인들이 어떤 내용을 담았는지 한번 알아볼까요?

광개토 대왕릉비는 그의 아들 장수왕이 아버지의 업적을 널리 알리기 위해 414년에 고구려의 도읍이었던 국내성에 세웠어요. 높이는 6.39m, 너비는 1.38~2m이고, 측면은 1.35~1.46m, 무게는 37톤이나 되는 거대한 비석에 4면 가득히 1,775자의 한자를 새겨 넣었지요.

광개토 대왕릉비의 총 1,775자 중 150자 정도는 아직 판독되지 않았어요. 탁본을 하기 위해 불을 피우고 이끼를 제거하는 과정에서 일부 글자들이 훼손되었거든요. 그런데 이런 사실을 이용해 문제를 일으킨 나라가 있어요. 바로 일본이지요. 일본이 문제 삼은 구절은 다음과 같아요.

> 신묘년에 일본이 쳐들어오자, 고구려는 바다를 건너가 일본을 무찔렀다. 그런데 백제 ○○○ 신라로 쳐들어가 그들의 백성으로 삼으려고 했다. 그러자 광개토 대왕이 몸소 군대를 이끌고 백제를 토벌했다.

비문에 지워진 세 글자를 일본은 '백제와 신라로 쳐들어가 그들을 백성으로 삼았

◀ 중국 지린 성에 있는 광개토 대왕릉비 모습(왼쪽)과 광개토 대왕릉비 탁본(오른쪽)

다.'라고 해석했어요. 일본이 금관가야가 있는 김해 지역을 다스렸다는 '임나일본부설'이라는 황당한 주장을 내세우기 위해 그런 해석을 한 거예요. 이러한 일본의 주장을 반박할 근거를 살펴볼까요?

첫째, 만약 일본이 가야나 신라, 백제를 지배할 정도로 국력이 강했다면 더 뛰어난 철제 무기를 사용했겠지요. 하지만 일본은 세 나라보다 무려 백 년이나 늦게 철을 사용할 정도로 발전이 늦었어요.

둘째, 가야, 신라, 백제에는 일본 문화에서 비롯된 유적이나 유물이 남아 있지 않아요. 반면 일본에는 삼국의 영향을 받은 문화재가 많이 있지요.

역사적인 사실은 이러합니다. 백제와 왜가 함께 신라로 쳐들어갔지만, 결국 광개토 대왕에게 왜는 쫓겨나고 신라는 고구려의 영향 아래에 놓였어요. 이제는 흐릿했던 글자가 어느 정도 복원되어 일본의 주장은 설득력을 잃게 되었어요.

동북아시아 최강대국으로 성장한 고구려! 그리고 스스로를 '태왕'이라 불렀던 광개토 대왕! 그의 업적을 기리기 위해 세운 광개토 대왕릉비에는 고구려가 바로 천하의 중심이라는 의식을 엿볼 수 있어요. 중국의 영향 아래에 있는 나라가 아니라, 우리 민족이 스스로 역사를 이끌어나가고 있다는 주도적인 생각이 담겨 있어요.

## 고종훈의  한국사 브리핑

### 인물 핵심 분석 ▶ 광개토 대왕

QR 코드를 찍으면 고종훈 선생님의 강의를 볼 수 있어요.

**시대** ▶ 374년~412년
**재위 기간** ▶ 391년~412년
**국정 운영 스타일** ▶ 영토를 넓혀 고구려의 기상을 알린다!
**백성들에게 하고 싶은 말** ▶ 내가 영토를 넓힌 것은 그대들의 안정을 위해서라네.
**역사적 중요도** ▶ ★★★★★
**시험 출제 빈도** ▶ 매우 높음

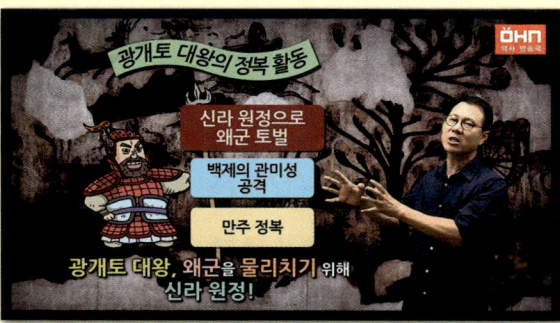

**고구려의 영토를 넓혔어요.**

광개토 대왕은 고구려의 탄탄한 군사력을 바탕으로 활발한 정복 활동을 하였습니다. 특히 북쪽으로 영토를 많이 넓혔고 백제를 공격해 10개의 성과 관미성을 빼앗았지요. 또한 요동 지역을 확보하고 동부여와 숙신을 굴복시켰어요. 또한 백제와 왜에게 공격을 당하는 신라를 도와주기도 했어요.

### 인물 관계 분석

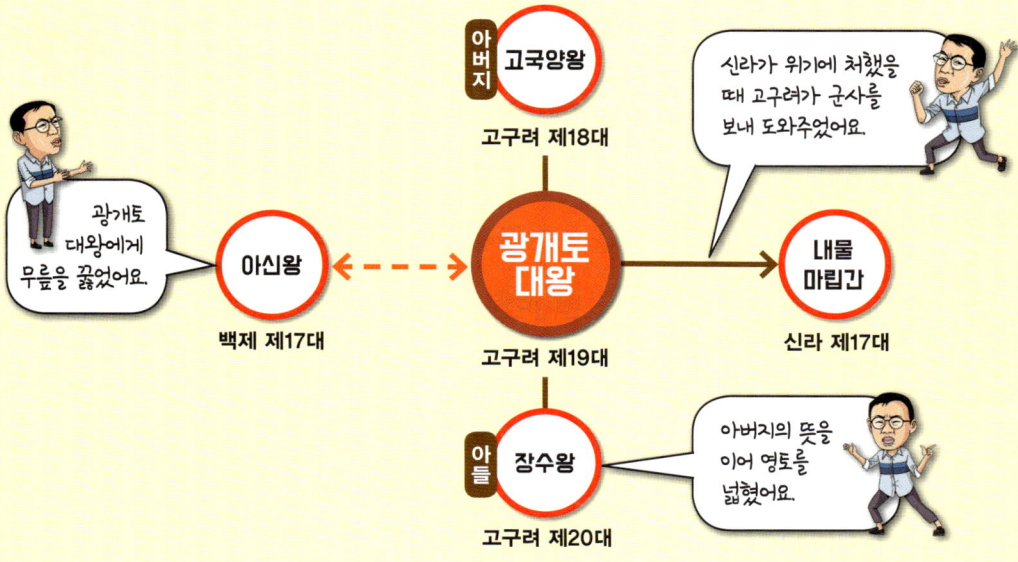

# 06 장수왕

**동북아시아의 강국이 된 고구려**

시대 394년~491년  재위 기간 413년~491년

## 타임라인 뉴스

**394** 광개토 대왕의 아들로 태어나다

**413** 왕위에 오르다

**423(?)** 충주고구려비를 세우다

**427** 평양성으로 천도하다

**475** 백제의 위례성을 함락시키고 개로왕을 살해하다

**491** 한강 유역을 차지하는 업적을 남기고 승하하다

# 1 인물 초대석

**장수왕, 남쪽으로 눈을 돌리다!**

고구려 **장수왕**이 중국의 사신들과 사이좋게 지내고 있다고 합니다. 광개토 대왕 때 확장된 고구려 땅을 잘 유지하면서, 한반도 아래쪽으로 진출하기 위해서라고 하는데요. 장수왕의 정확한 심중이 궁금합니다. 고구려의 전성기를 이끈 장수왕을 만나보겠습니다.

### 왜 이름이 장수왕인지 궁금합니다.

장수왕

말 그대로 '오래 살았다.'라는 뜻이에요. 나는 98세, 거의 100세까지 살았죠. 왕위에 오른 후에는 연호를 '건흥'으로 정했습니다. 계속 독자적인 연호를 사용해 고구려가 중국과 대등한 나라임을 강조했죠.

### 어떻게 오랜 시간 안정적으로 고구려를 다스릴 수 있으셨나요?

그건 중국의 다른 나라들과 평화적으로 지낼 수 있도록 외교 정책을 펼친 덕분이랍니다. 끝없이 정복 전쟁을 했던 아버지 광개토 대왕과는 사뭇 다른 길을 걸었지요. 이미 영토는 충분히 넓어진 상황이었으니, 그 영토를 잘 유지하고 나라를 안정시키는 편이 더 낫다고 판단했어요. 심지어 중국의 강대국들에게 40차례도 넘게 조공을 바쳤답니다.

장수왕 | 동북아시아의 강국이 된 고구려

**고구려 역시 상당히 강한 나라였음에도 자존심을 굽히고 중국에 매년 조공을 바쳤다니 믿기 어려운 일인데요. 물론 그렇게 한 까닭이 있었겠죠?**

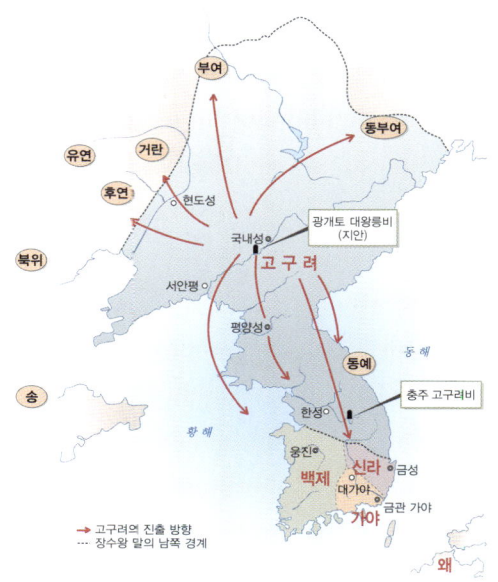

▲ 장수왕 때의 영역

다 평화를 위해서였죠. 당시 중국은 분열기를 겪고 있는 상황이었어요. 제일 위쪽에는 유연, 그 아래에 북위, 가장 남쪽에는 **송**이라는 나라가 있었습니다. 그런데 세 나라가 전부 다 강한 나라들이었을 뿐 아니라 서로 끝없이 싸움을 벌이는 중이라 고구려의 입장에서는 어느 한 쪽 편만 들기 쉽지 않은 상황이었어요.

그런데 신기하게도 세 나라 모두 다 한 번도 고구려를 침략하는 일이 없었답니다. 그럴 수 있었던 것은 내가 외교를 통해 정치적인 교류를 탄탄하게 했기 때문이었어요. 이렇게 실질적으로 도움이 되는 외교를 '실리 외교'라고 해요. 그 덕분에 고구려는 중국의 나라들과 무려 200년 가까이 전쟁이 없는 평화의 시기를 맞이하였던 거죠.

🎙️ **장수왕**

대제국을 건설한 광개토 대왕이 일찍 세상을 떠났지만 아들인 장수왕은 80년 가까운 시간 동안 나라를 훌륭하게 다스려 고구려의 영광을 이어나갈 수 있었어요.

**송**

고려 때 중국을 지배하던 송과는 다른 나라예요.

**그렇다면 장수왕께서 중요하게 추진했던 국가 사업은 무엇일까요?**

427년, 내가 왕위에 오른 지 15년 째 되는 해에 도읍을 국내성에서 평양으로 옮겼어요. 도읍을 옮긴다는 일이 쉬운 일은 아니에요. 정치·경제·사회의 모든 것이 도읍을 중심으로 돌아갈 뿐 아니라 귀족과 지배층들 역시 대부분 도읍에 살기 때문입니다. 그래서 국내성 기반의 귀족들은 반대가 극심했어요.

67

**도읍을 옮긴 까닭에 대해 좀 더 구체적으로 말씀해 주시겠습니까?**

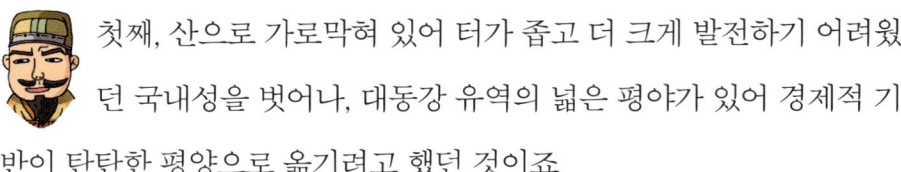  첫째, 산으로 가로막혀 있어 터가 좁고 더 크게 발전하기 어려웠던 국내성을 벗어나, 대동강 유역의 넓은 평야가 있어 경제적 기반이 탄탄한 평양으로 옮기려고 했던 것이죠.

둘째, 국내성 근처에 자리 잡고 살아온 귀족 세력의 힘을 약하게 만들 생각이었죠.

셋째, 도읍을 남쪽으로 옮김으로써 한반도 아래에 위치한 백제와 신라에 대해 더 강한 영향력을 발휘할 수 있기 때문이에요.

**한마디로 한반도 남쪽으로 진출하기 위해 도읍을 평양으로 옮긴 거군요?**

  그렇습니다. 광개토 대왕께서 백제를 공격하고, 신라에 군대를 보낸 일은 있었지만, 그때는 남쪽으로 땅을 넓히려는 의도까지는 아니었어요. 하지만 아들인 제 생각은 달랐지요. 우선 중국의 여러 나라들과 외교를 통해 평화 관계를 맺어 고구려에 쳐들어오지 못하도록 했어요. 중국이 있는 북쪽의 뒷문을 안전하게 걸어 잠근 후 온 힘을 한반도 남쪽으로 진출하는 데 쓰기로 한 거지요. 이러한 정책을 **남진 정책**이라고 합니다.

남진 정책을 통해 한반도에서 가장 중요한 지역인 한강을 차지하고자 했습니다. 영토의 대부분이 북쪽의 산악 지대에 있어 농사지을 땅이 부족했던 고구려에게, 한강은 무척 매력적인 땅이었습니다. 게다가 강을 이용해 중국과 더욱 편하게 교류를 할 수 있었지요.

**이상으로 장수왕과의 인터뷰를 마치겠습니다.**

**남진 정책**
한반도 남쪽을 정복해 영토를 확장하려고 하는 장수왕의 정책이에요.

 68 장수왕 | 동북아시아의 강국이 된 고구려

## 2 헤드라인 뉴스

### 고구려, 남진 정책으로 가장 넓은 영토 차지!

장수왕이 도읍을 평양으로 옮기고 한반도 남쪽으로 군대를 보낸 상황입니다. 덕분에 백제와 신라는 바짝 긴장한 모습인데요! 최강의 전투력을 가진 고구려군을 상대로 백제가 한강을 지켜낼 수 있을까요? 김역사 기자가 보도해 주시죠.

장수왕은 남진 정책으로 백제와 신라를 압박하였습니다. 고구려의 압박으로 위기에 빠진 백제 개로왕은 중국 북위의 왕에게 비밀 편지를 보내 도움을 요청했어요.

당시 중국은 북쪽의 북위와 남쪽의 송이 오랫동안 대립하는 남북조 시대가 열렸습니다.

김역사 기자

### 개로왕의 편지

그동안 백제는 고구려의 압박에 시달려왔습니다. 게다가 고구려는 유연, 송과 힘을 합쳐 북위를 견제하고 있는 것으로 압니다. 그러니 우리가 힘을 합쳐 고구려를 공격하면 어떨까요?

하지만 백제의 북위를 상대로 한 군사 요청은 실패로 끝났어요. 오히려 이 일을 알게 된 장수왕이 크게 분노하는 바람에 백제는 고구려의 공격을 받아야 했답니다.

장수왕은 백제를 점령하러 가기 전에 먼저 백제의 왕실을 흔들어 놓기 위해 승려 도림을 스파이로 비밀리에 심어 둡니다. 도림은 마치 고구려에서 죄를 짓고 쫓겨난 것처럼 말하며 개로왕에게 접근했지요. 그리고는 바둑을 좋아하는 개로왕의 벗이 되어 함께 재밌게 바둑을 두었어요. 개로왕은 점차 도림에게 마음을 열게 되었고, 나라 살림을 챙기기보단 도림과 바둑 두는 일에 빠져들게 됩니다.

그때 도림은 개로왕을 부추겨 백제의 궁궐이 너무 작으니 더 크게 공사를 하라고 했어요. 개로왕은 도림의 말만 믿고 당장 공사를 시작했는데, 그건 크나큰 실수였어요. 당시 백제의 형편으로서는 그렇게 큰 규모의 공사를 감당할 수 없어 결국 나라의 힘이 약해지게 되었지요. 그때 도림은 백제를 빠져나와 장수왕에게 이 소식을 알렸습니다.

475년 마침내 장수왕은 직접 3만의 군대를 끌고 백제를 공격하여 도읍인 한성을 함락시키고 개로왕을 죽였습니다. 백 년 전에 백제 근초고왕의 공격으로 고국원왕이 죽었던 일을 완벽하게 복수한 셈이죠. 덕분에 백제는 한강 주변의 땅을 잃고 남쪽인 웅진(지금의 공주)으로 도읍을 옮겨야 했어요.

한강을 중심으로 나라를 발전시켜 온 백제에게 장수왕의 공격은 너무나 치명적인 일이었어요. 또한 고구려는 481년에 신라로부터 7개의 성을 빼앗아 신라를 더욱 위축되게 만들었어요.

장수왕의 남진 정책과 한강 유역 차지로 인해 백제의 국력은 기울기 시작하고, 신라는 이에 자극받아 조금씩 강력한 나라로 성장하기 시작해요.

장수왕이 남진 정책으로 넓혀놓은 고구려 전성기 지도를 보실까요? 국내성에서 평양으로 도읍을 옮긴 과정과 백제의 한성을 정복하여 충주 고구려비를 세운 과정을 전부 확인할 수 있을 거예요. 그 당시 5세기의 고구려는 가장 넓은 영토를 차지했을 뿐만 아니라, 훌륭한 문화와 제도로 다른 나라들을 앞서 나갔습니다.

▲ 장수왕 때의 고구려 영토

시청자 여러분들은 이미 앞선 뉴스를 통해서 장수왕이 아버지의 업적을 기리기 위해 광개토 대왕릉비를 세웠다는 사실을 알고 있을 거예요. 장수왕은 이 외에도 충주고구려비(중원고구려비)를 세우기도 했고요. 지금은 이렇게 중요한 가치를 지닌 문화재로 대접받는 충주고구려비가 처음 발견되었을 때는 기가 막힌 모습이었다는 것을 아시나요?

충청북도 충주시에 있는 입석 마을에서 마을 주민들이 빨래판으로 쓰던 커다란 돌이 있었는데요. 알고 보니 그 돌이 비석이었지 뭐예요. 충주 고구려비에는 원래 신라 땅이었던 남한강 지역이 고구려 땅이 되었다는 내용이 담겨 있어 장수왕의 남진 정책이 성공리에 추진되었음을 알려주고 있답니다. 전성기의 고구려 모습과 더불어 고구려가 천하의 중심이라는 자부심을 뽐내고 있지요.

▲ 충주(중원)고구려비

 스페셜뉴스 | 체험! 역사 현장

## 체험! 삼국의 귀족 회의

시청자 여러분 안녕하십니까? 오늘 '체험! 역사 현장'에서는 삼국의 귀족 회의에 대해 다뤄볼까 합니다. 먼저 스튜디오에 역사왕 교수님을 모시고 귀족 회의에 대해 알아보겠습니다. 삼국의 귀족 회의는 처음에 어떻게 생겨났나요?

**역사왕 교수**

삼국은 모두 처음에는 각 지역의 힘 센 부족들이 모여 세워진 연맹 왕국이었습니다. 왕은 그저 부족들의 대표일 뿐이었지요. 왕과 부족장들은 중요한 일들을 결정하기 위해 '부족장 회의'라는 것을 열었습니다. 이들은 각 귀족 가문의 이익을 챙기고 왕의 힘을 견제하는 역할을 하기도 했습니다. 이 '부족장 회의'가 중앙 집권 국가 때까지 계속 이어져 오늘날의 '귀족 회의'가 된 것입니다.

**앵커**

그러면 지금부터 고구려 귀족 회의를 체험해 볼까요? 고구려 특파원, 나와 주시죠.

**고구려 특파원**

저는 지금 고구려의 귀족 회의인 '제가 회의' 현장에 나와 있습니다. '가(加)'는 부족장 또는 높은 벼슬을 뜻하는 말인데요. '제가(諸加)'라는 것은 '가'들이 한데 모였음을 뜻합니다. 오늘 제가 회의에서는 국무총리에 해당하는 '대대로'라는 수상 자리를 뽑는다고 합니다. 아, 방금 전 투표로 선출된 대대로님에게 대대로가 어떤 자리인지 물어보도록 하겠습니다.

**고구려 대대로**

'대대로'는 3년의 임기를 가진 자리입니다. 제가 회의를 통해서만 뽑힐 수 있지요. 대대로에 뽑힌 사람은 왕과 귀족들 양쪽의 이익을 잘 조율하여 나라를 다스려야 하지요. 제가 회의에서 저를 뽑아준 귀족들이 '우리가 널 뽑아줬지 않느냐'며 요구하는 것들을 무시할 수 없기 때문에 부담스럽기도 합니다.

장수왕 | 동북아시아의 강국이 된 고구려

이번에는 백제로 넘어가 볼까요? 백제의 정사암 회의 현장에 나가 있는 특파원을 연결해 보도록 하겠습니다.

백제 특파원

이곳은 백제 사비성 부근에 있는 호암사입니다. 백마강 북쪽 10리쯤 되는 절벽 위지요. 귀족 회의를 개최하는 장소가 독특하지요? 귀족 회의의 대표 의장이자 나라의 재상인 '좌평'을 뽑기 위해 후보들의 이름을 적는 귀족들의 모습을 볼 수 있네요. 투표에 참여한 귀족과 말씀 나눠보겠습니다.

백제 귀족 아달

회의에 참여한 귀족들은 보통 3명이나 4명 정도의 후보 이름을 써서 봉투에 넣은 후 여기 이 큰 바위에 놓아 둡니다. 이 바위는 '나라의 정치일을 논하는 바위'라는 뜻에서 '정사암'이라고 하죠. 그래서 회의의 이름 또한 '정사암 회의'라고 부르게 됐습니다. 오늘 투표가 끝나면 얼마 후에 개봉하여 이름 위에 도장 자국이 있는 사람을 확인하여 재상으로 선출할 것입니다.

마지막으로 삼국 중 가장 귀족의 영향력이 강했던 신라의 화백 회의를 체험해 보도록 하겠습니다.

신라 특파원

보통 화백 회의는 신라인들이 신성한 장소라고 여기는 청송산, 모지산, 피전, 금강산 중 하나에서 열립니다. 회의에 참석할 수 있는 귀족은 '성골' 또는 '진골' 귀족만 가능합니다. 의장인 '상대등'이 오늘 회의의 주제에 대해 알려 주고 있네요.

신라 상대등

오늘 회의의 주제는 신라가 불교를 받아들일 것인지, 다음 왕은 누가 됐으면 좋겠는지에 대한 것입니다. 이번 회의 역시 어김없이 만장일치로 진행합니다. 단 한 사람도 다른 의견이 나오지 않도록 모두가 좋다고 생각하는 의견에 찬성해 주시길 바랍니다. 각 부족의 힘이 강한 나라라서 만장일치를 하는 것이 쉽지만은 않습니다. 하지만 반대로 이 때문에 만장일치로 결정한 내용은 왕조차도 거부하기 힘든 것이죠.

이번 뉴스에서는 삼국의 귀족 회의를 그 현장에 나가 체험해 보았습니다. 나라의 중대한 일을 결정하는 것이니 만큼 좋은 회의 결과가 있길 바랍니다.

## 스페셜뉴스  10분 토론

### 고구려의 역사를 빼앗으려는 중국의 '동북공정'. 어떻게 대처해야 할 것인가?

동북공정이란, 중국이 2002년부터 수년에 걸쳐 막대한 돈을 투자해 동북 지역에 있는 역사를 연구하는 대규모 작업입니다. 그런데 이 동북공정이 크게 문제가 되고 있습니다. 왜냐하면 중국이 동북공정이라는 연구를 통해 고조선, 고구려, 발해가 중국이라는 거대한 나라의 일부분이었던 것처럼 잘못된 주장을 펼치고 있거든요.

지금부터 중국과 한국의 학자들을 모시고, 중국이 하는 주장이 무엇인지, 우리가 그 주장을 어떻게 반박할 수 있는지 알아보겠습니다.

**왕중국**
고구려는 중국이라는 거대한 나라에 영향을 받아 세워진 주변의 소수 민족 국가 중 하나였지요. 고구려가 멸망한 후 대부분의 고구려 백성들이 중국에 속하게 됐습니다.

**최한국**
고구려가 있었던 중국 동북부와 고조선이 있었던 한반도 중북부 지방은 같은 문화권이었습니다. 고조선에서 만든 칼과 무덤의 모양만 보더라도 중국과는 다른 우리만의 문화를 가졌는데요. 이런 유물과 유적은 고구려가 있었던 지역에서도 나오고 있어요. 게다가 고구려가 멸망한 후 대부분의 고구려인들은 발해라는 나라를 세웠습니다. 발해가 멸망한 후에는 대부분의 백성이 고려의 백성이 되니 고구려의 역사가 다음 나라에 고스란히 이어지는 것을 확인할 수 있을 겁니다.

---

**시청자 의견** ▶ [@고구려최고] 고구려는 늘 중국의 나라들과 맞서 싸웠는데 중국 역사의 일부라니 말도 안 돼! ▶ [@

장수왕 | 동북아시아의 강국이 된 고구려

글쎄요. 고구려의 문화는 중국의 영향을 많이 받았습니다. 같은 한자를 사용했고, 옷차림, 장례식, 생활 등등이 거의 비슷하거든요. 문화가 비슷하니 같은 나라의 일부라고 봐야지요.

 중국 사람들은 옷깃을 오른쪽으로 여몄지만, 고구려는 왼쪽으로 여몄습니다. 중국이 벽돌무덤을 만들 때 고구려는 돌무지무덤을 만드는 등 문화도 엄연히 달랐습니다. 게다가 고구려와 중국의 글씨는 같은 한자를 썼지만, 사용하는 말은 전혀 달랐습니다. 고구려와 비슷한 말을 사용했던 것은 오히려 백제와 신라 같은 한반도의 민족들이었지요.

 고구려는 처음부터 중국 땅에서 건국되고 멸망하였어요. 지금도 옛 고구려의 영토는 모두 중국 안에 있으니 고구려는 중국의 역사가 맞습니다.

 현재 그 땅을 차지했다고 해서 그곳의 역사를 자신들의 것으로 삼을 수는 없습니다. 영토와 역사를 같은 것이라 볼 수는 없기 때문입니다.

 고구려는 중국에 수도 없이 조공을 바쳤습니다. 그러니 당연히 중국을 섬기는 신하의 나라들 중 하나라고 볼 수 있어요.

 조공을 바치는 것은 그 당시에는 흔한 외교 방식일 뿐이었습니다. 고구려는 중국과는 별개로 독자적인 연호를 사용하고 대외 전쟁을 펼치기도 하였습니다. 그러니 고구려의 역사는 중국이 아닌 한국의 역사인 것입니다.

중국과 한국의 입장이 팽팽하게 맞서고 있네요. 중국은 지금도 동북공정의 연구 결과를 전 세계에 발표하고, 국민들에게도 선전하고 있어요. 역사 왜곡은 엄연히 잘못된 행동입니다. 지금까지 10분 토론이었습니다.

일본도 독도를 빼앗으려고 하더니, 중국도 똑같은 일을 하려고 하는군! 열심히 공부해서 우리 역사를 지키자!

## 고종훈의 한국사 브리핑

### 인물 핵심 분석 ▶ 장수왕

QR 코드를 찍으면 고종훈 선생님의 강의를 볼 수 있어요.

시대 ▶ 394년~491년
재위 기간 ▶ 413년~491년
별명 ▶ 장수 노인, 외교왕, 효자왕
국정 운영 스타일 ▶ 외교를 통해 나라의 안정을 유지한다.
가장 존경하는 사람 ▶ 아버지 광개토 대왕
역사적 중요도 ▶ ★★★★★
시험 출제 빈도 ▶ 높음

**고구려 역사상 가장 넓은 영토를 지닌 시기예요.**

장수왕은 **도읍을 국내성에서 평양성으로 옮기며 남진 정책을 펼쳤습니다.** 평양은 대동강 유역의 평야를 끼고 있으며 바다와 가까워 해외 진출에 유리한 곳이었어요. 또한 백제를 공격하여 한성을 함락시켰지요. 고구려 역사상 가장 넓은 영토를 차지한 시기가 바로 장수왕 때입니다.

### 인물 관계 분석

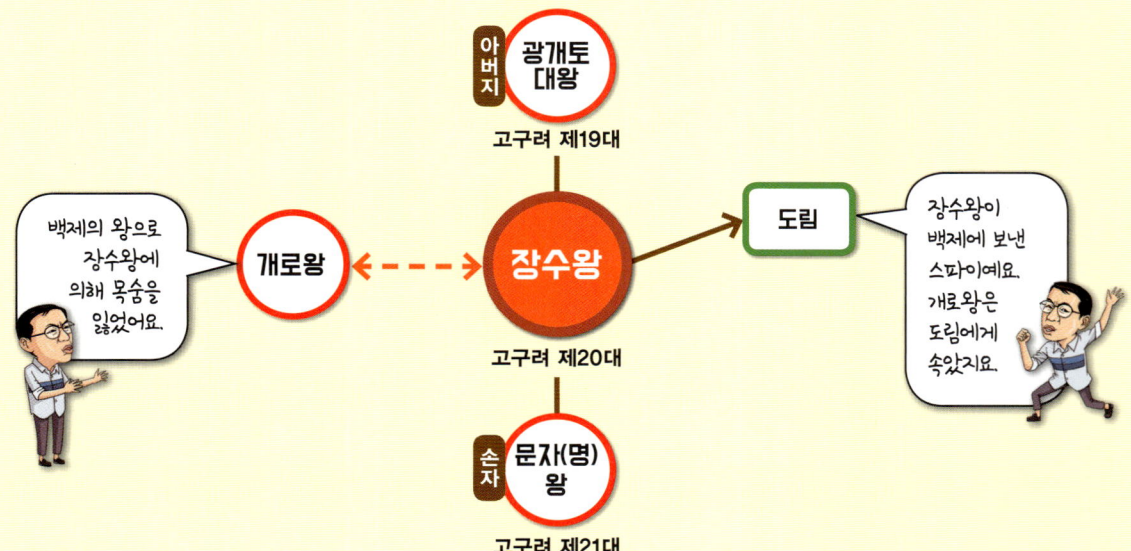

# 07 을지문덕

고구려, 수의 침략을 막아 내다!

시대 ?~?

## 타임라인 뉴스

| ? | 581 | 598 | 604 | 612 | ? |
|---|---|---|---|---|---|
| 출생하다 | 중국에 수가 세워지다 | 영양왕이 요서를 공격하다 | 수 양제가 즉위하다 | 을지문덕이 살수 대첩에서 승리하다 | 사망하다 |

# 1 헤드라인 뉴스

**십자형 외교로 살펴보는 동북아시아의 국제 정세**

국제 소식을 전해드리겠습니다. 전성기였던 5세기의 고구려에서 2세기를 건너뛴 7세기의 고구려를 만나볼 텐데요. 200년이란 긴 시간을 거쳐 오는 동안 고구려를 둘러싼 국제 상황은 급속도로 변하게 됐습니다. 도대체 무슨 일이 있었던 걸까요?

3백 년 동안 계속된 중국의 혼란기가 끝나고, 수가 중국 대륙을 하나로 통일했습니다!

김역사 기자

수는 중국 대륙을 통일하기 무섭게 고구려를 눈엣가시로 여겼습니다. 겉으로는 조공을 바치며 신하의 나라인 척 하다가도 요동과 요서 지방을 차지하는 문제에 대해서는 한치도 양보하는 일이 없었던 고구려가 얄미웠거든요. 게다가 주변의 모든 나라를 다 정복했는데 고구려만 차지하지 못했으니 얼마나 고구려를 침략하고 싶었을까요?

물론 오랜 시간 평화를 누려온 고구려의 입장에서도 강력한 통일 국가인 수의 등장이 무척 긴장됐을 거예요. 그래서 고구려는 영양왕을 중심으로 수의 침략에 대비한 전쟁 준비를 게을리 하지 않았어요. 심지어 고구려를 무시하지 못하도록 1만 명의 군사를 끌고 요서 지방을 먼저 공격했죠. 그러자 수의 1대 황제인 '문제'는 기다렸다는 듯이 30만 명의 대규모 군사를 끌고 고구려를 쳐들어옵니다. 고구려군과 수의 군대는 요서와 요동 땅 사이에 있는 강인 요하(랴오허 강)를 사이에 두고 치열한 접전을 펼칩니다. 그런데 생각보다 고구려군의 저항이 강하자 오랜 시간의 전쟁으로 지친 수의 군대 내부에 문제가 발생했어요. 전염병과 식량 부족, 자연재해로 인한 피해 등이 그 이유였지요. 결국 수 문제는 대부분의 병사를 잃은 채 돌아가야 했습니다. 두 나라 사이의 첫 전쟁 결과는 고구려의 압승이었어요! 하지만 수와의 길고 지루한 전쟁은 이제 막 시작되었을 뿐입니다.

두 번째 침략이 언제 있을지 모르는 상황에서 영양왕은 새로운 작전을 세웁니다. 돌궐이라고 불리는 북방의 나라와 손을 잡아 수를 **견제**하기로 한 거예요. 돌궐-고구려로 이어지는 동맹 관계가 형성되었습니다.

**견제**
일정한 힘을 가함으로써 상대편이 지나치게 세력을 펴거나 자유롭게 행동하지 못하게 억누름

잠시 시간을 되돌려 한반도 남쪽으로 가볼까요? 고구려가 통일을 눈앞에 둔 중국의 사정에 촉각을 곤두세우고 있을 무렵, 한반도 남쪽에서는 새롭게 성장한 신라가 고구려가 차지하고 있는 한강 땅을 빼앗기 위해 기회를 엿보고 있었어요. 그 무렵 신라의 왕은 진흥왕이었지요. 진흥왕은 백제의 성왕과 손을 잡고 한강을 차지하여 땅을 나눠가지기로 약속했습니다. 신라와 백제가 다시 한 번 '나제 동맹'을 맺고 고구려를 공격한 거예요. 고구려가 수를 견제하기 위해 미처 한반도 남쪽까지 신경 쓸 겨를이 없었던 바로 그 틈을 노린 거지요. 그런데 나제 동맹군이 한강을 점령한 순간, 신라가 백제를 배신하고 한강 유역의 땅을 혼자서 독차지해 버립니다. 급기야는 신라의 배신에 분노해 군사를 일으킨 백제의 성왕을 죽이기까지 하지요. 어제의 동맹이 오늘의 원수가 되어버린 거예요.

이러한 행동으로 신라는 순식간에 한반도 내에서 왕따가 되어 버렸어

요. 고구려의 뒤통수를 쳐서 한강을 빼앗았으니 고구려의 적대 국가가 됐고, 백제에게는 함께 땅을 나눠 가지기로 한 약속을 어기고 왕을 죽인 배신자가 되어버렸지요. 오래 전부터 백제와 우호 관계였던 일본 역시 신라를 좋아하지 않았어요.

한반도 내에서 고립되어 버린 신라는 바다 건너 중국의 수, 그리고 뒤이어 세워진 당과 연합을 할 것을 결심해요. 수와 당 역시 지금까지 수도 없이 수십만 대군을 보내도 정복되지 않았던 끈질긴 고구려를 무너뜨리고자 신라의 손을 잡지요. 중국과 신라가 위아래로 협공을 한다면 고구려를 좀 더 쉽게 무너뜨릴 수 있을 거라는 계산에서였어요. 이는 훗날 '**나당 동맹**'이 형성되는 계기가 됩니다.

그럼 지금까지 동맹을 맺게 된 나라들을 지도에 써 보고 한번 연결해 볼까요?

지도를 보니 연결된 모양새가 마치 한자의 열십자(十)를 연상하게 하지요? 그래서 당시 6세기 말~7세기 동북아시아의 국제 정세를 십자형 외교라고 부른답니다. 십자형 외교는 오랜 시간 지속되어서 결국에는 당의 힘을 등에 업은 신라가 삼국을 통일하는 이유가 되지요.

**나당 동맹**

신라와 당이 맺은 동맹으로, 신라의 '라(나)'와 당의 '당'을 따서 만들어졌어요. 신라는 강대국인 중국의 힘을 이용해 삼국을 통일할 계획을 세우지요.

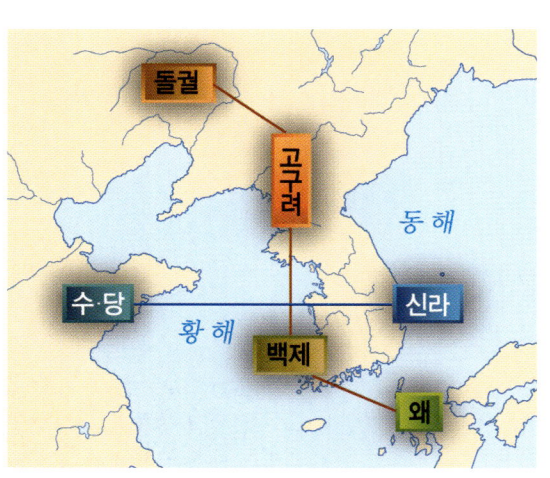

▲ 동북아시아 국제 정세

## 2 헤드라인 뉴스

생방송 한국사

**수의 100만 대군을 물리쳐라!**

속보입니다. 수의 '양제'가 대군을 이끌고 고구려를 침략할 것이라는 소식인데요. 다행히 고구려는 수 '문제'의 30만 대군을 요하 지역에서 물리친 적이 있었죠. 그러나 이번에는 거의 열 배 이상 많은 숫자예요. 현장에 나가 있는 김역사 기자를 연결하겠습니다.

**수의 양제와 인터뷰를 해 보겠습니다. 고구려를 침략한 이유를 설명해 주시겠습니까?**

수 양제

고구려는 수의 말을 듣지도 않을뿐더러 툭하면 요서 지방을 공격해 수의 국경을 괴롭혔소. 나는 이번 전쟁을 5년 동안이나 준비해 왔소. 반드시 고구려를 완벽하게 무너뜨리고 말 것이오!

**이번에는 고구려 측 입장을 알아보겠습니다. 고구려를 지키기 위해 을지문덕 장군이 나섰는데요. 간략한 소개부터 부탁드립니다.**

을지문덕

후대 사람들은 나에 대한 기록이 남아 있지 않아 잘 모를 것입니다. 나는 침착하고 굳건한 성격으로 알려져 있고, 전략도 잘 세우고 글도 잘 짓는 문무를 겸비한 장군입니다.

**을지문덕 장군님께서 무사히 고구려를 지켜 주셔야 할 텐데요. 지금 현재 수의 상황을 어떻게 판단하고 계십니까?**

정말 엄청난 규모입니다. 병사들만 백만 명이 넘고, 일꾼 병사와 식량을 옮기는 사람들까지 합하면 350만 명이 넘는 대규모 원정대이죠. 군사들이 출발을 하는 데만 40일의 시간이 걸렸고, 그 행렬이 서울에서 부산까지보다도 더 길게 이어졌어요. 수의 군대는 요하 지방을 지키던 고구려 군대 1만 명을 무찌른 후 요동성을 포위하고 공격을 퍼부었습니다. 그런데 얼마 전부터 수의 병사들의 상태가 좋지 않아 보여 고구려가 이길 것으로 보입니다.

**청야 전술**
적이 사용할 만한 식량과 사람들을 전부 영토에서 없애버린 뒤, 성 안으로 숨어서 버티는 전술이에요. 적을 지치고 배고프게 만들어 승리하는 것이 목적이지요.

**수의 군사들의 상태가 안 좋아진 것은 무슨 이유 때문일까요?**

**청야 전술** 때문입니다. 게다가 수의 백만 대군이 요동성을 공격한지 40일째인데 성 안에 있는 고구려 사람들이 어찌나 대동단결하여 버티는지 꿈쩍도 하지 않았죠. 그러자 수 양제는 장수 우중문을 불러 30만 군대를 이끌고 고구려의 평양성으로 진격할 것을 명령한 상황입니다.

**다급하게 평양성으로 향하다니 수의 사정도 많이 급한가봅니다. 한편, 수의 장수 우중문의 군대에는 어떻게 맞서셨습니까?**

나는 수에 항복하겠다는 뜻을 밝혔어요. 싸워보지도 않고 항복하겠다니 조금 놀라셨나요? 사실 이것은 거짓 항복을 한 거예요. 나는 굶주리고 지쳐있는 수의 군대 상황을 낱낱이 파악한 후 다시 돌아왔죠. 그리고 새로운 전술을 짰어요. 그 후 나는 우중문의 군대를 꾀어내어 싸우는 척을 하다가 후퇴하고, 또 싸우는 척을 하다가 후퇴하는 식으로 수의 군사들을 고구려 안쪽 깊숙이 유도했어요.

**이쯤되면 우중문도 뭔가 이상하다는 것을 느낄 것 같은데요. 때마침 장군께서 우중문에게 편지를 보내셨다죠?**

 "그대의 신기한 전략은 하늘의 이치를 알고, 오묘한 계획은 땅의 이치를 아네. 전쟁에 이겨서 이미 높은 공을 세웠으니, 그만 만족하고 돌아가길 바라겠소." 겉으로는 칭찬하는 말처럼 보이지만 사실은 우중문을 비웃는 **반어**적 표현입니다. 나의 거짓 후퇴 전술에 속아 고구려 깊숙이 유인되었음을 꼬집어 알려준 거지요. 그제야 상황을 깨달은 우중문은 군대를 되돌려 도망가기 시작했지만 이미 늦었죠.

**반어**
참뜻과 반대되는 말을 하여 문장의 의미를 더 크게 하는 표현법

**장군께서는 그들이 순순히 도망가도록 내버려뒀나요?**

 당연히 그럴 리가 없죠. 퇴각하는 수의 군대를 맹추격하여 살수(지금의 청천강)라는 강을 건널 때 공격하였죠. 수의 30만 군대 중 살아남은 사람이 불과 3000명도 채 되지 않는 대승리를 거뒀죠.

**그 후로도 수는 몇 번 더 고구려를 쳐들어오려 했지만 모두 실패로 돌아갔다고 하지요. 이런 식의 무리한 전쟁은 수가 멸망하게 되는 이유가 되었습니다.**

83

## 스페셜뉴스  체험! 역사 현장

# 체험! 고구려 유적지 여행

오늘의 체험! 역사 현장에서는 고구려의 도읍지들과 유적지를 소개하는 시간을 가지겠습니다. 산이 많은 나라답게 상당수의 유적지가 높은 지대나 주변 산세를 활용하여 건설되어 있는 것이 특징입니다. 거대한 규모와 웅장한 느낌에서 광활한 영토를 다스린 고구려인들의 기상을 느낄 수 있어요. 자, 그럼 현장 속으로 떠나볼까요?

**오녀산성** 고구려를 세운 동명성왕, 주몽을 기억하시죠? 주몽이 고구려를 세우고 도읍을 정한 곳이 바로 이곳 '오녀산성'입니다. 중국 랴오닝 성에 위치하고 있어요. 처음 고구려가 자리 잡은 곳은 산악 지대라 방어에는 유리했지만 농사를 짓기에는 불편하여 식량이 늘 부족했어요. 덕분에 고구려는 건국 때부터 정복 국가의 모습을 갖출 수 있었죠. 800m의 험준하고 높은 산 위 정상부에 평탄한 땅이 갖춰져 있어서 그곳에 성을 짓지 않았나 생각됩니다.

**국내성** 주몽의 아들 유리왕은 정복 전쟁이 수월하고 곡식을 얻기 편리한 평야 지대로 도읍을 옮깁니다. 그곳이 바로 국내성이에요. 중국 지린 성 지안 시내에 왕궁의 성벽으로 추정되는 흔적이 남아 있어요. 여섯 개의 성문이 있었고, 성의 모서리에는 주위를 살필 수 있는 다락처럼 지은 각루가 있었던 것으로 조사됐어요. 국내성은 장수왕이 평양으로 도읍을 옮기기 전까지 고구려의 중심지로 자리매김했지요.

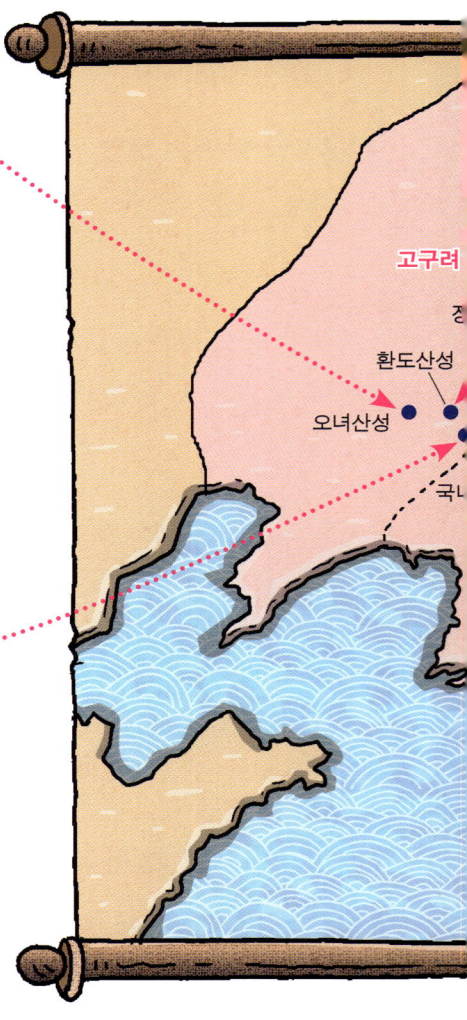

을지문덕 | 고구려, 수의 침략을 막아 내다!

**환도산성** 적이 침입할 때 더욱 오랜 시간 방어를 하기 위해 지은 성이 환도산성이에요. 국내성에서 가까운 산 위에 지었지요. 고구려는 중국의 다양한 민족들과 끝없이 전쟁을 치러야 했기 때문에 모든 성과 요새가 험준한 산세를 활용해 최상의 방어를 할 수 있도록 고려해서 지어졌어요. 해발 676m로 높은 곳에 위치했으며 앞에는 강이 흘러서 성을 지키기 적합했답니다. 환도산성은 평소에는 양식과 무기를 비축해 두었다가 적군이 침입하면 왕이 그곳으로 거처를 옮겨 방어용으로 활용했어요. 또한 환도산성에 오르면 국내성과 압록강 너머가 한눈에 내려다보이기 때문에 적의 동태를 살피기 유리했지요. 환도산성 근처에는 10,000개 정도 되는 고구려 귀족들의 무덤군이 발견됐어요.

ⓒ wikipedia, bart0278

**장군총** 중국 지린 성 지안 시내에 있는 고구려의 무덤입니다. 규모가 아주 크고 웅장한 느낌을 줍니다. 현재로서는 장수왕의 무덤일 것으로 예상되고 있어요. 고구려인들은 돌을 쌓아서 무덤을 만드는 '돌무지무덤'을 많이 만들었답니다. 안에는 돌방이 있고 겉으로는 거대한 크기의 7층 계단식으로 돌이 쌓아올려진 형식입니다.

## 고종훈의 한국사 브리핑

### 인물 핵심 분석 ▶ 을지문덕

QR 코드를 찍으면 고종훈 선생님의 강의를 볼 수 있어요.

시대 ▶ ?년~?년
별명 ▶ 작문 신동, 무예짱, 전략가
내가 제일 싫어하는 나라 ▶ 수
내가 잘하는 것 ▶ 군사 작전 짜기, 시 짓기
나만의 전쟁 공략법은? ▶ 청야 전술
연관 검색어 ▶ 우중문, 수, 살수 대첩
역사적 중요도 ▶ ★★★★★
시험 출제 빈도 ▶ 높음

---

**동아시아의 여러 나라들 사이에 십자형 외교가 형성됐어요.**

당시 한강을 차지해 강해진 신라와 고구려가 대립하고, 신라와 백제도 대립 관계에 있었어요. 이러한 시기에 돌궐, 고구려, 백제, 왜가 동맹을 맺었고, 신라는 수·당과 힘을 합쳤어요. **결국 돌궐-고구려-백제-일본 세력과 수·당-신라의 세력이** 대립했어요.

**수가 고구려를 침략했어요.**

처음 수 문제는 고구려를 침입하였으나 제대로 싸우지도 못하고 돌아갔어요. 그 후 수 양제는 100만 명이 넘는 대군을 이끌고 고구려를 침입했지요. **결국 수는 수차례의 무리한 전쟁으로 인해 멸망하였습니다.**

**을지문덕이 살수 대첩의 승리를 이루었어요.**

을지문덕은 살수에서 수와 전쟁을 치뤘어요. 고구려 측은 적에게 식량 등을 제공하지 않는 청야 전술로 맞섰습니다. 을지문덕은 수의 장수 우중문에게 시를 보내 철수하기를 돌려서 말하기도 했지요. 고구려가 승리할 수 있었던 바탕에는 고구려의 뛰어난 성쌓기 기술과 군사력, 전술력이 있었답니다.

# 08 연개소문

민족의 방파제였던 고구려 멸망하다

시대 ?~666년 추정

## 타임라인 뉴스

| ? | 618 | 622 | 631 | 642 | 666 |
|---|---|---|---|---|---|
| 연태조의 아들로 태어나다 | 영류왕이 왕위에 오르다 | 영류왕이 전쟁 포로를 당에 돌려보내다 | 영류왕의 친당 정책을 강하게 비판하다 | 영류왕을 죽이고 대막리지에 오르다 | 사망하다 |

# 1 헤드라인 뉴스

## 연개소문, 영류왕에 맞서다

수의 100만 대군을 막아 낸 고구려! 하지만 여전히 고구려는 안심할 수 없었습니다. 또 다른 강대국인 당이 수의 뒤를 이어 중국 대륙의 주인이 되었기 때문이에요. 고구려 안에서는 당과 싸워야 할지 말아야 할지를 두고 싸움이 벌어졌습니다.

> 영류왕은 지금까지 중국에 맞서 싸웠던 고구려의 다른 왕들과 달리, 중국과 사이좋게 지내자는 주장을 했답니다.

김역사 기자

과거 중국 수와의 전쟁 때 직접 전쟁터로 나가 큰 공을 세운 적도 있었던 영류왕은 전쟁의 실상을 누구보다 잘 알고 있었습니다. 비록 수의 대군을 물리쳤다고는 하나, 수와의 전쟁은 고구려에게도 큰 상처를 남겼어요. 마을과 식량을 모두 불태우는 청야 전술이 결과적으로는 고구려 백성들의 삶에 큰 피해를 주었기 때문이지요.

수와의 전쟁으로 생긴 피해를 다 복구하지도 못했는데 또다시 당에게 강하게 맞섰다가 섣불리 전쟁이라도 벌어진다면 백성들의 삶은 더 어려워질 거예요. 그렇기 때문에 영류왕은 **친당 정책**을 펼쳤습니다. 그런 노력으로 그가 다스리던 고구려는 24년의 재위 기간 동안 당과는 전쟁이 없었답니다.

물론 영류왕은 언제 있을지 모르는 당의 침략을 틈틈이 대비하는 일도 잊지 않았지요. 영류왕은 부여성에서부터 남쪽의 비사성에 이르는 천리장성을 쌓도록 지시합니다. 천리장성을 짓는 데에는 무려 16년이라는 시간이 걸렸어요. 그리고 마침내 보장왕 때인 646년에 완성을 하게 된답니다. 그러는 동안 고구려의 한편에서는 연개소문이라는 권력자가 성장해 나가고 있었습니다. 『삼국사기』라는 역사책에서는 그의 외모를 다음과 같이 표현하기도 해요.

▲ 천리장성

> 긴 수염에 거대한 몸집을 가졌으며 다섯 자루의 칼을 한꺼번에 차고 다녔다. 그의 두려운 모습에 사람들이 감히 쳐다볼 생각도 못했다.

연개소문은 천리장성을 쌓는 일에 참여하며 군사력을 장악하기 시작했어요. 연개소문은 귀족 가문 출신으로, 그의 아버지는 고구려 최고의 관직인 대대로라는 직책을 가진 사람이었습니다. 그런데 그가 아버지를 이어 대대로직을 맡으려고 하자, 수많은 귀족 세력들이 반대했죠. 연개소문의 성품이 포악하고 잔인하다는 것이 그 이유였습니다. 그러나 영류왕과 귀족들이 연개소문을 막으려고 한 데에는 사실 다른 이유가 있었어요.

당의 2대 황제 태종(이세민)은 권력 욕심이 있는 사람이었어요. 그는 사신을 보내 '**경관**'을 부술 것을 요구하며 고구려를 자극했어요. 그동안 우호적인 척 지내왔지만, 사실은 호시탐탐 고구려를 도발하여 침략할 기회를

**친당 정책**
중국의 당을 고구려보다 강한 나라로 인정하고 섬기는 정책이에요.

**경관**
고구려가 수와의 전쟁을 승리한 것을 기념하기 위해 세운 전쟁 기념물이에요.

노리고 있었던 거지요. 이때 고구려는 두 입장으로 나뉘어 맹렬하게 싸웠답니다.

| 영류왕 | | 연개소문 |
|---|---|---|
| 내가 당의 비위를 맞추며 고개를 숙이는 까닭은 무리해서 그들과 전쟁을 할 필요가 없기 때문입니다. | VS | 30년 전 수의 침략도 막아 낸 우리 고구려가 왜 당의 눈치를 봐야 합니까? 당과 맞서 싸우는 한이 있더라도 절대로 굴복하지 않을 겁니다! |

642년, 연개소문이 천리장성의 감독관이 되어 요동으로 떠나기 전 대규모의 군대 사열식이 열렸습니다. 영류왕과 귀족들은 연개소문을 멀리 요동 땅으로 보내버린 후 그를 제거하기 위한 계획을 세웠어요. 그런데 이를 눈치 챈 연개소문과 그의 병사들은 귀족들을 살해하고 영류왕마저 시해했어요. 그리고 영류왕의 조카였던 보장을 왕으로 만들었지요. 그후 자신은 나라의 중요한 정책을 결정하는 대막리지라는 자리에 올랐어요.

이러한 **연개소문의 반란**이 일어날 무렵, 한반도 남쪽에서는 백제와 신라의 전쟁이 계속되고 있었습니다. 나제 동맹이 신라 진흥왕의 배신으로 끝난 이후, 두 나라는 서로 원수처럼 지내고 있었거든요. 의자왕이 신라의 성 40여 개를 빼앗은 데 이어, 신라의 유력가였던 김춘추의 사위를 죽이는 일까지 벌어져요. 위기에 빠진 신라의 선덕 여왕은 김춘추를 고구려로 보내 함께 백제를 공격하자고 제안

**연개소문의 반란**
반란이 성공할 수 있었던 것은, 많은 사람들이 고구려인의 당당한 자부심을 가진 연개소문의 생각에 공감했기 때문이기도 해요.

했습니다. 그러나 고구려의 보장왕은 싸늘하게 대답할 뿐이었어요.

"고구려가 차지했던 한강 유역의 땅을 돌려 주면 병사를 보내주겠다."

신라의 김춘추는 고구려의 제안을 거절했고, 감옥에 갇히는 수모를 겪었습니다. 그 후 죽을 고비를 넘겨 고구려를 탈출하는 데 성공했지요. 연개소문은 이후 백제와 동맹을 맺고 신라를 계속해서 공격했습니다.

그동안 고구려로 쳐들어갈 구실만을 찾고 있었던 당 태종은 영류왕의 원수를 갚고 신라를 돕는다는 명분을 내세워 10만 대군을 이끌고 645년에 고구려를 침략합니다. 태종의 군대는 개모성, 백암성을 함락시키고 수 양제가 넘지 못했던 요동성의 장벽마저 뚫었습니다.

그러나 예상하지 못했던 일이 생겼어요. 태종의 10만 대군이 작은 산성이었던 안시성에서 그만 발목이 잡히고 만 것이었어요. 안시성의 성주와 백성들은 성 안에서 3개월 간의 항쟁으로 당의 군대를 후퇴시키는 대활약을 합니다. 그 후로도 고구려는 몇 번 더 당의 침입을 받았지만 이를 모두 물리쳤답니다.

연개소문은 상반된 역사적 평가를 받고 있는데요. 어떤 사람들은 잔인한 방법으로 자신이 모시던 왕을 죽이고, 마음대로 나라를 다스린 독재자라고 평가하기도 하지요. 연개소문이 당과 맞서 싸운 것은 나라를 위해서가 아니라 그저 자신의 권력 욕심 때문이었을 뿐이라는 거지요. 다른 한편으로는 연개소문이 고구려의 정치가이자 장군으로서, 고구려인의 자존심을 지키고 끝까지 당과 맞서 싸운 영웅으로 보는 입장도 있어요. 그가 아니었다면 당의 침략을 막아 낼 수조차 있었겠냐는 거예요. 여러분의 의견은 어떠십니까?

## 2 심층 취재

생방송한국사

민족의 방파제였던 고구려의 멸망

연개소문이 죽고 난 후 그의 후계자들의 권력 다툼으로 인해 고구려가 혼란에 빠졌다는 소식입니다. 그 틈을 노려 나당 연합군이 고구려를 멸망시킬 준비를 끝마쳤다는데요. 동아시아의 강대국이었던 고구려의 마지막을 김역사 기자가 취재했습니다.

연개소문이 살아있을 때까지만 해도, 고구려는 당의 침략을 쉽게 막아 냈습니다.

김역사 기자

당은 안시성 싸움의 패배 후 고구려를 침략할 엄두도 못 내고 있었습니다. 그래서 신라와 동맹을 맺고 먼저 백제를 치기로 결심했어요. 백제가 무너지면 한반도 남쪽에서 신라의 힘이 더욱 강해져 고구려를 공격하기 좋을 거라고 생각했기 때문이에요. 660년, 마침내 나당 연합군은 백제를 멸망시키고 고구려를 향한 공격에 나섰지요. 하지만 연개소문이 이끄는 고구려는 여전히 막강했어요. 그는 직접 전투에 나서 당군을 몰살시키는 완벽한 승리를 거두었답니다.

연개소문이 당의 침략을 막아 내며 승승장구하자, 더 이상 고구려에는 그를 견제할 사람이 없었습니다. 게다가 여러 아들과 친척에게 높은 벼슬자리를 나누어 주자 연개소문의 가문은 제멋대로 권력을 휘두르게 됐지요.

그런데 이렇게 막강한 권력을 휘두르던 연개소문이 세상을 떠나고 맙니다. 모든 정책을 결정하던 사람이 한순간에 사라지자, 고구려 사회는 급격히 혼란에 빠지게 돼요. 급기야는 연개소문의 벼슬이었던 대막리지 자리를 두고 그의 아들들과 동생이 권력 다툼을 하는 상황에 놓입니다. 그동안 연개소문 밑에서 복종하는 척을 했던 수많은 귀족과 성주들도 뿔뿔이 흩어지게 됩니다.

나라가 잘 돌아가기 위해서는 수많은 사람들의 의견과 힘을 하나로 모을 수 있어야 해요. 또한 지도자들이 개인의 권력을 누리기보다는 나라의 앞날을 위해 열심히 일해야 합니다. 그런데 연개소문의 후계자들은 그렇게 하지 못했어요.

권력 다툼에만 정신이 팔려있던 연개소문의 동생 연정토는 신라에 항복했고, 큰아들 연남생은 당에 항복하여 앞잡이가 되었습니다. 왕의 자리를 차지하고 싶은 마음에 다른 나라와 손을 잡고 고구려를 배신한 거예요. 668년, 나당 연합군은 그 기회를 놓치지 않고 고구려의 평양성을 공격해 항복을 받아냈습니다. 만주 벌판과 요동을 아우르던 위대한 고구려는 내부의 분열 때문에 너무나 허무하게 멸망하고 말았답니다.

주몽이 고구려를 세운 지 700년이란 시간이 흘렀어요. 국가를 세운 초기부터 정복 국가의 모습을 뽐낸 고구려는 중국 대륙의 거센 침략을 모두 다 막아 낸 불굴의 의지를 가진 나라였습니다. 고구려가 든든히 버텨주었기에 한반도 남쪽의 나라들 역시 멸망하지 않고 유지될 수 있었으며, 한민족의 문화가 보전될 수 있었어요. 고구려의 멸망은 그래서 더 큰 아쉬움을 남기고 있답니다.

스페셜뉴스 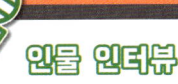 인물 인터뷰

## 이번에는 고구려를 차지하고 말 거야! 당 태종의 계략은?

김역사 기자

그동안 중국의 수많은 나라가 고구려를 넘봤지만, 고구려는 그 모든 침략을 막아 냈습니다. 그런데 이번에 새롭게 왕이 된 당 태종 이세민은 남다른 각오로 고구려를 차지하겠다고 합니다. 적을 알아야 이길 수 있는 법! 당 태종 이세민과의 인터뷰를 통해 그가 어떤 꿍꿍이를 가졌는지 알아봤습니다.

**안녕하세요. 우선 태종께서는 어떻게 해서 왕위에 오를 수 있었는지 궁금합니다.**

어떤 사람들은 제가 거대한 야망을 가진 사람이라고 말하더군요. 아버지인 당 고조를 협박하여 감옥에 가두고 형제들을 잔인하게 죽인 후 왕위에 오를 정도로 권력에 집착했기 때문이죠. 하지만 전 후회하지 않습니다. 왜냐하면 저의 목표는 단 하나 '당이 천하를 통일하는 것'이기 때문입니다.

**말씀을 듣고 보니 이번에야말로 반드시 고구려를 차지하겠다는 각오가 남다른데요. 왜 하필이면 고구려를 침략하려는 겁니까?**

왕이 된 저는 중국 대륙을 완전히 장악한 후 차근차근 주변 국가들을 정복하기 시작했어요. 마지막으로 남은 나라는 고구려뿐입니다! 물론 고구려는 수 양제의 113만 대군조차도 정복하지 못했던 나라였기 때문에 쉽지는 않을 것입니다. 그래서 더욱 고구려를 손에 넣고 싶네요.

**고구려의 권력자가 영류왕에서 연개소문으로 바뀌었는데요. 이를 어떻게 생각하시나요?**

고구려의 영류왕은 우리 당에게 고분고분한 태도를 취했어요. 아마 속으로는 그 덕에 전쟁을 피할 수 있을 거라고 생각했겠지요. 하지만 사실 전 더 이상 고구려와 사이좋게 지낼 마음이 없었습니다. 때마침 고구려에서 반란이 일어나, 우리에게 우호적이었던 영류왕이 피살당하고 당에 저항하는 연개소문이 새로운 지배자로 떠올랐다는 소식이 들리더군요. 전 연개소문이 처음부터 마음에 들지 않았습니다. 우리와 동맹을 맺은 신라를 내치고 백제와 연합하는 등 여간 눈엣가시가 아니었거든요. 저는 이를 구실로 고구려를 침략하겠다는 뜻을 밝혔습니다.

**당 태종이 고구려에 어떤 선전포고를 했는지 지금 바로 확인해보겠습니다.**

연개소문 | 민족의 방파제였던 고구려 멸망하다

우리 당은 고구려를 공격할 것이다. 그 이유는 첫째, 연개소문이라는 자가 신하된 도리를 어기고 제 왕을 죽였으니 내가 영류왕의 원한을 갚아 주기 위해서다. 둘째, 고구려가 당의 동맹이자 신하 나라인 신라를 자꾸 공격하기 때문이다.

물론 당 태종의 선포에 기죽을 연개소문이 아니었는데요. 그가 어떤 말을 했는지도 보시죠.

연개소문의 말을 들어보니 고구려의 저항도 만만치 않을 것 같은데요. 태종께서는 고구려를 무찌를 수 있는 특별한 전략이라도 있나요?

이번 전쟁에 직접 10만 명의 정예 부대를 끌고 참전할 예정입니다. 수의 113만 대군이 숫자만 많을 뿐이었다면, 이번에 제가 데려갈 정예 부대는 모두가 잘 훈련된 군인들인 터라 그 위력이 상당할 겁니다. 무엇보다 수의 원정 때 대규모의 군대가 식량을 보급받지 못해 고생했던 것을 교훈으로 삼아 단단히 준비를 하고 있습니다. 식량 보급 문제를 철저하게 관리하고, 고구려군이 성문을 걸어 잠그고 버틸 것을 우려해 성벽을 부술 수 있는 강력한 신무기를 가져가 고구려를 차지하고 말 겁니다!

수의 실패를 경험 삼아 만반의 준비를 해 온 당군이 위협적으로 느껴지네요. 이번에는 고구려도 막아 내기 만만치 않을 것 같습니다. 연개소문의 고구려가 어떻게 당의 침략을 막아 낼 수 있을지 궁금합니다.

## 스페셜뉴스 — 현장 브리핑

## 당 태종의 10만 정예병을 막아 낸 안시성 싸움!

김역사 기자

이번 뉴스는 안시성 싸움 특집으로 보내 드립니다! 동북아시아의 강국 고구려와 중국 대륙의 새 주인인 당! 두 나라의 피할 수 없는 한 판 승부가 펼쳐질 예정입니다! 생생한 현장으로 함께 가시죠.

당군과 고구려 군대가 안시성에서 맞붙게 된 이유가 뭘까요? 원래 당군은 성을 몇 개만 점령하면서 고구려의 도읍 평양성을 직접 공격하려고 했어요. 고구려가 미처 대처할 틈을 주지 않고 빠르게 전쟁을 끝낼 셈이었던 거죠. 당군의 계획대로 요동성, 백암성 등이 차례대로 함락되었지만, 연이은 패전에도 고구려군은 저항을 멈추지 않으면서 당군의 진격을 늦추었어요. 결국 당 태종은 모든 군사력을 한 곳으로 모아 안시성이라는 곳에서 결전을 벌이기로 했습니다. 안시성은 작은 산성이지만 당의 중요 보급로가 될 수 있는 성이거든요. 식량 보급로가 차단될까봐 두려워하는 당군의 심리를 파악한 연개소문의 전술이 돋보이는 순간이었지요.

한편, 안시성에서는 성주와 백성들의 활약이 대단했어요. 여러분 혹시 안시성 싸움

연개소문 | 민족의 방파제였던 고구려 멸망하다

을 이끈 성주를 양만춘이라고 알고 있나요? 야사에는 양만춘이라고 기록되어 있지만, 정사에는 이름이 기록되어 있지 않답니다. 그냥 안시성 성주라고 표현하고 있어요. 당군은 안시성을 포위한 채 매일 공격을 퍼부었지요. 군사들과 백성들은 당군의 공격을 한마음으로 버텼어요. 안시성이 무너지면 고구려 전체가 위험할 수 있어서 그만큼 중요한 곳이었어요. 다행히 성 밖 요동의 날씨가 급격하게 추워지고 있어 당군이 더 버틸 수는 없을 것 같았어요.

안시성에서 시간을 끌게 된 당군은 새로운 작전을 세웠어요. 성 높이만한 흙산을 쌓고 산 위에서 화살을 쏴서 안시성을 공격하기로 한 거예요. 식량도 떨어져 가고 날씨도 추운데 흙만 나르는 병사들은 고생이 이만저만이 아니었어요.

그런데 겨우 흙산을 쌓았더니 하늘에서 비가 와서 산이 와르르 무너졌지 뭐예요. 그때 성 안에서 꼼짝도 안하던 안시성의 고구려 병사들이 나오더니 흙산 꼭대기를 차지해 버리고 말았어요. 고구려군이 높은 곳에서 아래를 향해 활을 쏘자 당의 군사들은 여기저기서 푹푹 쓰러졌어요.

결국 안시성 싸움에서 발이 묶이게 된 당 태종은 전쟁을 포기하고 후퇴하고 말았어요. 쳐들어올 땐 위풍당당했던 당의 군대였지만, 도망가는 모습은 초라하기 그지없었어요. 그들은 다시 요하를 건너 돌아가야 했는데 물이 적고 건너기 쉬운 쪽은 연개소문이 보낸 고구려군이 가로막고 있어 수심이 깊은 곳을 건너느라 물에 빠진 생쥐 꼴이 되었지요. 그 와중에 고구려군의 추격은 계속되어 심지어 황제인 당 태종마저 옷을 제대로 챙겨 입지 못하고 허드렛일을 할 정도로 급한 상황이었다고 합니다.

태종의 절규가 울려 퍼지는 가운데 연개소문은 미소를 지었어요. 연개소문에게는 당과의 전쟁이 좋은 기회가 되었거든요. 연개소문에 반대하는 세력들이 전쟁에 참여하다보니 힘이 약해지게 되었고, 반대로 전쟁을 지휘한 연개소문의 역할은 더욱 커졌기 때문이에요. 그 후로도 당 태종은 647년, 648년에 연이어 고구려를 침입했으나 고구려는 이를 모두 막아 냈답니다.

스페셜뉴스 비하인드 뉴스

## 고구려 부흥 운동에 참여할 사람들을 모집합니다!

> 고구려는 7백 년이라는 긴 시간 동안 동아시아의 강대국으로 남아 있었습니다. 고구려의 유민으로서 이대로 고구려가 무너졌다는 것을 인정할 수 없습니다! 여러분, 고구려 부흥 운동에 동참해 주십시오.

고구려 멸망 후 당은 고구려의 도읍이었던 평양에 '안동도호부'라는 기관을 두어서 고구려인을 지배하려고 하는 중입니다. 또한 힘 있고 돈 있는 고구려 사람들을 당에 강제로 이주시켜 유민의 세력을 약하게 하려는 중이죠. 이는 모두 고구려인들을 뿔뿔이 흩어 놓으려고 하는 거예요.

그러나 당이 억누른다고 해서 우리 고구려 사람들이 이대로 물러설 수는 없습니다! 저항은 더욱 거세지는 중입니다. 안시성, 요동성, 신성, 오골성 등에서 끝없는 저항 운동이 펼쳐지고 있지요. 대표적인 고구려 부흥 운동과 진행 결과를 소개하겠습니다.

첫 번째는 고구려의 장군이었던 고연무의 운동입니다. 오골성을 중심으로 저항을 시작하여 고구려의 옛 땅에 설치된 당의 지배 기관인 도독부를 파괴하는 등의 운동을 이어나가는 중입니다.

두 번째는 검모잠과 안승의

연개소문 | 민족의 방파제였던 고구려 멸망하다

운동입니다. 검모잠은 고구려의 왕족인 안승을 왕으로 내세워 저항 운동을 진행했어요. 안승의 출신은 연개소문의 동생 연정토의 아들, 혹은 보장왕의 서자거나 외손자였을 것으로 추측되지요. 이들의 운동은 신라의 지원을 받아 진행되고 있어요. 고구려를 무너뜨린 신라가 왜 고구려 부흥 운동을 도와 주냐구요? 삼국을 통일한 신라는 더 이상 당의 간섭을 받지 않기 위해, 한반도에서 당의 세력을 몰아 내는 중이거든요.

그러나 안타깝게도 저항 세력 내부에서 다툼이 벌어져 안승이 검모잠을 죽이는 일도 벌어졌어요. 안승은 자신을 도와 준 신라로 건너가 보덕왕이라는 이름을 받고 고구려의 왕으로 대접받게 됩니다. 물론 진짜 고구려의 왕이 되었다기보다는, 신라의 귀족이 된 셈이지만요. 저항군끼리 서로 다투느라 부흥 운동을 망쳐서는 안 된다는 교훈을 기억해야겠죠?

또한, 고구려의 마지막 왕이었던 보장왕 역시 고구려의 부흥 운동을 해 나가고 있어요. 연개소문이 영류왕을 죽인 후 꼭두각시 왕으로 세웠던 바로 그 보장왕이에요. 비록 연개소문과 그의 후계자들에게 눌려 왕다운 역할을 거의 해 보지 못한 보장왕이지만, 나라가 멸망한 후에는 어떻게 하면 고구려를 다시 부활시킬 수 있을지 고민했답니다. 당 고종은 보장왕을 '요동주도독 조선왕'으로 임명하고, 고구려 유민들을 달래주는 척 했지요. 그러나 보장왕과 고구려 유민들, 그리고 당에 불만이 있었던 말갈족들은 힘을 모아 군사를 일으키려고 했습니다. 안타깝게도 보장왕의 계획은 미리 발각되어 중국의 서쪽 끝 양주 지역으로 유배를 가게 됐답니다.

그밖에도 살아남은 고구려 유민 중 일부는 남쪽으로 내려가 신라에 살기도 했고, 당에서 활약하기도 했습니다. 대표적인 인물이 고구려 유민 출신으로 당의 장수가 된 고선지 장군이에요. 고선지 장군은 당의 서역 원정에 참여해 이슬람까지 진출하는 공을 세워 대장군으로 임명되기도 했답니다. 몇몇 고구려 유민들은 만주로 탈출해 그곳에 고구려의 정신을 계승한 나라 '발해'를 세우게 됩니다.

## 고종훈의 한국사 브리핑

### 인물 핵심 분석 ▶ 연개소문

QR 코드를 찍으면 고종훈 선생님의 강의를 볼 수 있어요.

시대 ▶ ?~666년
별명 ▶ 포악 보이, 헐크, 대막리지, 자존심 짱
나의 좌우명 ▶ 고구려의 자존심을 지키자!
제일 미운 사람 ▶ 영류왕
기억에 남는 전투 ▶ 안시성 전투
연관 검색어 ▶ 대막리지, 영류왕, 보장왕, 안시성 전투
역사적 중요도 ▶ ★★★★★
시험 출제 빈도 ▶ 높음

### 고구려의 권력을 쥔 연개소문이 당에 맞섰어요.

연개소문은 친당파인 영류왕을 제거하고 대막리지가 되어 권력을 잡았습니다. 이에 당군은 요동성, 백암성 등을 차례로 점령하며 고구려를 공격하려 들었어요. **당이 침입하자 안시성의 성주와 백성은 끝까지 저항하며 당을 막아 냈습니다.** 이후에도 고구려는 당의 침입을 여러 차례 물리쳤습니다.

### 인물 관계 분석

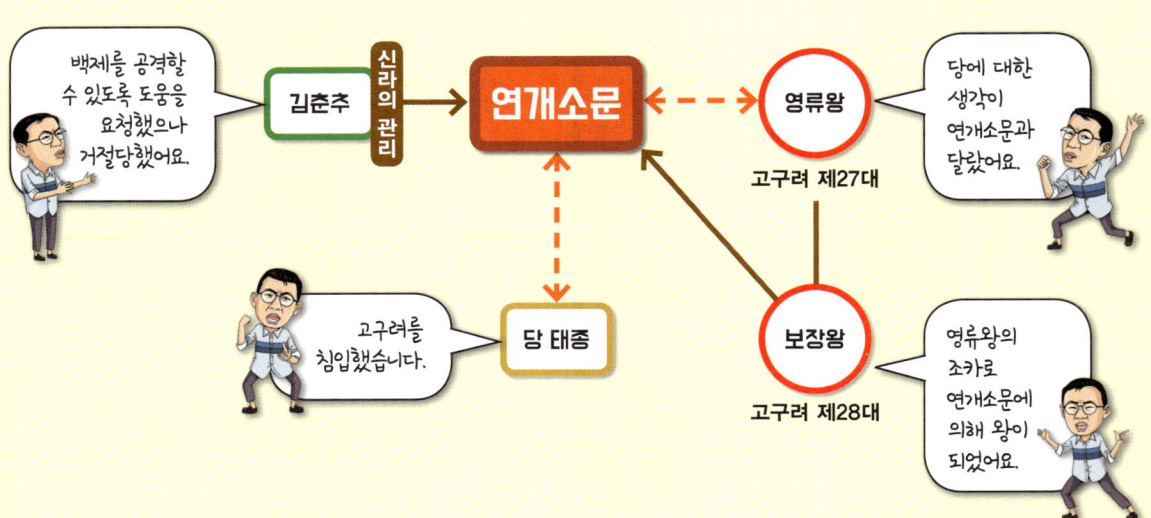

# 백제

옛 마한 땅에 들어선 나라 백제!

 중국, 일본과 활발히 교류하며 백제의 문화를

동아시아에 퍼뜨린 자랑스러운 나라가 바로 백제입니다.

백제는 전성기 때 어떤 모습이었을까요?

그리고 주변국에 문화적으로 어떤 영향을 끼쳤을까요?

김역사 기자와 함께 알아볼까요?

# 01 온조왕

**백제를 건국하다**

**시대** ?~28년　**재위 기간** 기원전 18년~28년

## 타임라인 뉴스

| 기원전 ? | 기원전 18 | 기원전 16 | 9 | 22 | 28 |
|---|---|---|---|---|---|
| 소서노의 아들로 태어나다 | 위례성에서 나라를 세우다 | 말갈의 공격을 잘 막아내다 | 주변 지역으로 영토를 확장하다 | 말갈의 공격을 간신히 막아내다 | 백제 건국의 업적을 남기고 승하다 |

# 1 헤드라인 뉴스

**한강 남쪽으로 내려와 백제를 세운 온조왕!**

첫 소식입니다. 비류와 온조 두 형제가 나라의 도읍을 정하기 위해 고민을 하고 있다는 소식입니다! 비류는 바닷가가 앞에 있는 미추홀로, 온조는 한강이 있는 위례성에 도읍을 정하기로 했다는군요. 어떤 선택이 더 나았을까요? 김역사 기자 나와주세요.

동부여에서 도망쳐 나온 주몽이 졸본 부여의 땅에 도착했을 때 그가 나라를 세울 수 있도록 도와 준 여인, 소서노를 기억하시나요? 그때 소서노에게는 전남편과의 사이에서 태어난 비류, 온조라는 두 아들이 있었어요. 그런데 주몽이 소서노와 힘을 합쳐 고구려를 세운 지 이십 년만에 동부여에서 주몽의 본부인인 예씨 부인과 친아들 유리가 찾아온 거예요.

이때 주몽이 자신의 뒤를 이을 후계자로 누굴 선택했는지 기억이 나나요? 바로 예씨 부인의 아들 유리였지요. 머잖아 자신들이 고구려의 왕위를 이을 거라고 기대했던 비류와 온조는 크게 실망하지 않을 수 없었어요.

두 형제는 이복 형제인 유리와 권력 다툼을 하는 대신 고구려를 떠날 것을 결심합니다. 어머니 소서노와 열 명의 신하들 그리고 그들을 따르는 백성들을 데리고 남쪽으로 떠났지요.

백제의 건국 이야기는 고구려 건국 이야기의 내용과 이어집니다.

김역사 기자

남쪽으로 내려온 비류와 온조는 새로운 나라를 세울 땅을 찾기 시작했습니다. 형제는 북한산 위에 올라가 먼 땅을 내다보며 어디가 좋을지 이야기를 나눴어요. 열 명의 신하들이 의견을 보탰지요.

"이곳 하남 지역에 나라를 세우면 무척 이득이 많을 것 같습니다. 북쪽에는 한강이 흐르고 있고, 동쪽에는 높은 산이 **요새**처럼 둘러져 있으며, 남쪽에는 곡식을 얻을 평야가 펼쳐져 있고, 서쪽에는 바다가 가로막고 있습니다. 높은 산이 요새가 되어 도읍을 보호하기 좋고, 땅에서는 곡식을 얻을 수 있으니 이렇게 괜찮은 곳이 또 있을까요?"

이때 비류와 온조의 생각은 서로 달랐어요. 형인 비류는 아무래도 바다가 있는 곳에 도읍을 세우고 싶었거든요. 그래서 백성의 무리를 나누어 지금의 인천 일대인 미추홀 쪽으로 향했지요. 동생인 온조는 신하들의 말에 따라 한강의 남쪽에 있는 위례성에 도읍을 세웠어요. 그리고 열 명의 신하들의 도움으로 나라를 세웠다고 하여, 나라의 이름을 '십제'라고 했어요. 기원전 18년의 일이었지요.

그러나 미추홀에 나라를 세운 비류는 곧 그곳이 적당하지 않은 곳임을 알게 됐어요. 바다가 가까워 소금기가 땅에 많아 곡식이 잘 자라지 못해 백성들이 굶주리게 됐거든요. 그래서 결국 자신의 실패를 인정하고 동생이 있는 곳으로 되돌아갈 수밖에 없었어요. 동생만도 못한 형이 되었다는 부끄러움에 결국 비류는 시름시름 앓다가 세상을 떠나고 말아요.

비류를 따라 미추홀로 갔던 신하와 백성들은 모두 온조왕이 있는 위례성으로 돌아와 자신들을 받아줄 것을 간청했지요. 온조왕은 형의 죽음을 슬퍼했어요. 그는 돌아온 백성들을 환영하여 잘 거두어 주었지요.

**요새**
군사적으로 중요한 곳에 튼튼하게 만들어 놓은 방어 시설. 또는 그런 시설을 한 곳

그후 백성들이 왕을 잘 따른다고 하여 나라 이름은 '십제'에서 '백제'로 바뀌었답니다.

　위례성에 도읍을 정한 온조의 나라는 점차 안정적으로 발전해 나갔어요. 한강 주변의 평야에서는 곡식이 잘 자랐고, 강을 통해 배를 띄우면 빠르게 이동할 수 있었기 때문에, 세금을 걷거나 물건을 옮기기 편리했지요. 바다와 한강으로 이어지는 수로를 통해 중국의 앞선 문화가 들어와 나라가 더 빨리 발전할 수 있었어요. 한강 주변에 나라를 세우길 정말 잘했지요?

　또한 온조는 왕에 오르자마자 양아버지였던 동명성왕(주몽)의 무덤을 세우고 자신이 부여와 고구려의 후손임을 널리 알렸어요. 온조왕이 이렇게 한 이유는 한반도 남쪽 마한 지역의 소국들에게 '내가 바로 이런 왕이다.'라는 걸 보여 주려고 했던 거예요. 이후 백제는 정복 전쟁을 통해 마한 지역을 차례차례 정복하고 성장해 나가게 되지요.

　백제의 건국 이야기를 통해, 백제가 북쪽에서 내려온 부여-고구려 계통의 세력으로부터 시작했다는 것을 알 수 있어요. 이들이 한강을 비롯해 한반도 남쪽에 있었던 기존의 지역 주민들과 합쳐 나라를 세웠던 거예요. 백제의 건국 이야기에는 하늘의 신이나, 알에서 태어난 영웅에 대한 이야기가 없어서 조금 심심하게 느껴질지도 모르겠어요. 하지만 한 형제가 나라의 도읍을 정하는 재미난 과정이 담겨 있지요. 백제가 한강 일대의 지역을 도읍으로 삼게 되면서 다른 나라들보다 훨씬 빠르게 전성기를 맞이할 수 있게 되거든요.

## 무엇이 무엇이 똑같을까? 고구려와 백제가 닮았어요!

오늘 취재 수첩의 주인공은 고구려와 백제입니다. 고구려와 백제가 하나의 뿌리에서 나온 나라들이라는 증거가 속속 발견되고 있거든요! 대체 두 나라가 어떤 점이 닮았다는 걸까요? 그 배경에는 '부여'라는 또 다른 나라가 자리 잡고 있습니다! 유적지와 건국 이야기의 내용을 취재해 사실을 확인해 보았습니다!

우선 두 나라의 무덤을 살펴보겠습니다. 무덤 양식을 통해 그 나라의 문화를 알 수 있기 때문에 눈여겨봐야 하거든요. 중국 지린 성에 있는 고구려의 장군총과 서울 송파구 석촌동에 있는 백제의 무덤을 한번 비교해 볼까요?

▲ 장군총 ⓒ wikipedia, bart0278

▲ 석촌동 무덤

딱 봐도 한눈에 비슷한 느낌이 들지 않나요? 두 무덤 모두 고구려와 백제의 초기 무덤인 돌을 쌓아올려 만든 돌무지무덤이지요. 계단식으로 쌓아올린 구조와 거대한 크기가 닮은꼴이에요. 이를 통해 백제를 세운 사람들이 고구려에서 온 사람들일 거라고 추측할 수 있답니다.

백제와 고구려는 건국 이야기의 내용 또한 하나로 이어져 있답니다. 두 나라가 모두 '부여'라는 뿌리에서 시작되고 있거든요. 고구려의 경우, 주몽은 북부여의 왕 해모수의 아들이었어요. 동부여 금와왕의 아래에 있다가 졸본 부여에 내려와서 고구려를 세우지요. 백제의 경우도 마찬가지에요. 비류와 온조는 졸본 부여의 공주 소서노의 아들들이며, 고구려를 떠나 남쪽으로 내려와 백제를 세웠지요. 주몽이 나라를 세운 과정을 통해 부여가 고구려로 이어지는 과정을 알 수 있고요, 비류와 온조가 나라를 세운 과정을 통해 고구려에서 백제로 이어지는 역사의 흐름을 느낄 수 있어요. 부여-고구려-백제가 하나로 연결되고 있다는 이야기지요!

또 한 가지는 고구려와 백제가 '동명왕'이라는 이름을 중요하게 여긴다는 거예요. '동명'은 부여의 건국 이야기에 등장하는 왕의 이름입니다. 고구려와 백제가 부여의 건국 이야기에 영향을 받았음을 알 수 있어요. 고구려와 부여는 건국 이야기의 내용도 매우 비슷하답니다. 주몽의 또 다른 이름이 '동명'이라는 점도 그렇구요, 뛰어난 능력을 가진 아이가 죽임을 당할까봐 남쪽으로 내려와 나라를 세운다는 내용도 비슷해요. 한편 백제의 온조가 나라를 세우면서 동명성왕의 무덤을 세웠다는 사실 기억하시죠? 자신이 부여와 고구려의 후손임을 널리 알린 거예요. 이런 점들을 통해 '동명왕'이라는 이름에 얽힌 세 나라의 관계를 생각해 볼 수 있겠죠?

특히 고구려는 부여에 많은 영향을 받았어요. 두 나라 모두 5부족 연맹 왕국이었는데요. 부여의 경우 왕을 중심으로 마가, 우가, 구가, 저가라는 관리를 두었습니다. 고구려의 귀족 회의 이름이 '제가 회의'였다는 걸 기억하시나요? 두 나라 모두 신하들을 '가'라는 이름으로 불렀다는 사실을 알 수 있어요. 부여와 고구려는 형사취수제나 순장 같은 사회적인 풍습도 같았어요.

백제 또한 부여의 영향을 받았습니다. 먼 훗날 백제의 성왕은 기울어 가는 나라를 다시 되살리기 위해 나라의 이름을 '남부여'라고 짓는답니다. 이를 통해서도 백제 사람들이 자신들을 부여를 계승한 나라로 여긴다는 사실을 알 수 있어요.

이후 각 나라들이 치열하게 경쟁하면서 고구려는 부여를 멸망시켰고, 백제와도 잦은 전쟁에 휩싸이게 됩니다. 백제 근초고왕이 고구려의 고국원왕을 죽이기도 하고, 고구려의 장수왕이 백제 개로왕을 죽이기도 해요. 하나의 계통에서 출발한 나라들이었지만, 서로 나라의 운명을 걸고 치열한 전쟁을 펼친다는 점이 흥미롭지요?

# 고종훈의 한국사 브리핑

## 인물 핵심 분석 ▶ 온조왕

QR 코드를 찍으면 고종훈 선생님의 강의를 볼 수 있어요.

- 시대 ▶ ?~28년
- 재위 기간 ▶ 기원전 18년~28년
- 국정 운영 스타일 ▶ 우리는 고구려의 후손이다!
- 가장 신뢰하는 사람 ▶ 어머니 소서노
- 제일 좋아하는 곳 ▶ 한강 이남 지역
- 연관 검색어 ▶ 백제, 비류, 온조, 고구려, 마한 정복
- 역사적 중요도 ▶ ★★★★★
- 시험 출제 빈도 ▶ 높음

### 온조가 한강 남쪽에 백제를 세웠어요.

고구려에서 남쪽으로 내려온 온조는 위례성, 지금의 서울 지역에 정착해 백제를 세웠어요. 온조는 마한 지역을 정복하며 나라의 힘을 키웠습니다. 또한 동명성왕의 무덤을 세워 부여와 고구려의 후손임을 알렸습니다.

## 인물 관계 분석

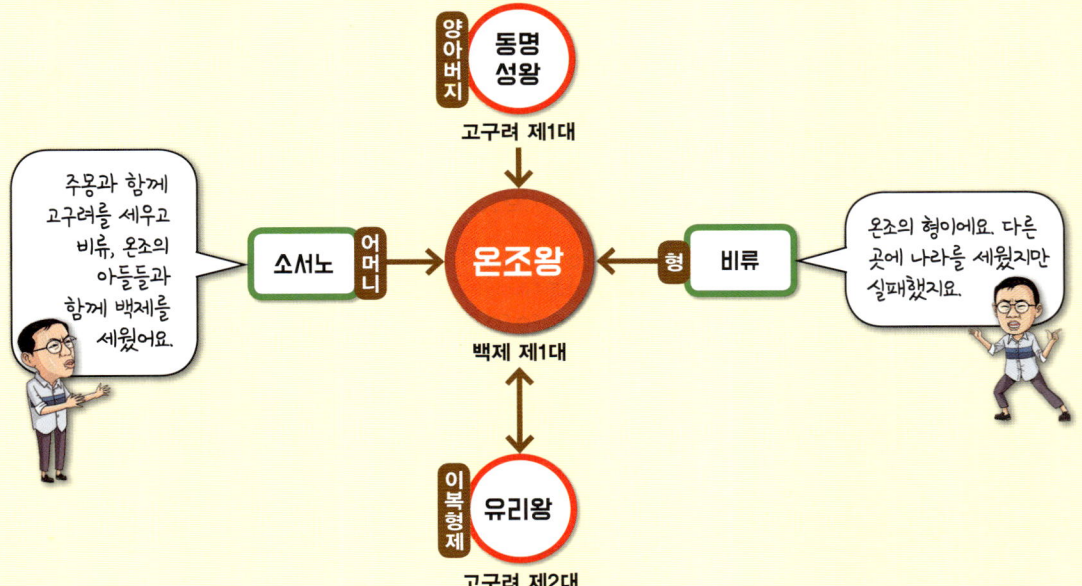

# 1 인물 초대석

생방송한국사

가장 빨리 중앙 집권 국가로 성장한 백제!

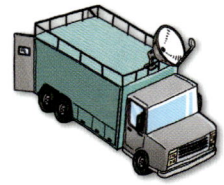

백제가 주변 국가들을 물리치며 나라의 모습을 갖춰 가고 있다고 합니다! 이렇게 정복 전쟁에 힘쓴 이유는, 왕의 힘을 강하게 만들기 위해서라고 하는데요. 한강을 중심으로 빠르게 중앙 집권 국가로 성장하는 백제. 그 중심에 있는 고이왕을 김역사 기자가 만나 보았습니다.

**백제를 빠르게 발전시켜 중앙 집권 국가로 만들기 위해 노력하고 계시다고 들었습니다. 그러기 위해서 어떤 방법을 택했나요?**

고이왕

저는 왕위에 오른 직후 연맹 왕국에 가까웠던 백제를 고대 국가의 모습으로 발전시키려고 마음 먹었어요. 그러기 위해서는 제일 처음으로 해결해야 하는 문제가 바로, 막강한 힘을 가진 소국들을 잘 다스릴 수 있도록 왕의 힘을 강하게 하는 거였지요. 왕의 힘을 강하게 할 수 있는 효과적인 방법이 뭐가 있을까요? 바로 정복 전쟁입니다!

한반도 남쪽에는 목지국을 비롯한 마한의 여러 나라들이 남아 있었는데요. 백제는 이들 지역을 차례차례 정복해 나갑니다. 이 과정을 통해 한강 주변의 땅도 완전히 차지하게 됐어요. 한강 일대와 남쪽에서 우리 백제의 영향력은 나날이 커지게 됐지요.

110 고이왕 | 백제의 기틀을 세우다

이렇게 정복 전쟁을 하게 될 경우, 중앙 집권 국가가 되기 수월해진 다는 거 알고 계시죠? 전쟁에서 승리하려면 나라의 모든 사람들이 힘을 잘 모아야 하지요. 또한 전쟁을 지휘하는 왕의 역할이 중요해지기 때문에 다른 소국들의 힘이 왕 아래에 놓이게 된 거예요.

**전쟁을 통해 왕권이 강해졌다고 해도, 여전히 소국들의 힘이 막강할 것 같은데요. 고이왕께서는 이를 다스리기 위해 어떤 정책들을 이용했나요?**

　군사를 다스릴 수 있는 권한을 가진 관직을 만들었어요. 그전까지는 각 소국들이 따로따로 군사력을 가지고 있었거든요. 이제 전문적으로 군사를 다스리는 담당 관직이 생겼으니 왕이 직접 군사를 다스릴 수 있겠죠? 또 왕위를 형제 상속으로 바꿨습니다.

**소국들이 왕의 말을 잘 듣게 하기 위해 그들을 왕의 신하로 삼았다고 들었는데요?**

　소국들은 왕에게 불만도 많고 힘자랑도 하고 싶어 하는 존재들입니다. 그래서 나는 그들을 달래 주고자 다양한 벼슬자리를 내려줬지요. 크고 작은 소국들은 이제 백제라는 나라의 신하들이 되었습니다.

　이 관계를 정리할 필요를 느껴 '중앙 관등제'라는 것을 만들어 관리들을 모두 6좌평 16관등제로 분류했어요. 16관등 중 가장 높은 등급인 1품은 좌평이라고 불렀습니다. 법을 정하거나 군사를 다스리고, 나라의 돈을 관리하는 등의 중요한 국정 업무를 6명의 좌평이 나누어 맡았어요.

**자줏빛**

우리나라는 전통적으로 자주색을 고귀한 색깔로 여겼습니다. 자주색을 만들기 위한 붉은 염료가 귀했던 탓도 있지요.

좌평을 비롯한 신하들의 등급은 모두 16등급으로 나누었습니다. 각각의 등급에 맞춰 관복 색깔을 다르게 착용하게 했지요. 1~6품까지의 관리들은 **자줏빛**의 관복을, 7~11품 관리들은 짙은 붉은 빛깔의 옷을, 12~16품 이상의 관리들은 청색 옷을 입었지요.

각각의 신하들은 장신구와 띠 색깔로도 구분하였습니다. 1~6품은 은으로 만든 꽃으로 관을 장식하였고, 그 다음 등급부터는 띠 색깔로 구분하였어요. 7품은 자줏빛, 8품은 검은빛, 9품은 붉은빛, 10품은 푸른빛, 11품과 12품은 노란빛, 13~16품까지는 흰빛의 띠를 둘렀답니다. 마치 태권도장에서 도복 위에 색깔 띠를 매서 누가 더 높은 띠인지 알아보는 것 같지 않나요?

**그런데 신하들의 등급을 나누는 것도 모자라 이렇게 시각적으로 관복과 띠 색깔까지 나눴던 이유는 무엇입니까?**

누가 더 높은 등급의 신하인지 서로 쉽게 알아볼 수 있게 하기 위해서죠. 그러면 신기하게도 왕의 힘이 강해지는 효과가 있었어요. 신하들은 왕의 말을 잘 들어서 더 높은 관직에 오르고 싶은 마음이 들 거예요. 게다가 유력한 귀족 가문 출신 사람들은 다른 신하들보다 더 좋은 색깔의 옷을 입고 높은 자리에 있게 해 주었으니 우쭐하고 기분이 좋았을 거예요. 중앙 관등제는 신하들 모두가 왕의 말을 잘 듣게 하기 위한 가장 효율적인 방법이었던 거지요.

**고이왕의 또 다른 중요한 업적 중 하나는 바로 율령을 반포했다는 것 아닙니까? 이 부분도 자세하게 설명을 해 주시죠.**

**반포**
세상에 널리 퍼뜨려 모두 알게 한다는 뜻이에요.

율령이란 나라의 법과 제도를 뜻하는 말이죠. 율령을 반포함으로써 고대 사회에서 각 부족마다 다르게 적용되던 법이 하나로 통일될 수 있었고, 왕의 명령이 나라 안에 잘 전달될 수 있었어요.

제가 율령을 반포한 것은 무려 3세기로 다른 삼국의 나라들보다 몇 세기나 빠르게 나라의 법과 제도를 정비한 것이랍니다.

**백제는 고이왕 때 중앙 집권적 고대 국가의 기틀을 마련하게 되었답니다. 고이왕 이후 왕권이 강화되어 백제는 점차 눈을 돌려 다양한 나라들과 교류하고, 더 넓은 영토를 차지하기 위한 전쟁을 시작하게 됩니다.**

## 스페셜뉴스  체험! 역사 현장

## 백제 토성 기행

백제의 대표적인 유적지로는 몽촌 토성과 풍납 토성이 있어요. 두 개의 토성은 모두 백제의 도읍이었던 서울 위례성(한성)에 위치하고 있지요. 이 토성들은 백제가 위례성(한성)을 도읍으로 삼고 고대 국가로서 모습을 갖춘 3~4세기쯤 형성되었답니다.

### 몽촌 토성

먼저 몽촌 토성을 한번 둘러볼까요? 몽촌토성은 88 서울 올림픽 대회를 개최하기 위해 서울특별시 송파구 오륜동에 올림픽 공원을 만드는 과정에서 발견되었지요. 움집터와 기와 및 토기 등 백제 초기 유물이 다수 발견됐습니다. 남한산에서 시작해 내려오는 완만한 경사면과 골짜기를 자연스럽게 이용해 외성과 내성의 이중 구조로 지은 성이에요. 둘레가 2.7km로, 성벽을 진흙으로 쌓았고, 성벽 바깥쪽 경사면에는 말뚝을 박아서 만든 울타리인 목책을 설치해 방어할 수 있도록 했습니다. 적의 공격을 방어할 수 있게 성 밖을 따라 파서 못을 만드는 해자를 둘렀지요.

고대 국가에서는 이렇듯 흙으로 만든 토성을 많이 지었습니다. 비교적 견고하여 오랜 시간을 견딜 수 있는 특징이 있고, 성 안팎으로 생긴 구덩이로 방어력을 높이기 쉽기 때문이에요. 현재 몽촌 토성은 올림픽 공원 내에 위치하고 있습니다. 성벽 주위에는 산책로를 만들었고, 해자는 연못으로 꾸며져 있어 따뜻하고 평화로운 느낌을 줍니다.

▲ 몽촌 토성의 목책

◀ 몽촌 토성

고이왕 | 백제의 기틀을 세우다

## 풍납 토성

몽촌 토성과 연결되어 있는 풍납 토성 또한 백제 초기에 세워진 성으로 예상되고 있어요. 풍납 토성이 발견된 과정 역시 몽촌 토성만큼이나 예상치 못한 뜻밖의 일이 발단이 되었습니다. 1925년 대홍수가 발생했을 때 풍납 토성 주변에서 다수의 백제 유물이 발견되었기 때문이에요. 심지어 1997년 아파트를 건설하기 위해 땅파기 공사를 하다가 유물이 발견되는 일도 있었어요. 유적지의 중요성을 몰랐던 사람들이 몰래 계속 공사를 진행하려고 했지만, 많은 학자들의 도움으로 막을 수 있었어요. 하마터면 백제 시대의 중요한 유물들이 빛을 보지도 못하고 사라질 뻔했지 뭐예요.

풍납 토성은 남북으로 긴 토성으로 둘레가 약 4km에 이르는 거대한 규모를 지니고 있어요. 모래와 진흙을 교대로 다져서 쌓는 '판축' 기법으로 만들어졌다고 해요. 흙으로 이렇게 긴 성벽을 쌓으려면 수십만 명의 사람들이 동원되었을 거라고 합니다. 백제가 강력한 중앙 집권 국가였음을 알려 주는 것이지요.

몽촌 토성과 풍납 토성은 위례성(한성)이었을 가능성이 있는 성들이라 계속 발굴과 연구가 진행되고 있습니다.

이후 백제는 고구려 장수왕의 침공으로 개로왕이 사망하는 등의 어려움을 겪으며 한성(지금의 서울) → 웅진(지금의 공주) → 사비(지금의 부여)로 도읍을 두 번이나 옮겨야 했어요. 그중 백제의 가장 찬란했던 시기가 바로 한성 때의 백제입니다. 500년 가까운 시간 동안 백제의 전성기를 이끌었기 때문이에요. 몽촌 토성과 풍납 토성 외에도 방이동 백제 고분군, 아차산성, 석촌동 고분군 등 많은 유적지들이 그 시절 백제인의 삶을 이야기해 주고 있답니다.

▲ 풍납 토성

## 고종훈의 한국사 브리핑

### 인물 핵심 분석 ▶ 고이왕

QR 코드를 찍으면 고종훈 선생님의 강의를 볼 수 있어요.

시대 ▶ ?~286년
재위 기간 ▶ 234년~286년
국정 운영 스타일 ▶ 정복 전쟁으로 백제를 강한 나라로 만들자.
제일 좋아하는 색깔 ▶ 자줏빛
연관 검색어 ▶ 형제 상속제, 중앙 관등제, 율령 반포
역사적 중요도 ▶ ★★★☆☆
시험 출제 빈도 ▶ 보통

### 정복 전쟁을 일으켜 한강 지역을 차지했어요.

백제는 목지국을 비롯하여 마한의 여러 지역을 정복하여 한강 일대의 땅을 차지하였습니다. 또한 북쪽의 낙랑군과 싸우기도 하였습니다. 특히나 고이왕의 재위 기간 중에는 신라와 사이가 좋지 않았어요. 신라와 우호적인 관계로 화친을 맺은 것은 3세기의 일이랍니다.

### 6좌평과 16관등제를 정비했어요.

고이왕 때 좌평 등 관리의 등급을 만들어 위계질서를 세웠어요. 또 6명의 좌평이 국정을 분담하게 했어요. 그리고 관등에 따라 복장의 색깔을 다르게 했어요. 이를 통해 관리들의 위계질서를 바로잡은 것이죠.

### 율령을 반포하는 등 왕권 강화를 위한 개혁을 단행했어요.

고이왕은 사회 질서를 유지하기 위한 형벌과 행정에 관련된 법규인 율령을 반포했어요. 삼국 중 백제에서 가장 먼저 율령을 반포한 거예요. 율령의 반포로 백제는 중앙 집권 국가로 나아갈 수 있었습니다.

# 03 근초고왕

**강하고 화려한 해상 왕국 건설**

시대 ?~375년    재위 기간 346년~375년

## 동아시아 정상회담

- 근초고왕님 최고! 칠지도 감사해요!
- 이제 한반도에선 백제가 최고!
- 근초고왕 때문에 고국원왕이 죽었어.
- 너희 백제는 기운도 좋다. 이제 그만 쳐들어올 때도 되지 않았니?
- 리가 작은 나라라고 대하지 좀 마세요!

가야 / 왜 / 백제 / 고구려 / 신라

- 백제가 한반도에서 가장 힘센 나라가 되었군!
- 근초고왕 얼굴 잘 보이게 해.

## 타임라인 뉴스

| ? | 346 | 369 | 371 | 375 |
|---|---|---|---|---|
| 비류왕의 아들로 태어나다 | 왕위에 오르다 | 고구려 고국원왕의 침입을 물리치다 | 평양성을 공격하여 고국원왕을 전사시키다 | 백제의 전성기를 열고 승하하다 |

# 1 헤드라인 뉴스

### 근초고왕, 동북아시아의 해상 왕국 건설!

속보입니다! 근초고왕이 주변의 나라들에게 백제의 힘을 보여 주고 있다는 소식입니다! 마한과 가야, 고구려와의 전쟁에서 승리하는가 하면, 바다 건너 중국 요서 지방, 일본 규슈 지방과 활발한 교류를 하고 있다는데요. 지금부터 백제 전성기의 모습을 만나보시죠.

김역사 기자

근초고왕은 체격이 뛰어날 뿐만 아니라, 용모도 단정하니 아름다웠다고 합니다. 게다가 앞을 내다볼 수 있는 뛰어난 식견과 원대한 꿈이 있었던 사람이었다고 해요. 근초고왕은 활발한 대외 활동을 벌이기 전에 백제 바깥의 동북아시아가 돌아가는 상황을 주의 깊게 살폈습니다. 아무리 근초고왕이 뛰어난 능력을 가진 왕이라 해도 시대의 흐름을 따라가지 못한다면 나라를 위험에 빠뜨릴 수도 있으니까요.

백제는 우선 주변 국가들의 발전된 문화와 기술을 적극적으로 배우고자 했어요. 또한 뛰어난 백제의 문명을 주변 나라들에 퍼뜨리기도 했지요. 바다를 접한 나라답게 활발한 해상 활동으로 중국과 일본 등의 여러 지역과 직접적으로 교류를 했습니다. 한반도 남쪽의 작은 나라였던 백제는 이렇게 세계 무대로 나아갈 준비를 착착 해 나갔답니다.

근초고왕 | 강하고 화려한 해상 왕국 건설

나라를 어느 정도 발전시켜 힘을 비축한 백제는 우선 주변에 있던 작은 나라들을 하나씩 굴복시키기 시작해요. 남쪽으로 영산강을 넘어 마한의 여러 나라와 고을들을 차지해 사실상 **마한**을 거의 멸망시켰어요. 전라도 남쪽 바닷가까지 백제의 영토가 넓어진 것이지요. 또한 낙동강 유역에 자리한 가야를 백제의 영향권 안에 두기도 했지요. 이때 백제는 왜의 야마토 왕조와 국교를 수립하게 됩니다. 왜와 백제의 친밀한 관계는 유물 칠지도를 통해서도 알 수 있는데요. 이에 대한 자세한 소식은 다음 뉴스에서 전해드릴게요.

**마한**

삼한 중 하나로 목지국을 비롯해 수많은 작은 나라들로 이루어져 있어요.

한반도 남쪽의 나라들을 어느 정도 장악하고 난 후에는 백제가 주도하여 가야, 신라, 왜를 잇는 연맹 관계를 형성합니다. 단 고구려, 중국의 한은 제외하고요.

그 무렵 중국은 여러 나라로 갈려 서로 싸우던 5호 16국이라는 시대로, 수많은 나라들이 세워졌다가 망하는 혼란기였어요. 고구려는 이런 혼란을 틈타 중국 대륙으로의 진출을 노리고 있었지요. 그러나 승승장구하던 고구려가 잠시 주춤하게 된 사건이 벌어집니다. 고구려와 국경이 접해있던 전연이 고구려를 침략하여 큰 피해를 주었거든요. 이 때 전연의 왕은 고구려의 도읍을 함락해 궁궐을 불태우고 5만 명이나 되는 고구려인을 포로를 잡아갔습니다. 심지어는 고국원왕의 아버지 미천왕의 무덤을 파내 시신을 가져가고, 고국원왕의 어머니와 아내를 인질로 끌고 가는 일도 벌어졌어요.

고구려의 위기는 백제에게는 절호의 기회가 되었습니다. 고구려가 전연을 막아내느라 북쪽 전선에 온 신경을 써야 하는 상황이 온 거예요. 백제는 그 틈을 노려 북쪽으로 진출할 수 있었던 거지요.

사실 백제와 고구려의 악연은 고구려의 도발로부터 시작됐습니다. 고구려의 고국원왕은 전연의 세력이 약해진 틈을 타서 2만여 명의 군사를 이끌고 백제를 먼저 공격했습니다. 이때 백제의 근초고왕은 태자인 수(훗날의 근구수왕)를 보내 기습 매복 작전을 펼쳤습니다. 그 과정에서 백제는 수천 명의 고구려 군사들을 죽이고 그들을 사로잡는 데 성공합니다. 고구려와의 전쟁에서 자신감이 생긴 근초고왕은 2년 후인 371년에 직접 3만 명의 훈련된 군사를 끌고 평양성으로 향했어요.

"고구려를 정벌하고 한반도를 통일하자! 나를 따르라!"

태자 수는 아버지와 함께 이 전쟁에 참여했지요.

백제의 공격으로 고구려의 고국원왕은 전쟁터에서 날아온 화살에 맞아 그만 죽고 말았습니다. 비록 평양성을 함락시키지는 못했지만, 이 전투로 백제의 영토는 황해도 일부 지역까지 확장되었지요. 황해도는 곡식이 잘 자라는 땅도 많았을 뿐더러, 선진국인 중국에서 흘러들어 온 뛰어난 기술을 가진 사람들이 많은 '낙랑군'이 있는 지역이었습니다. 왕이 전사했을 뿐만 아니라 일부 영토까지 잃어버리게 된 고구려는 크나큰 타격을 입었어요. 부여에서 시작된 한 뿌리의 나라였던 백제와 고구려는 이제 원수의 나라가 되어 버렸습니다.

백제가 막강한 군사력을 자랑하던 고구려군을 몇 차례나 이길 수 있었던 것은, 고이왕 때부터 진행된 중앙 집권 정책으로 왕이 군대를 지휘할 수 있는 힘이 강해졌기 때문이기도 합니다. 근초고왕의 카리스마와 뛰어난 전술 역시 그 이유였지요.

마한과 가야, 고구려 등 한반도 내에서의 전쟁으로 백제의 힘을 확인한 근초고왕은 이제 해외로 눈을 돌렸어요. 오른쪽의 지도를 보면 근초고왕이 교류하거나 영향을 미친 다양한 나라들을 확인할 수 있을 거예요. 비록 고구려에 가로막혀 대륙으로 진출하는 것은 한계가 있었지만, 바다 건너 수많은 나라들과 활발한 교류를 했음을 알 수 있습니다. 그중에서도 주목할 만한 것은 백제가 요서 지방에 진출한 것이에요.

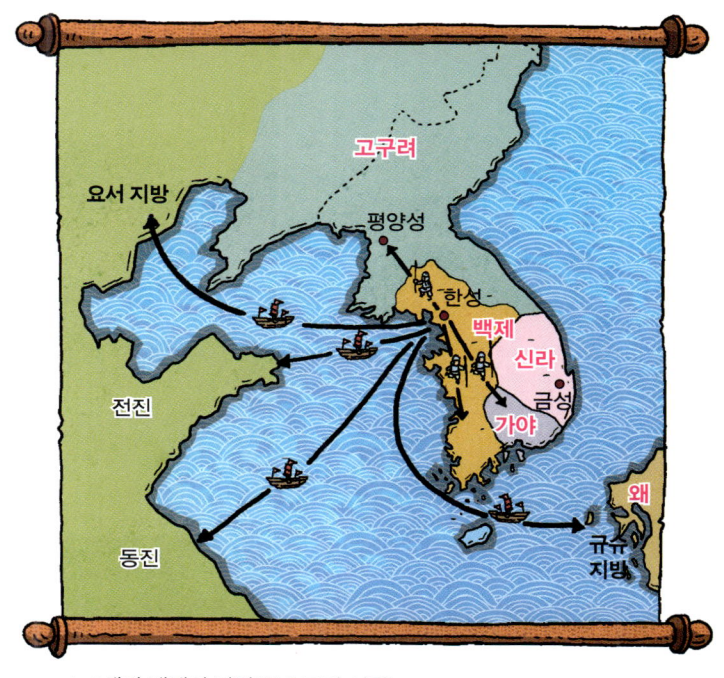

▲ 4세기 백제의 발전(근초고왕 시기)

"백제는 요동에서 동쪽으로 천 리나 떨어진 나라입니다. 그 후 고구려가 요동 지역을 차지하자, 백제는 요서 지역을 공격해 백제 군대가 주둔하여 통치하는 땅을 만들었습니다."

중국의 역사책 『송서』의 내용이에요. 이것을 보면 백제가 요서 지방까지 진출한 것으로 생각됩니다. 하지만 우리나라의 역사책에는 백제의 요서 진출 이야기를 찾아볼 수 없고, 중국 역사책도 **진위** 여부에 대한 논란이 있어 백제의 요서 진출에 대해서는 여러 가지 주장이 나오고 있어요.

한편, 지도를 보면 백제가 중국의 동진, 왜의 규슈 지방과도 활발하게 교류했다는 것을 알 수 있어요. 백제의 뛰어난 문화를 전파하는 해상 왕

**진위**
진짜와 가짜, 참과 거짓을 아울러 일컫는 말

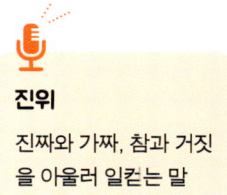

국의 모습을 보여 주는 거지요.

　근초고왕은 일본의 사신들을 초청해 백제의 보물들을 보여 주며 얼마나 뛰어난 기술을 가진 나라인지 알려 주고, 백제와 교역을 하여 물건을 구입할 것을 설득하기도 해요. 근초고왕이 강력한 정복 군주일 뿐만 아니라, 뛰어난 상업적인 감각을 지닌 왕임을 알 수 있는 부분이에요. 아직기, 왕인 등의 백제 학자들은 일본으로 건너가 한자, 유교, 회화, 불교 등 다양한 선진 문화를 전파했지요.

　백제는 황해를 건너 중국의 동진과도 외교 관계를 맺었어요. 사신을 통해 서신을 주고받으며 왕래했고, 중국의 문화를 받아들이고 발전하는데 거부감이 없었지요. 특히 백제는 이후 침류왕 때 동진에서 들어온 불교를 수용하면서 백성들의 생각을 하나로 모을 수 있었습니다. 불교를 믿게 될 경우 왕의 힘이 얼마나 강해질 수 있는지 소수림왕 뉴스를 통해 확인하셨죠? 또 백제는 동진과 교류를 함으로써 고구려를 견제할 수 있었지요.

근초고왕은 왕위에 오른 후 약 30년 동안 백제를 다스렸어요. 북쪽으로는 고구려의 땅이었던 황해도 일대를 차지하고, 남쪽으로는 마한을 **복속**시키고 가야를 백제의 영향력 아래에 두었어요. 이렇게 백제의 영토가 커질수록, 세계 속 백제의 위상도 나날이 높아졌지요. 그리하여 근초고왕 시기의 백제는 최대의 영토를 가질 수 있었습니다. 무엇보다 당시 가장 크고 힘이 센 나라였던 고구려의 왕을 죽였다는 사실에서 백제인들의 자부심은 하늘을 찌를 듯 했을 거예요.

**복속**
복종하여 따름

**『서기』**
백제의 역사서인 『서기』는 백제의 마지막 왕인 의자왕 때 나당 연합군의 침입으로 사비성이 함락되면서 사라졌다고 해요.

근초고왕은 나라 밖에서 뿐만 아니라, 나라 안에서도 다양한 업적을 이루었어요. 왕의 힘을 강하게 하고, 나라의 기강을 바로 세울 수 있는 다양한 정치 제도를 만들었지요. 그중 하나가 왕위의 부자 상속제를 확립한 거예요.

또한 근초고왕은 박사 고흥을 통해 백제의 역사를 담은 『서기』라는 역사책을 펴내도록 합니다. 『서기』가 없어져 백제의 자세한 역사가 전해지지 못한 점은 무척 안타까운데요. 국가적으로 역사책을 펴낼 수 있었다는 것은 그만큼 나라가 문화적으로 발전했고 힘이 강했다는 것을 의미해요. 아들 근구수왕 때는 왕인이 백제의 유교 문화를 부흥시키게 됩니다. 근초고왕이 피운 문화의 꽃이 후대에도 이어진 것을 알 수 있지요.

뛰어난 정복 군주이자, 백제의 정치·경제·문화를 더욱더 발전시킨 팔방미인 근초고왕! 근초고왕 덕분에 백제는 세 나라 중에 가장 먼저 전성기를 맞이한 나라가 되었습니다. 또한 근초고왕은 백제의 영토를 가장 많이 넓힌 왕이기도 하답니다.

**스페셜뉴스 그때 그 물건**

## 백제의 뛰어난 기술과 문화를 자랑하는 칼, 칠지도

김역사 기자

오늘 방송에서 소개할 제품은 일본 나라 현 덴리 시의 이소노카미 신궁에 보관되어 있는 한 자루의 칼입니다. 딱 보기에도 범상치 않은 모양의 이 칼은 '칠지도'라는 이름을 가지고 있습니다. 백제의 기술로 만든 칼이 일본으로 건너간 이유는 뭘까요? 지금부터 칠지도에 얽힌 이야기를 들어 보시죠!

이 칼을 왜왕에게 하사하노라.

**이   름** 칠지도. 중심이 되는 칼날 한 개와 좌우로 3개씩 뻗어있는 다리를 합치면 총 7개의 가지가 되기 때문에 칠지도라고 부르는 거예요.
**길   이** 총 길이는 75cm 정도 됩니다.
**쓰임새** 화려한 모습에서 알 수 있듯이, 실제 싸움에서 사용되는 칼은 아니고, 성스러운 의식이나 보물로 사용되는 칼입니다.

칠지도의 몸통 부분에는 앞면에 34자, 뒷면에 27자의 글자가 새겨져 있답니다. 이렇게 글자를 새기려면 칼에 조각을 해서 금실을 끼워 넣어 만드는 아주 고난도의 기술이 필요해요. 칠지도에는 백제의 왕이 왜왕에게 칼을 하사한다는 내용이 새겨져 있는데요. 자세한 내용을 한번 살펴볼까요?

**근초고왕** | 강하고 화려한 해상 왕국 건설

"369년 11월 16일 우리 백제는 무쇠를 백 번 담금질하여 칠지도란 칼을 만들었다. 이 신성한 칼은 모든 외적을 물리칠 수 있는 힘을 지니고 있다. 백제의 왕이 특별히 왜왕을 위해 만든 것이니 후세에 길이 전하도록 해라."

어떤 일본 학자들은 이 내용을 두고 일본의 속국이었던 백제가 왜왕에게 바친 물건이라고 해석하기도 해요. 하지만 당시 나라의 국력이나 기술은 백제가 일본보다 월등히 앞서고 있었어요. 게다가 내용 마지막에 '후세에 길이 보전하라.'라는 명령조의 말투를 사용하고 있으니 당연히 백제왕이 왜왕에게 내려준 칼이라는 것을 알 수 있겠죠?

칠지도는 대체로 근초고왕 시기에 제작하여 일본에 하사한 것으로 보고 있어요. 칼을 보낸 이유를 알기 위해서는 당시의 역사적인 상황을 좀 더 살펴봐야 해요. 백제가 마한의 소국과 가야 지역으로 영향력을 키워 나가고 있을 때였어요. 그때 백제는 가야에 있는 탁순국이라는 나라를 찾아왔던 왜의 사신들과 만날 기회가 있었지요. 백제는 왜의 사신들을 친히 왕궁으로 불러들여 그동안 선보이지 못한 무수한 보물들을 보여 주었답니다. 비단이나 활 같은 귀한 물건들 속에서 왜의 눈을 사로잡은 것은 철로 만든 무기들과 금관이었어요. 당시 왜는 그러한 최첨단 기술이 없었기 때문에 백제의 물건들이 대단히 놀라웠을 거예요. 그때는 나라를 발전시킬 수 있는 제일 중요한 기술이 철을 제련하여 무기를 만들 수 있는 기술이었거든요. 백제는 고난도 기술로 만든 훌륭한 철제 무기들을 자랑하며, 이제 가야와 교역을 하지 말고 백제랑 교역을 하자고 제안합니다.

이렇게 백제가 왜를 한편으로 끌어들이려고 한 이유는 마한, 가야, 신라 등의 주변 나라와의 전쟁을 할 때 왜의 군사들을 이용하기 위해서기도 했어요. 백제는 왜에서 보내 준 군사들을 활용해 전쟁에서 조금 더 유리한 상황을 만들 수 있었어요. 따라서 백제는 왜에게 칠지도라는 칼을 보내면서, 앞으로도 백제가 전쟁을 할 때 긴밀하게 협력하자는 뜻을 전한 거예요. 칠지도를 통해 두 나라의 관계는 더욱 돈독해졌겠지요?

현재 칠지도는 일본에서 그 가치를 대단히 인정받는 국보로 남아 있어요. 시대를 뛰어넘어 아름다운 문화와 기술을 전파한 백제의 숨결을 느낄 수 있지요.

◀ 칠지도

## 고종훈의 한국사 브리핑

### 인물 핵심 분석 ▶ 근초고왕

QR 코드를 찍으면 고종훈 선생님의 강의를 볼 수 있어요.

시대 ▶ ?~375년
재위 기간 ▶ 346년~375년
국정 운영 스타일 ▶ 외교도 중요! 정복 전쟁도 중요!
내가 준 선물 중에서 가장 기억에 남는 것 ▶ 칠지도
하고 싶은 한 마디 ▶ 백제의 전성기를 잊지 말아라.
연관 검색어 ▶ 백제 전성기, 고국원왕, 칠지도
역사적 중요도 ▶ ★★★★★
시험 출제 빈도 ▶ 높음

**근초고왕이 활발한 정복 전쟁을 벌였어요.**

근초고왕 때 백제는 가야의 세력권이었던 낙동강 유역까지 영향권 안에 두었으며 마한의 땅을 차지하였습니다. 또한 고구려를 공격하여 황해도 일부 지역을 차지하기도 했어요. 그리고 요서 지방, 동진, 규슈 지역과 교류도 잘 이루어졌답니다. 또한 왕위를 형제 상속에서 부자 상속으로 바꾸었어요.

### 인물 관계 분석

## 타임라인 뉴스

| ? | 455 | 458 | 469 | 472 | 475 |
|---|---|---|---|---|---|
| 비유왕의 아들로 태어나다 | 왕위에 오르다 | 중국에 사신을 보내다 | 국경에 성을 쌓는 등 고구려 견제책을 시행하다 | 고구려를 공격해 달라고 북위에 요청하다 | 장수왕의 침략으로 승하하다 |

# 1 심층 취재

광개토 대왕의 등장으로 나제 동맹 체결

근초고왕 때까지만 해도 한반도의 새로운 강국으로 떠올랐던 백제가 지금은 고구려군의 맹공격에 왕이 무릎을 꿇고 굴욕적인 항복을 했다고 합니다. 그동안 백제에 어떤 일이 있었던 걸까요? 김역사 기자를 연결해 알아보겠습니다.

광개토 대왕이 등장하면서 백제의 상황도 달라졌습니다.

김역사 기자

5세기 초, 한반도의 상황은 크게 달라지고 있었습니다. 전연과의 전쟁으로 위기에 빠졌던 고구려가 소수림왕의 노력으로 나라를 정비하여 더욱 발전할 수 있었던 것이죠. 위기를 극복해 낸 고구려는 다시 **심기일전**하여 다른 나라들을 정복하러 나섰습니다. 게다가 그 선봉에는 위대한 정복 군주 광개토 대왕이 있었어요. 백제가 처음으로 한강을 빼앗길 위기에 놓였던 것이 바로 고구려 광개토 대왕의 침략 때였지요.

광개토 대왕은 4만 명이나 되는 군대를 끌고 백제의 관미성을 공격했어요. 근초고왕이 평양성을 공격했을 때 고국원왕이 목숨을 잃었던 일을 복수하기 위해서겠죠? 백제 역시 관미성을 지키기 위해 끈질긴 사투를 벌였어요. 관미성은 한강의 물길을 파악할 수 있는 가장 중요한 전략적 요충지이자, 물길을 통해 해상 교역을 해 온 백제의 중심지였거든요.

개로왕 | 한강을 잃은 백제, 위기에 빠지다

그러나 결국 백제가 전쟁에서 패배하면서 한강 이북 지역인 임진강 일대는 고구려의 손에 넘어가고 말았습니다. 광개토 대왕은 내친김에 백제의 도읍 위례성을 공격해 아신왕에게 크나큰 굴욕을 주었습니다.

"저 아신은 영원히 고구려 광개토 대왕님의 신하가 되겠사옵니다."

백제의 아신왕이 고구려군 앞으로 나아가 포로 천 명과 옷감 천 필을 바치며 무릎을 꿇고 있는 장면이에요. 다행히 고구려의 신하가 되겠다는 백제의 항복에 고구려군도 더는 괴롭힐 마음이 없어 보입니다. 한강 이북 지역을 빼앗긴 백제 최초의 위기였지요.

아신왕의 굴욕으로 백제 역시 이대로 가만히 있을 수만은 없다는 생각이 들었어요. 날로 거대해지는 고구려의 힘을 막아 내기 위해 백제가 택한 전략은 무엇이었을까요? 바로 백제와 신라가 동맹을 맺는 거였어요. 433년은 신라와 백제가 힘을 합치기로 결의한 해에요. 신'라'+백'제'에서 한 글자씩 따와 나제 동맹이라 이름 지었지요.

백제의 아신왕은 고구려에게 굴욕을 당한 상황이고, 신라 역시 고구려의 신하 나라로 지내던 상황에서 벗어나고 싶었던 터라, 두 나라는 같은 목적 아래에 모이게 됐어요. 그래서 백제의 비유왕과 신라의 눌지 마립간은 서로 손을 잡게 되지요. 심지어 60년이 흐른 뒤 백제가 고구려의 침략으로 계속 어려움을 겪자, 두 나라는 결혼 동맹을 맺기까지 합니다. 과연 나제 동맹으로 아시아 최강 고구려군을 막아 낼 수 있을까요? 삼국의 상황을 좀 더 지켜봐야 할 것 같습니다.

**심기일전**
어떤 동기가 있어 이제까지 가졌던 마음가짐을 버리고 완전히 달라짐.

## 2 헤드라인 뉴스

광개토 대왕에 이어 고구려의 왕이 된 장수왕이 백제를 다시 공격하고 있다는 소식입니다. 백제의 개로왕은 자신의 잘못을 후회하며 눈물을 흘리고 있습니다. 이게 어떻게 된 일인지 김역사 기자가 보도해 주세요.

개로왕이 힘을 키우려고 한 이유는 바로 군사를 모아 고구려를 공격하기 위해서였습니다.

김역사 기자

개로왕은 고구려와 가까이 위치한 북쪽의 성을 수리하고, 목책을 세워 고구려를 견제했습니다. 그리고 북위의 왕에게 사신을 보내 백제를 도와달라는 내용의 비밀 편지를 전달했어요.

"그동안 백제는 고구려의 압박에 시달려왔습니다. 게다가 고구려는 유연, 송과 힘을 합쳐 북위를 견제하고 있는 것으로 압니다. 그러니 우리가 힘을 합쳐 고구려를 공격하면 어떨까요?"

그러나 안타깝게도 북위의 왕은 강대국인 고구려와 싸우는 것을 부담스러워했어요. 그래서 개로왕의 제안을 받아들이지 않았지요. 오히려 그 편지로 인해 고구려의 분노만 샀을 뿐이었어요. 그 무렵 광개토 대왕의 뒤를 이어 왕에 오른 사람은 바로 장수왕이었지요. 백제의 입장에서는 고구려가 뛰어난 왕을 연달아 배출한 것이 부담스러웠을 거예요.

개로왕 | 한강을 잃은 백제, 위기에 빠지다

장수왕은 오랜 도읍이었던 국내성을 떠나 평양으로 새로운 도읍을 정하고 본격적인 남진 정책을 추진하기 시작했어요. 또한 백제를 완벽하게 무너뜨리기 위해 승려 도림을 스파이로 파견했지요. 개로왕은 스파이인 도림의 꾐에 넘어가 무리하게 궁궐 공사를 하느라 나라의 돈을 다 써 버리고 말았어요. 백성의 원망도 심했어요. 이틈을 타 고구려가 백제를 공격하자 개로왕은 아들인 모도(훗날의 문주왕)를 불러 말했어요.

"어리석은 내가 도림의 말만 믿고 나라를 망쳐놓았구나. 지금 우리의 힘으로는 고구려의 군대를 막을 수가 없을 것이다. 아비는 끝까지 싸우다 죽을 테니, 너는 난리를 피해 있다가 백제를 다시 일으켜 세워다오."

475년, 물밀 듯이 내려온 3만의 고구려군은 백제의 한성을 함락시켰습니다. 그리고 개로왕을 아차성으로 압송해 죽였어요. 백제는 도읍인 한성을 잃고 남쪽인 웅진(지금의 공주)으로 도읍을 옮겨야 했지요. 문주왕을 직접 만나보겠습니다.

**개로왕**

개로왕이 잘못된 정책만 했던 것은 아니에요. 그는 기존의 귀족 가문을 내치고 왕족인 여씨 가문에서 신하들을 뽑아 왕의 힘을 강하게 하기도 했습니다. 하지만 그로 인해 귀족들의 미움을 샀지요. 개로왕이 죽게 된 것은 귀족들과의 다툼 때문이라고도 전해집니다.

문주왕

아바마마의 말씀대로 저는 남쪽으로 도읍을 옮겼습니다. 자존심이 무너진 백성들은 무척 슬퍼했어요. 아버지인 개로왕을 원망하기도 하고요. 그런데도 귀족들은 아직도 세력 다툼만 하고 왕인 저를 무시하고 있네요. 백제의 앞날이 걱정됩니다.

삼국의 경쟁이 치열했던 만큼 한강의 주인은 그 후 고구려에서 다시 신라로 넘어가요. 하지만 첫 주인이었던 백제처럼 오랜 시간 그곳을 도읍으로 삼았던 나라는 없었답니다.

## 스파이 도림의 꾀에 속아 나라를 망하게 한 개로왕

어느 날 고구려 장수왕은 승려 도림을 불렀습니다.

"백제의 개로왕이 바둑을 좋아한다고 하는구나. 네가 바둑을 두면서 그의 마음을 돌려 백제의 힘이 빠질만한 어리석은 일들을 하게 하거라."

장수왕은 전쟁 준비를 아주 철저하게 하는 왕이었습니다. 장수왕은 고구려가 백제를 공격하기 전에 백제의 힘을 약하게 만들고 싶었어요. 장수왕의 명령을 받은 승려 도림은 백제의 왕궁으로 들어가 개로왕을 만났지요.

"전하, 저는 고구려에서 죄를 짓고 쫓겨나 이렇게 백제로 오게 됐습니다. 저를 쫓아낸 고구려가 무척 원망스럽습니다. 제가 전하께 고구려에 대한 좋은 정보들을 드릴 수 있습니다."

처음에 개로왕은 도림의 말을 믿지 않는 눈치였어요. 그때 도림은 은밀한 목소리로 말했습니다.

"전하, 사실은 제가 바둑을 무척 잘 둔답니다. 바둑의 진정한 재미를 알려드릴 테니 저와 한 판 둬 보시죠."

바둑이라는 말에 솔깃해진 개로왕은 도림과 바둑을 두었습니다. 그랬더니 무척 흥미진진한 대국이 펼쳐지는 것이 아니겠어요? 그동안은 개로왕의 실력이 너무 강해 궁궐 내에 적수가 없었거든요. 함께 바둑을 둘 친구가 생기자 개로왕은 무척 기뻤어요. 그 후 개로왕은 나라 살림을 챙기기보단 도림과 바둑 두는 일에 빠져들게 되었죠.

개로왕 | 한강을 잃은 백제, 위기에 빠지다

개로왕이 도림에게 마음을 열자, 도림은 그를 넌지시 부추겼습니다.

"전하, 지금 백제의 궁궐은 너무 작습니다. 아버지인 비유왕의 무덤 역시 초라합니다. 백성들의 집은 강물이 범람할 때마다 물에 잠기고 있지요. 백제라는 이름에 걸맞은 강하고 부유한 모습을 보여 주어 다른 나라들의 섬김을 받는 것이 어떨까요?"

"그래, 너의 말이 옳다. 지금 당장 백제의 위대함을 뽐낼 대규모의 공사를 시작해야겠구나. 여봐라! 백성들을 모아 궁궐과 성벽, 누각과 같은 건물을 화려하게 짓도록 하고, 아버지인 비유왕의 무덤을 다시 만들도록 하라. 또한 한강에 둑을 쌓아 홍수를 막을 수 있게 하라."

대규모 공사가 시작되자, 백성들은 건물을 짓는 일에 끌려 다녀야 했어요. 결국 백성들은 제대로 농사를 지을 수 없어서 늘 굶주려야 했어요. 게다가 나라의 창고는 텅 비어, 군사들에게 무기와 식량을 나눠주질 못하니 국력 또한 약해질 수밖에 없었지요. 백성들의 불만이 하늘 높은 줄 모르고 치솟았지요.

"왕이 나라는 제대로 안 다스리고 스님이랑 하루 종일 바둑만 두는 게 말이 돼? 백성들에게는 공사장에서 일만 하라고 시키잖아! 도저히 백제에서 못 살겠다!"

힘들어하는 백성들의 모습을 보고 도림은 회심의 미소를 지었습니다. 백제의 형편으로 큰 규모의 공사를 감당할 수 없으리란 것을 이미 알고 있었거든요. 백제의 힘이 약해지자, 도림은 몰래 백제를 빠져나가 고구려로 도망쳤어요. 그는 장수왕에게 백제를 공격할 때가 되었음을 알렸지요. 장수왕은 도림을 칭찬하며 군사들에게 말했지요.

"도림, 네가 그동안 애를 많이 썼구나. 3만 명의 고구려 군대여 나를 따르라! 백제의 한성을 공격하러 가자!"

장수왕이 백제를 공격하러 온다는 사실에 놀란 개로왕은 후회를 했지만, 이미 때는 늦었답니다.

## 고종훈의 한국사 브리핑

### 인물 핵심 분석 ▶ 개로왕

QR 코드를 찍으면 고종훈 선생님의 강의를 볼 수 있어요.

시대 ▶ ?~475년
재위 기간 ▶ 455년~475년
국정 운영 스타일 ▶ 죽음으로라도 내가 벌인 어리석은 일에 책임을 진다.
가장 좋아하는 일 ▶ 바둑 두기
연관 검색어 ▶ 백제, 장수왕, 도림, 고구려 스파이
역사적 중요도 ▶ ★★★☆☆
시험 출제 빈도 ▶ 보통

**5세기 고구려의 광개토 대왕과 장수왕이 등장하면서 백제의 힘이 약해졌어요.**

백제의 21대 왕 비유왕은 고구려의 남진 정책을 막기 위해 신라와 힘을 합치는 나제 동맹을 맺었어요. 하지만 **고구려의 장수왕은 백제를 무너뜨리기 위한 계략을 세웠어요.** 이로 인해 백제는 위기를 맞이하게 되었답니다.

**개로왕은 고구려의 스파이에게 속고 말았어요.**

고구려에서는 바둑을 잘 두는 도림을 백제로 보내 백제가 힘을 키울 수 없도록 하였어요. 도림과 바둑을 두는 일에만 열중하던 개로왕은 도림의 꾐에 넘어가 무리한 공사를 추진하여 국가 재산을 탕진하고 말았어요. **이 틈을 타 고구려는 침략했고, 백제는 결국 한강 유역을 잃어버렸어요.**

**고구려에 의해 위기를 맞은 백제는 도읍을 옮겼어요.**

개로왕은 아들을 남쪽으로 도망가게 하고 자신은 끝까지 싸웠지만 전사하고 말았지요. **아들인 문주왕은 적의 공격으로부터 수비하기에 좋은 웅진(지금의 공주)으로 도읍을 옮겼지만 백제의 왕권은 점점 약화되고 귀족들의 권력 다툼은 계속되어 나라가 불안하였어요.**

# 05 무령왕

**백제의 보물 창고**

시대 462년~523년  재위 기간 501년~523년

## 타임라인 뉴스

| 462 | 501 | 503 | 512 | 521 | 523 |
|---|---|---|---|---|---|
| 출생하다 | 왕위에 오르다 | 말갈족을 물리치다 | 고구려의 침입을 막아내다 | 중국에 사신을 보내다 | 왕권 강화를 위해 노력하다 승하하다 |

# 1 인물 초대석

생방송 한국사

### 위기를 극복하고 국력을 회복한 무령왕!

백제 무령왕이 왕족들을 지방에 직접 파견하여 왕의 힘을 강하게 만들고 있다고 합니다! 또한 굶주린 백성들을 보살펴 주어 큰 인기를 끌고 있는데요. 나라의 힘을 회복하기 위해 노력했던 백제의 25대 임금, 무령왕을 스튜디오에 모시고 이야기를 나눠 보겠습니다!

무령왕

제 소개를 먼저 하겠습니다. 우리나라 역사책인 『삼국사기』에서는 제가 동성왕의 둘째 아들이라고 나와 있는데요. 일본의 역사책인 『일본서기』에서는 개로왕의 동생인 곤지 왕자의 양아들이고, 동성왕의 이복 형제로 기록되어 있어요. 저의 또 다른 이름은 '사마'왕이라고 하는데요. 섬을 뜻하는 일본어인 '시마'가 '사마'로 바뀐 거라고 하네요. 어떤 내용이 진짜인지는 알 수 없어도, 백제와 일본이 활발하게 교류를 했다는 사실만은 알 수 있겠죠?

**40세라는 다소 늦은 나이에 왕위에 올랐는데요. 당시 상황이 어땠습니까?**

선왕이었던 동성왕이 좌평 백가가 보낸 자객에 의해 죽임을 당했습니다. 그래서 저는 왕이 된 후 백가의 반란을 진압했지요.

### 왕이 된 후 여러 차례 고구려를 공격한 이유는 무엇입니까?

 고구려에게 백제의 강한 모습을 보여 주고 싶었습니다. 그래서 고구려의 성을 침략하기도 하고, 고구려군의 습격을 막아 내기도 했습니다. 백제와 고구려는 **한강** 지역, 황해도 등에서 치열한 접전을 벌였어요. 이로 인해 우리 백제인들의 자존심은 차츰 회복되었지요.

### 백성들의 삶을 보살피고 왕의 힘을 강하게 만들기 위해 특별히 신경 쓰셨다고 들었습니다.

 백제에 흉년이 잦았어요. 그때 나는 나라의 창고문을 열어 굶주린 백성들에게 식량을 나눠 주었습니다. 또한 거친 땅을 찾아내서 농토로 만들고, 벽골제라고 하는 저수지를 지었어요. 덕분에 백성들이 가뭄이 와도 걱정 없이 농사를 지을 수 있었지요. 또 지방의 중요한 지역 22곳에 왕족을 파견하여 직접 다스리게 하는 '담로'라는 제도를 시행했습니다. 그로 인해 왕의 명령이 지방까지 잘 전달될 수 있었고, 지방 귀족들의 힘을 억제할 수 있었답니다.

### 점차 해외로도 눈을 돌리셨다는데요. 어떤 나라와 교류하셨나요?

 그동안 친하게 지낸 일본뿐 아니라 중국 **남조**의 세 번째 왕조인 양과 교류를 했어요. 이를 통해, 백제의 국제적 위상을 높였지요.

### 무령왕은 40세에 왕에 올라 숨을 거둔 62세까지 백제를 안정시키고 나라의 힘을 기를 수 있도록 노력했습니다.

**한강과 백제**

한강을 빼앗긴 백제는 위기에 빠졌어요. 특히 한성을 중심으로 한 귀족 세력들과 웅진을 중심으로 한 새로운 귀족 세력들이 기싸움을 벌여 왕의 자리를 위협했습니다. 도읍을 웅진으로 옮긴 후 몇 대의 왕이 죽임을 당하기도 했답니다. 무령왕은 왕의 힘을 강하게 하기 위해 많은 노력을 했어요.

**남조**

당 멸망 후 중국 남쪽에 들어선 여러 왕조를 통틀어서 남조라고 해요.

## 2 헤드라인 뉴스

### 백제의 문화가 잠들어 있는 무령왕릉

속보입니다. 백제의 땅이었던 공주에서 엄청난 무덤이 발굴되었다고 합니다. 1971년, 백제왕의 무덤이 고스란히 발견되어 수많은 학자들뿐 아니라 세계를 놀라게 했습니다. 김역사 기자가 방송 최초로 무덤 발굴 이야기를 취재했습니다!

기적처럼 우리의 눈앞에 나타난 무령왕릉의 발굴 이야기를 전해드리겠습니다.

김역사 기자

충청남도 공주시에 있는 송산리 무덤군은 백제 왕족의 무덤이 모여 있는 곳입니다. 1971년 7월 5일, 사람들은 이미 조사가 완료된 다른 무덤들이 장마철 폭우로 손상되지 않도록 물 빼는 길을 터주는 공사를 하고 있었죠. 그런데 우연히 무덤의 입구를 막고 있던 벽돌이 보이는 게 아니겠어요? 깜짝 놀란 고고학자들은 그 벽돌을 치워 입구를 열었어요.

학자들은 무덤으로 들어가는 입구에 나란히 놓여 있던 돌판 위에 새겨진 글자를 하나씩 읽어 내렸습니다. 영동대장군 백제 사마왕(寧東大將軍 百濟 斯麻王), 그 글자는 이 무덤의 주인이 바로 백제의 25대인 무령왕이라는 걸 똑똑히 나타내 주고 있었거든요. 지금까지 무령왕릉은 역사의 기록에만 남아 있을 뿐 한 번도 세상에 발견된 적이 없었답니다. 보통 왕족의 무덤 안에는 진귀한 보물이 많기 때문에 **도굴꾼**들이 노리는 대상이 되곤 해요. 무령왕릉은 도굴하기 쉬운 무덤 구조였는데도 불구하고, 지금껏 도굴꾼의 손을 타지 않은 채 원래 모습 그대로 보존되어 있었어요.

　자, 이제부터 무령왕릉 안으로 직접 들어가 보시겠습니다. 무덤에 들어서면 왕의 무덤을 지키는 '진묘수'라는 동물을 만날 수 있어요. 진묘수 앞에는 무덤 주인의 정보가 적혀 있는 지석이 두 개 놓여 있지요. 지석에는 무령왕과 왕비가 살아있을 때 사용했던 이름, 사망한 해, 나이 등이 적혀 있어요. 덕분에 무령왕은 언제 태어났는지, 그리고 언제 죽었는지를 정확하게 알 수 있는 유일한 백제의 왕이기도 합니다.

▲ 무령왕릉의 진묘수

**도굴꾼**
몰래 왕족이나 귀족의 무덤을 파헤쳐 매장물을 파내는 것을 전문적으로 하는 사람

　지석 위에는 중국의 양에서 사용하던 오수전이라는 동전 꾸러미가 올려 있습니다. 이를 통해 무령왕이 양과 활발하게 교류를 했다는 걸 알 수 있는 흔적이네요. 이렇게 돈을 올려놓는 까닭은 죽은 사람들이 머나먼 저승으로 떠날 때 여행비가 필요하다고 생각해서예요.

　무덤의 방 안으로 들어가 볼까요? 무덤 안은 벽돌로 층층이 쌓아올려진 구조로 되어 있어요. 받침대 위에 두 개의 나무관이 나란히 놓여 있네요. 무령왕의 관은 방의 오른쪽에, 왕비의 관은 왼쪽에 놓여 있지요. 그리고 관 주변에는 다양한 보물이 어지러이 흩어진 채 놓여 있습니다. 옛날 고대 사회에서는 귀한 신분의 사람이 죽게 될 경우, 무덤에 그 사람이 생전에 사용하던 물건과 진귀한 보물을 함께 묻어 주곤 했거든요.

　무령왕릉은 다른 백제의 무덤들과는 다른 방식으로 만들었어요. 첫 번째는 무덤의 양식이 기존과 많이 달라요. 백제의 초기 무덤은 고구려의 영향을 받은 계단식 돌무지무덤이었어요. 그러다 점차 돌로 된 방을 만들고 그 위를 흙으로 덮는 굴식 돌방무덤으로 변해갔어요. 그런데 무령왕릉은 벽돌로 된 방을 만들고 그 위를 흙으로 덮어서 만들었어요. 벽돌무덤은 주로 중국 남조에서 만들던 무덤 양식이에요.

또 무령왕과 왕비의 시신이 담긴 관은 독특한 재질로 되어 있어요. 관의 재질이 '금송'이라는 나무로 되어 있는데요. 일본 남부 지역에서만 자라는 독특한 종이예요. 백제와 일본의 교류가 활발했음을 추측할 수 있겠죠?

기적처럼 발견된 무령왕릉은 백제 시대의 아름답고 뛰어난 문화를 알려주었을 뿐만 아니라, 백제+중국+일본 문화를 하나로 집대성하여 국제 사회 속의 백제의 위상이 어떠했는지 알 수 있게 해 줍니다.

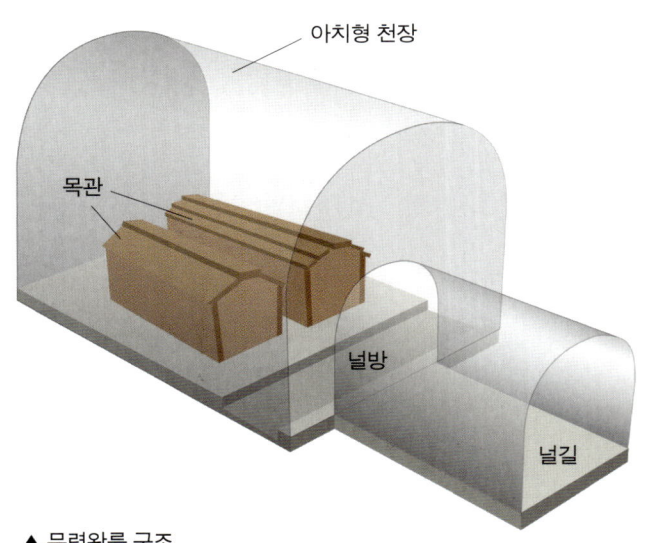

▲ 무령왕릉 구조

▲ 무령왕릉

## 무령왕릉의 보물을 찾아라!

▲ 무령왕의 금제 관식

무령왕릉에서 어떤 보물이 발견되었는지 살펴볼까요? 처음 백제 시대의 귀한 보물을 발굴했을 때는 세월의 흔적이 고스란히 남아 녹이 슬어 있었어요. 녹을 좀 벗겨내고 어떤 모습인지 다시 한번 살펴보겠습니다. 앗! 보물이 금빛으로 번쩍이기 시작합니다.

무령왕의 머리맡에는 왕관의 장식으로 사용했던 금관 장식이 발견되었는데요. 얇은 금판을 섬세하게 오려내 불꽃 모양으로 표현했네요. 금제 귀걸이 역시 금판을 오려 붙여 만들었어요. 각각 국보 154호, 156호로 지정되었습니다. 왕비의 왼쪽 팔목 부분에서는 두 마리의 용이 꼬리를 문 모양으로 섬세하게 조각된 은제 팔찌가 발견됐습니다. 왕의 허리 부분에는 용과 봉황이 조각된 환두대도가 발견됐고요. 환두대도는 칼의 손잡이 끝부분에 둥근 고리가 있는 칼을 말해요. 그밖에도 금동 신발, 금팔찌 등의 다양한 장신구가 함께 묻혀 있네요. 백제가 얼마나 뛰어난 금속 공예 기술을 가진 나라인지 알 수 있는 유물들입니다.

또한 왕과 왕비의 머리맡에는 머리 받침대인 두침이, 발쪽에는 발받침대인 족좌가 발견됐습니다. 청동 거울, 은잔 등 발견된 유물에 대해 다 이야기하려면 밤을 새도 부족할 거예요. 이 정도면 무령왕릉이 백제 문화의 보물 창고라고 불리는 이유를 알 수 있겠죠?

▲ 은제 팔찌

◀ 금제 귀걸이

# 고종훈의 한국사 브리핑

## 인물 핵심 분석 ▶ 무령왕

QR 코드를 찍으면 고종훈 선생님의 강의를 볼 수 있어요.

시대 ▶ 462년~523년
재위 기간 ▶ 501년~523년
국정 운영 스타일 ▶ 전쟁을 무릅쓰고 백제의 자존심을 회복한다!
가장 친한 나라 ▶ 일본
연관 검색어 ▶ 백제 일본 교류, 담로, 무령왕릉
역사적 중요도 ▶ ★★★★★
시험 출제 빈도 ▶ 높음

### 국력을 회복하고 나라의 체제를 정비했어요.

무령왕 때는 군사력을 키워 고구려를 적극적으로 공격했어요. 또한 남조의 양과 교류하여 문화 발전에 노력하였어요. 나라 안의 체제도 정비했는데, **지방에 22담로(국왕의 자제나 왕족을 보내 다스리게 한 행정 구역)를 설치하여 지방 통제를 강화하였어요.**

### 무령왕릉이 발견되었어요.

**무령왕릉의 발견은 한국의 고고학 역사에서 가장 규모가 큰 발견이었어요.** 무령왕릉에서는 무덤의 주인을 알려주는 지석과 진묘수, 중국 동전인 오수전, 금제 관식, 중국식 청동 거울, 중국 도자기 등 다양한 유물이 출토되었어요.

### 무령왕릉은 중국의 남조와 백제, 일본으로 이어지는 백제의 해상 교류를 보여주고 있어요.

무령왕릉은 중국 남조의 벽돌무덤 양식으로 만들어진 무덤이에요. 또 무령왕과 왕비의 시신을 모신 관은 일본에서 자라는 금송이라는 소나무로 만들어졌어요. **무령왕릉에서 출토된 유물을 통해 백제가 중국, 일본과 교류하였다는 것을 알 수 있답니다.**

# 06 성왕

**백제를 다시 일으키다**

시대 ?~554년    재위 기간 523년~554년

## 타임라인 뉴스

| ? | 523 | 538 | 551 | 553 | 554 |
|---|---|---|---|---|---|
| 무령왕의 아들로 태어나다 | 왕위에 오르다 | 도읍을 웅진에서 사비로 옮기다 | 고구려를 공격해 한강 유역을 차지하다 | 회복한 한강 유역을 신라에 빼앗기다 | 백제의 중흥을 위해 노력하다 승하하다 |

# 1 헤드라인 뉴스

생방송 한국사

백제, 두 번째 전성기를 맞이하다!

백제의 성왕이 웅진(지금의 공주)에서 사비(지금의 부여)로 도읍을 옮기고 나라의 이름을 일시적으로 '남부여'로 정했다는 소식입니다! 지금 백제는 새로운 희망에 가득 차 있습니다! 지금부터 두 번째 전성기를 맞이한 사비 시대의 백제 모습을 보시겠습니다.

무령왕의 뒤를 이어 백제 26대 왕이 된 성왕은 다양한 제도와 문물을 더욱 발전시켜 백제의 두 번째 전성기를 열었습니다!

김역사 기자

성왕에 대해서는 지혜롭고 학식이 높았으며 현명하게 일을 잘 판단했다는 이야기가 전해지고 있습니다. 그는 왕위에 오르면서 크나큰 결정을 하게 되는데요. 그것은 바로 도읍을 한 번 더 옮기는 것이었답니다.

백제가 웅진(지금의 공주)으로 도읍을 옮겼던 것은 장수왕의 공격으로 개로왕이 죽게 된 후 쫓기는 상황 속에서 급하게 결정을 내린 것이었어요. 웅진은 차령산맥과 금강으로 둘러싸여 있어 비좁았기 때문에 나라를 발전시키기 어렵다는 단점이 있었어요. 성왕은 금강이 흘러 수로 교통이 편리할 뿐 아니라 좀 더 넓은 벌판에 자리 잡은 사비(지금의 부여)로 도읍을 옮기기로 했습니다. 사비는 웅진보다 다른 나라를 공격하기 좋았고, 도시를 확장하기에도 유리했거든요. 또한 나라 이름을 부여 계승 의식을 내세워 일시적으로 '남부여'로 정했어요.

성왕이 나라 이름을 남부여로 고친 이유는 무엇일까요? 백제인들은 처음 온조왕이 고구려에서 내려와 백제를 세웠을 때부터 언제나 부여와 한 뿌리를 가진 나라라고 생각했답니다. 부여에서 내려온 사람들이 고구려를 세우고, 고구려에서 내려온 사람들이 백제를 세웠으니까요. 그래서 백제는 고구려의 후예가 아닌, 부여의 후예라는 걸 널리 알리면서 고구려와 제대로 싸워 보겠다는 결심을 한 것이지요.

그리하여 사비에서 새로운 백제가 시작되었어요. 이에 걸맞게 성왕은 나라의 제도를 정비하려고 했지요. 우선 중앙에 22부의 실무 관청을 만들어서 각각의 부서가 맡은 일을 직접 처리할 수 있도록 했어요. 또한 '5부 5방'이라고 해서, 도읍을 5부로, 지방을 5방으로 나누어 위에서 내리는 명령이 지방에도 잘 전달될 수 있는 **행정 체제**를 만들었어요.

무령왕에 이어 성왕 역시 중국의 양과 교류하면서 다양한 문화를 받아들이려 애썼어요. 그중 하나는 불교 문화였어요. 예전에 침류왕 때에도 중국 동진의 승려 마라난타가 백제에 불교를 전해준 적이 있었거든요. 당시 중국의 양은 찬란한 불교 문화를 꽃피운 강대국이었어요. 백제의 왕들은 이를 본받으면서 동시에 백제만의 독특하고 개성 있는 문화를 만들고자 했어요. 그래서 백성들이 불교를 믿도록 하여 온 나라가 정신적으로 통일될 수 있도록 이끌었지요.

중국 남조와 더불어 왜와도 계속 교류가 이어졌어요. 성왕은 앞선 백제의 불교문화를 일본에 전파한 왕이기도 해요. 552년에는 백제의 승려 노리사치계가 성왕의 명에 따라 일본으로 건너가 불상과 불경을 전해주기도 했답니다.

**행정 체제와 왕권**

행정 체제를 정비하면 나랏일이 정확하고 신속하게 돌아갈 수 있기 때문에 왕의 힘도 강해진답니다.

## 2 헤드라인 뉴스

### 백제 성왕, 한강을 되찾다?

속보입니다! 백제가 신라와 나제 동맹을 맺어 꿈에 그리던 한강을 되찾는데 성공했다는 소식인데요! 그런데 어쩐지 신라인들에게는 다른 꿍꿍이가 있는 듯합니다. 백제가 되찾은 한강을 무사히 지켜낼 수 있을지 관심이 집중되고 있습니다.

김역사 기자

> 백제를 안정적으로 발전시킨 성왕은 꿈에 그리던 한강을 되찾기 위해 필사적으로 노력합니다!

고구려가 남진 정책을 추진하여 위협을 느낀 신라와 백제는 오랫동안 동맹 관계를 유지했어요. 433년에 백제의 비유왕과 신라의 눌지왕이 처음으로 나제 동맹을 맺은 후 약 120년 동안 쭉 이어져온 거예요. 처음에는 고구려의 군사력이 워낙 강한지라 신라와 백제가 힘을 합친다고 해도 이길 수가 없었지요.

그런데 드디어 기회가 찾아옵니다. 540년 무렵에 고구려가 귀족들 간의 다툼으로 내부에 분열이 일어나면서 힘이 약해진 거예요. 그리하여 551년 백제의 성왕과 신라의 진흥왕은 힘을 합쳐 고구려를 공격해 한강 유역을 차지하는 데 성공합니다. 신라가 한강 상류 지역을, 백제가 한강 하류 지역을 차지했습니다. 성왕과 군사들은 76년 만에 한강을 되찾았다는 기쁨에 감격의 눈물을 흘렸을 거예요.

그런데 예기치 못한 일이 벌어져요. 백제와 고구려가 한반도의 중심 지역인 충주 땅을 놓고 치열한 다툼을 벌이고 있었는데요. 두 나라의 군사들이 지친 틈을 타서 신라 군대가 밀고 들어와 그 땅을 차지해 버린 거예요. 젊고 자신만만했던 신라의 진흥왕은 그런 식으로 백제와의 약속을 어기고 하나씩 땅을 차지해 2년 만에 한강을 전부 독차지해 버렸습니다.

　신의를 저버린 신라를 어떻게 해야 하는지를 놓고 백제의 왕과 신하들은 의견이 분분했어요. 이때 성왕의 아들이자 태자였던 부여창(훗날의 위덕왕)은 자신에게 군대를 주십사 왕에게 청했지요. 많은 신하들이 지금은 때가 아니라며 태자를 만류했지만, 창의 의지를 꺾을 수는 없었어요. 성왕은 창에게 군사를 내어줄 것을 허가했지요. 창은 3만 명의 대군을 끌고 **관산성**을 기습하여 빼앗는 데 성공했어요.

　그러나 이후 신라의 지원군이 모여들기 시작하며 점점 고립되기 시작했지요. 김유신의 할아버지인 신라 장군 김무력은 백제군을 향한 매서운 반격을 펼쳤어요. 성왕은 아들 창을 격려하고자 50여 명의 호위 병력만 이끌고 관산성으로 향했지요. 그러다가 그만 구천이라는 곳에 숨어 있던 신라의 매복병들에게 기습을 당하고 맙니다. 한 나라의 왕이 생포되다니 백제로서는 크나큰 실책을 저지른 셈이에요.

　신라의 노비 출신 장수 고도가 성왕의 목을 베었어요. 백제군은 왕과 대신들을 포함해 3만 명에 달하는 군사를 잃고 물러나야 했지요. 사비성에서 제2의 전성기를 맞이하며 문화 강대국을 꿈꾸었던 백제는, 결국 신라의 배신으로 한강을 되찾지 못하고 말았답니다. 나제 동맹은 무너지고 백제와 신라는 **철천지원수**가 되고 말았죠.

**관산성**
백제와 신라의 국경이 만나는 곳이며 교통의 요지라 자주 전쟁이 벌어지는 위험한 곳이었어요.

**철천지원수**
하늘에 사무치도록 한이 맺히게 한 원수

## 스페셜뉴스 10분 토론

### 관산성 전투, 배신인가? 아니면 실리적인 선택인가?

백제와 신라의 운명을 갈라 놓았던 관산성 전투, 치열했던 싸움만큼이나 양쪽 나라 사람들의 생각도 서로 많이 다를 것 같습니다. 오늘은 스튜디오에 백제의 태자 부여창 님과, 신라의 장군이자 김유신의 할아버지인 김무력 님을 모시고 어떻게 생각하시는지 들어보도록 하겠습니다. 먼저 태자 창의 이야기를 들어볼까요?

성왕의 아들 태자 부여창

백제와 신라는 120년이라는 오랜 시간 동안 동맹을 맺어왔습니다. 또한 백제의 도움 없이 신라 혼자의 힘으로는 절대로 고구려에 맞서 한강을 차지할 수 없었을 겁니다. 아무리 한강을 독차지할 욕심에 눈이 멀었다지만 나라 대 나라의 약속을 일방적으로 어기고 배신한 행동이 옳은 겁니까? 남을 속여서 자신의 이익을 챙기는 게 사기꾼이랑 뭐가 다릅니까?

신라 장군 김무력

말씀이 너무 지나치십니다. 우리 진흥왕은 신라를 발전시키기 위해서 어쩔 수 없이 백제를 배신할 수밖에 없었던 겁니다. 고구려와 백제가 바다와 대륙을 통해 중국의 새로운 문화를 배워 빠르게 발전해 나갈 때, 신라는 늘 한반도 구석진 곳에 고립되어 있었어요. 한강을 차지해야만 수로를 통해 중국과 연결될 수 있으니 신라가 한강을 탐내는 것은 당연한 일 아니겠습니까?

관산성 전투를 기억하십니까? 신라는 비겁하게 매복 작전으로 한 나라의 왕을 죽였을 뿐만 아니라, 심지어 노비 출신 장군의 손에 목숨을 잃도록 했습니다.

**시청자 의견**  ▶ [@신라 사랑] 신라가 하는 말 들었어? 얄밉긴 얄미운데 다 맞는 말 같아.  ▶ [@달려라 백제] 백제가

148  성왕 | 백제를 다시 일으키다

 그렇게 치면 관산성 전투는 백제가 신라를 먼저 공격한 것이지 않습니까? 관산성은 우리에게도 중요한 교통의 요지이기 때문에 절대 백제에게 넘겨줄 수는 없었단 말입니다. 그리고 매복도 하나의 작전입니다.

 신라 때문에 우리 백제는 76년 만에 되찾은 한강을 눈앞에서 다시 빼앗기게 됐습니다. 또 백제의 전성기를 다시 이끈 성왕을 잃어야 했죠. 저의 아버님인 성왕은 백성들의 존경을 받는 훌륭한 왕이셨습니다. 아버님의 비참한 죽음에 백제의 백성들은 크나큰 충격에 빠졌습니다. 제 마음이 얼마나 아팠으면 제가 왕에 오르기 전에 몇 년 동안 스님으로 지내려고 했겠습니까!

 성왕도 훌륭한 왕이지만 신라의 진흥왕이 한 수 위인 듯하군요. 진흥왕은 한강을 빼앗은 후에는 적이었던 고구려와 동맹을 맺기도 했지요. 영원한 적도, 영원한 동맹도 없는 겁니다. 그때그때 필요에 따라 적인지 아군인지 잘 판단하여 실리적인 이득을 챙기는 게 진정한 외교지요. 우리 신라는 점점 더 승승장구하여 동해안을 따라 함흥평야까지 진출하여 전성기를 맞이하였죠. 그동안 삼국 중 제일 뒤처졌던 신라가 관산성 전투 이후로는 한반도 내에서 주도권을 잡을 수 있게 됐습니다. 그리고 한강을 차지한 덕분에 삼국 통일을 할 수 있는 힘이 생겼죠. 강한 나라만이 살아남는 법이라고요!

 네, 두 분 모두 진정하세요! 양측의 입장을 잘 들었습니다. 관산성 전투로 인해 백제는 힘을 잃고, 신라는 강대국으로 성장하게 되었죠. 관산성 전투, 여러분은 과연 어떻게 생각하시나요?

라를 향한 복수에 성공할 수 있을까? ▶ [@삼국 만세] 으으, 이래서 전쟁이나 외교 문제는 복잡하다니까!

## 스페셜뉴스  체험! 역사 현장

# 백제 도읍 관광, 떠나보실래요?

백제를 건국한 온조는 한강 유역에 자리 잡아 빠르게 성장하였지요. 그러다가 고구려 광개토 대왕의 공격으로 한강 이북 지역을 잃게 되었고, 그의 아들 장수왕의 공격을 받아 한강 유역을 완전히 잃게 되었습니다. 그리하여 도읍을 웅진(지금의 공주)으로 옮기게 됩니다. 그 후 성왕이 백제의 도읍을 사비(지금의 부여)로 옮기면서 백제는 크게 세 번 도읍을 옮긴 나라가 됐습니다. 지도를 보면 위례성(한성) → 웅진 → 사비의 흐름으로 점점 남쪽 지역으로 내려가는 것을 볼 수 있지요. 지금부터 각각의 도읍을 탐방하며 백제 역사의 흐름을 느껴보도록 하겠습니다.

첫 번째로 방문할 곳은 위례성(한성)입니다. 백제 온조왕이 건국했을 때부터 개로왕이 전사할 때까지 약 5백 년간 도읍으로 있었던 곳이지요. 높은 곳에서 내려다보니 도심 가까이에 한강이 흘러가고 있네요. 물길로 중국의 사신들이 왕래하고, 세금을 걷는 배가 자유로이 오가고 있어 활기찬 모습이에요. 저 멀리 곡식이 자라는 풍요로운 벌판도 보이고요. 흙으로 만든 거대한 규모의 토성인 몽촌 토성과 풍납 토성도 보여요. 성 주변으로 백제 백성들이 살고 있는 움집과 기와집들이 넓게 펼쳐져 있습니다. 유력한 왕족과 귀족 가문의 무덤인 돌무지무덤도 세워져 있지요. 백제는 근초고왕 때 이르러 동아시아 최강국 중 하나였던 고구려를 꺾고 고국원왕을 전사시키는 등 국력을 과시합니다. 그러나 이후 고구려 장수왕의 남진 정책으로 개로왕이 전사하면서 한강을 내어 주고 말았어요.

▲ 몽촌 토성

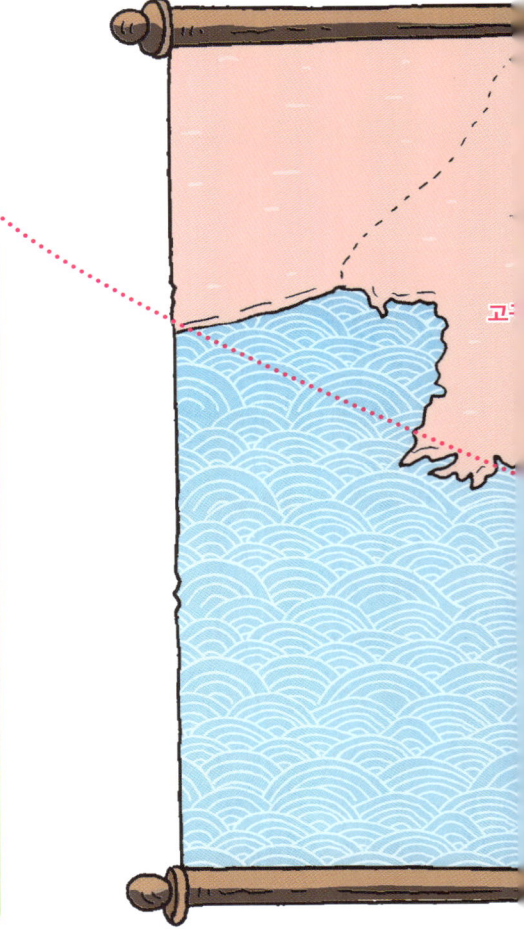

150 성왕 | 백제를 다시 일으키다

이곳은 충청남도 공주입니다. 개로왕이 죽고 문주왕이 급하게 도읍을 옮긴 곳이지요. 공주의 웅진성은 원래 토성으로 지어졌는데 먼 훗날 조선 시대 때 석성으로 바뀌었어요. 앞에는 아름다운 금강이 흐르고 뒤에는 산이 버티고 있어 농사 짓기도 편리하고, 적군이 쳐들어올 때 수비하기 편리한 천혜의 요새라고 할 수 있겠습니다. 그러나 공주의 지형 자체가 그리 넓지는 않아서 도시가 성장하기에는 한계가 있었어요. 게다가 웅진성 앞 금강으로 바다가 연결되지 않아서 무역을 하기에는 불편했습니다. 백제 때에는 웅진성으로 불렸다가 고려 시대 이후 공산성으로 불리게 되었어요.

▲ 공산성

이제 백제의 마지막 도읍 충청남도 부여로 가보실까요? 부여의 사비성은 성왕부터 의자왕까지 머물렀던 곳이에요. 사비는 웅진처럼 금강이 흐르고 산들이 둘러싸고 있어 도읍으로 제격인 곳이지요. 게다가 웅진보다 땅이 넓고 수로가 연결되어 무역을 하기에도 좋아요. 사비성 주변의 별궁에는 궁남지라는 연못이 있고, 농경지가 펼쳐져 있어요. 성왕이 불교를 진흥하기 위해 힘쓴 덕에 부여 지역에 불교 유적지들이 많이 남아 있는 것을 볼 수 있습니다.

◀ 궁남지

 고종훈의 한국사 브리핑

## 인물 핵심 분석 ▶ 성왕

QR 코드를 찍으면 고종훈 선생님의 강의를 볼 수 있어요.

시대 ▶ ?~554년
재위 기간 ▶ 523년~554년
가장 기뻤던 순간 ▶ 한강을 다시 되찾았을 때.
가장 미운 사람 ▶ 신라 진흥왕(감히 약속을 어기다니!)
연관 검색어 ▶ 22부, 5부 5방, 일본 불교 전파, 성왕 죽음, 남부여
역사적 중요도 ▶ ★★★★★
시험 출제 빈도 ▶ 높음

### 나라의 이름을 바꾸고 제도를 정비했어요.

성왕은 땅이 좁지만 수비하기에 유리했던 웅진(지금의 공주)을 떠나, 넓고 개방적 지형인 사비(지금의 부여)로 도읍을 옮겼습니다. 그리고 나라의 이름을 일시적으로 '남부여'로 바꾸었어요. 또한 중앙에 22개의 실무 관청을 만들어 행정을 분담했습니다.

### 일본에 불교를 전파했어요.

일본에 노리사치계라는 승려를 보내서 불경과 불상을 전해 주었어요. **고대 일본이 불교를 접하게 된 것은 바로 성왕의 지원 덕분이에요.**

### 한강을 찾았다 다시 빼앗기고 말았어요.

성왕 때 신라와 손잡고 고구려를 공격해 한강 하류 지역을 되찾았어요. 그러나 곧 동맹을 깬 진흥왕에게 빼앗기고 말았어요. 화가 난 성왕은 전쟁에 나섰지만 관산성 전투에서 전사하였지요. 이로써 백제의 부활은 끝이 나고 말았답니다.

# 1 헤드라인 뉴스

생방송 한국사

**백제의 서동, 신라의 선화 공주와 결혼!**

서동이 시장에서 아이들에게 마를 나누어 주며 '서동요'라는 노래를 퍼뜨리고 있습니다! 신라의 선화 공주와 결혼을 할 계획을 몰래 세우고 있다는데요. 과연 서동의 계획은 뜻대로 이루어질 수 있을까요? 훗날 백제의 무왕이 되는 서동의 이야기를 알아보겠습니다.

무왕의 어머니는 남편을 일찍 잃고 부여 남쪽 연못가에 살고 있었어요. 어느 날 그녀는 연못에 사는 용과 사랑을 나누고 아들을 낳았는데 그 아들이 바로 무왕이에요.

김역사 기자

무왕은 재주가 뛰어나고 그릇이 큰 아이였다고 합니다. 마를 캐서 시장에 내다 팔며 살았기 때문에 **맛둥**(서동)이라는 이름으로 불렸지요. 어느 날 서동은 신라 진평왕의 셋째 딸인 선화 공주가 아주 아름다운 미인이라는 소문을 듣게 돼요. 그리고 서동은 선화 공주를 아내로 삼고 싶다고 생각하지요. 평범한 사람들이라면 꿈도 못 꿨을 일일 거예요.

서동은 머리를 깎고 백제의 적대국인 신라의 도읍 금성(지금의 경주)으로 건너갔어요. 뭘 어쩔 셈이었을까요? 서동의 작전이 시작된 것이었어요. 서동은 신라의 장터에서 만난 아이들에게 자신이 캔 마를 공짜로 나눠 주며 관심을 끌었어요. 삽시간에 많은 아이들이 서동의 주변에 몰려들었지요. 그때 서동은 아이들에게 자신이 지은 노래를 따라 부르게 했습니다. 그 노래가 우리나라 최초의 향가인「서동요」입니다.

154 무왕 | 백제의 로맨티스트

> 선화 공주님은 아무도 모르게 시집을 가서
> 맛둥 서방을 밤에 몰래 안고 잔대요.

얼레리 꼴레리!「서동요」의 가사는 놀랍게도 선화 공주님이 서동과 몰래 사랑을 한다는 내용이었어요. 그 시대 최고의 스캔들이 아닐 수 없었지요. 파격적인 내용에 따라 부르기도 쉬웠던 모양이에요. 신라 사람들이라면 누구나 이 노래를 흥얼거리다 보니, 금성(지금의 경주) 전체가 들썩들썩 했지요.

소문이 궁궐까지 퍼지는 것은 순식간이었어요. 온 나라의 여론이 나쁘게 흘러가자, 진평왕은 선화 공주에게 해명할 기회조차 주지 않고 그녀를 궁 밖으로 내쫓았어요. 선화 공주의 어머니는 슬픔의 눈물을 흘리며 딸아이에게 한 덩어리의 금을 마련해 주었지요.

그런데 궁 밖을 떠나 절망에 빠져 있었던 선화 공주의 앞에 짠 하고 서동이 모습을 드러냈어요. 그리고서는 마치 아무 일도 모른다는 듯 태연하게 공주의 곁을 지켜주었지요. 공주는 그런 사정은 꿈에도 모르고 듬직하고 잘생긴 서동에게 마음을 열었어요. 선화 공주는 서동과 함께 그의 고향인 백제로 넘어왔어요.

하지만 선화 공주의 사랑을 얻은 것만으로는 아직 백제라는 나라의 왕이 되기에는 부족하지요. 서동은 어떻게 백제의 왕이 될 수 있었던 걸까요? 놀랍게도 선화 공주가 가지고 나온 금덩어리가 서동에게 힘을 실어줄 중요한 단서가 되었답니다.

**선화 공주**

선화 공주의 출신 역시 불분명해요.『삼국사기』에는 진평왕은 후에 선덕 여왕이 되는 첫째 딸과 둘째 딸까지만 등장하고, 셋째 딸이 있었다는 이야기는 빠져 있거든요.

**맛둥**

마를 캐는 남자 아이를 남편(또는 애인)으로 두는 것

　백제에 온 선화 공주는 서동에게 금덩어리를 보여주었어요. 아주 귀중한 것이라고 하면서요. 그러자 서동은 자신이 마를 캐는 산에는 금덩어리가 널려 있다고 하는 것이 아니겠어요? 선화 공주와 서동은 금덩어리를 모아 신라의 진평왕에게 보내기로 했어요. 하지만 금덩어리는 너무 무거웠어요. 그때, 용화산 사자사에 사는 지명 법사라는 사람이 도술을 부려 금덩어리를 하루만에 신라의 궁궐로 옮겨 주었답니다. 그 일로 서동은 신라 진평왕의 사위로 인정받았지요.

　서동의 활약은 백성들에게 널리 알려졌고, 결국에는 민심을 얻어 백제의 30대 왕인 무왕이 될 수 있었답니다.

　지금까지의 **서동 이야기**는 『삼국유사』에 실린 흥미진진한 이야기지만, 어떤 사람들은 이 기록이 거짓이라고 하기도 해요. 또 다른 역사서인 『삼국사기』에서는 무왕이 법왕의 아들이라고 되어 있거든요. 그런데 『삼국유사』에서는 과부와 용 사이에서 태어난 아들이라고 되어 있으니까요.

**서동 이야기**

서동 이야기는 『삼국유사』라는 역사책을 통해 전해지고 있어요. 그 내용이 신비하고 극적이라서 마치 설화처럼 느껴진답니다.

또한 서동과 선화 공주가 이어졌다는 건 백제와 신라가 결혼 동맹을 맺은 것으로 봐야할 텐데요. 그 점도 조금 이상해요. 무왕은 왕이 된 후로 줄곧 신라를 공격하는 모습을 보였거든요. 무려 12번에 달하는 공격을 승리로 이끌며 신라를 완전히 압박했어요. 두 사람이 정말로 결혼했다면, 무왕이 부인인 선화 공주를 위해서라도 신라에 대한 공격을 멈춰야 하지 않았을까요?

2009년에는 미륵사지 석탑을 어떻게 짓게 되었는지를 적어놓은 금판이 발견되었는데요. 그 기록에는 무왕의 부인이 신라의 선화 공주가 아니라 백제의 귀족 사택적덕의 딸이라고 되어있어요. 그렇다고 해서 서동과 선화 공주의 이야기를 완전히 꾸며낸 것으로 볼 필요는 없어요. 왕족 출신이지만 출세하기에는 어려움이 있었던 서동이, 자신의 재주와 강한 힘을 가진 처가의 도움으로 왕위에 오른 이야기로 볼 수도 있으니까요.

우여곡절 끝에 왕이 된 무왕은 성왕의 죽음으로 흔들리고 있던 백제 사회를 안정시켰어요. 또한 신라를 향한 거침없는 공격으로 강한 백제의 모습을 되찾게 해 준 왕이기도 했어요. 그러나 전쟁을 통해 왕권이 강해지자 대규모의 공사를 자주 해 나라의 돈을 낭비하기 시작했답니다. 사비성을 호화롭게 고치고, 왕궁 남쪽에 인공 연못을 파기도 해요. 거듭된 전쟁에 지치고 농사일도 바쁜 백성을 공사에 동원해 원성을 샀지요. 무왕은 재위가 끝날 무렵 자신의 고향인 전라북도 익산으로 도읍을 한 번 더 옮길 계획을 세우고, 거대한 절인 미륵사를 세웠답니다. 이렇게 무왕 시대를 뒤로한 채 백제의 마지막 전성기는 끝나 가고 있었습니다.

 **그때 그 물건**

# 백제 예술의 극치, 백제 금동 대향로.
# 백제 최초의 석탑, 미륵사지 석탑

### 백제 금동 대향로

먼저 소개할 작품은 바로 백제 금동 대향로입니다. 화려한 장식으로 예술성을 더하고, 과학적으로 설계되어 안정감을 갖춘 삼국 시대 예술의 최고 걸작이라고 할 수 있지요.

**쓰임새** 불당에 향을 피울 때 쓰는 향로였어요!
**발견 장소** 충청남도 부여 능산리 절터에서 발견되었습니다.
**모양** 전체 높이는 62.5cm이고, 매우 아름답고 화려한 모양이에요. 용 모양의 향로 받침, 연꽃이 새겨져 있는 향로의 몸체, 여러 겹의 높고 험준하게 솟은 산이 조각된 향로 뚜껑, 날개를 펼친 봉황 한 마리가 자리 잡고 있는 뚜껑의 윗부분 등 크게 4부분으로 이루어져 있지요. 용과 봉황의 움직임이 당장이라도 날아오를 듯이 힘찬 느낌을 줍니다. 나무와 바위, 폭포, 시냇물 등 신선들이 살고 있는 낙원의 모습을 세밀하고 화려하게 표현했어요.
**등장하는 것들** 향로 안에 얼마나 많은 것들이 새겨져 있는지 알면 깜짝 놀라게 될 거예요. 상상의 동물인 봉황과 용, 실제로 있는 동물인 새, 호랑이, 멧돼지, 사슴, 코끼리, 원숭이 등의 동물이 등장하고요. 다양한 악기를 연주하는 다섯 명의 악사들, 산책하는 신선, 동물을 타고 있는 사람, 낚시를 하는 사람 등 16명의 인물이 등장한답니다. 또한 폭포, 호수, 시냇물, 나무와 바위 등이 표현되어 있어요.
**과학적인 설계 방식** 아랫부분의 용 조각이 각각의 다리를 이용해 정삼각형 모양으로 향로를 튼튼하게 받쳐주고 있습니다. 향로의 전체 두께도 균일하고 향이 나오는 구멍 역시 과학적으로 배치되어 있어요!
**담겨 있는 사상** 연꽃 봉오리에서 세계가 펼쳐진다는 점에서 불교의 영향을, 신선들이 노니는 낙원의 풍경을 보여 준다는 점에서 도교의 영향을 받은 작품이에요. 불교와 도교의 영향을 골고루 받은 백제인들의 사상과 문화를 집대성했다고 볼 수 있어요.

▲ 백제 금동 대향로

## 미륵사지 석탑

다음은 우리나라에 남아 있는 가장 크고 오래된 석탑인 미륵사지 석탑입니다. 백제인들의 뛰어난 조탑 기술을 확인할 수 있는 유적이기도 해요. 지금부터 미륵사지 석탑의 뛰어난 가치에 대해 알아보도록 할게요!

**크기** 오랜 세월을 거치며 손상이 많이 되어 그동안은 7층 탑일 거라는 추측이 많았는데, 새롭게 발굴된 지붕돌과 바닥돌을 견주어 전체 비례를 다시 계산해 보니 9층탑으로 볼 수 있을 거라고 해요. 현재 높이는 14m 가량되는데, 아마도 모든 층을 다 복원하면 24m 정도 되는 높이일 것으로 예상되고 있습니다. 현재까지 남아 있는 석탑 중 가장 높은 탑으로 알려진 경주 감은사지 3층 석탑의 거의 두 배 크기예요.

**재료와 설계 방식** 미륵사지 석탑을 보면 우리나라 석탑이 초기에 어떻게 만들어졌는지를 알 수 있어요. 기존에 널리 만들었던 목탑의 형태를 '돌'이라는 재료를 이용해 그대로 본떠 만드는 방식이지요. 나무로 표현할 수 있는 가벼운 느낌을 돌을 이용해 표현하다보니 기둥이나 지붕, 처마를 표현하는 법이나 재료를 짜 맞추는 방식이 부드럽고 날렵한 느낌을 줍니다. 여러 개의 주변 기둥과 중심 기둥이 탑의 몸통을 받치는 구조, 사방으로 난 출입구 등을 보면 꼭 목조 건축물을 보는 듯하지요.

**특징** 신라에서 만들어진 석탑이 두꺼운 지붕돌과 받침돌을 사용하여 견고하고 묵직한 느낌이라면, 백제의 석탑은 얇은 지붕돌과 좁은 받침돌을 사용하여 화려하고 섬세한 느낌을 줍니다.

**의의** 미륵 신앙을 널리 알리기 위해 세운 이 탑은 불교의 사상을 깊이 있게 담아낸 예술 작품이라는 점에서도 의의가 있습니다. 미륵사지 석탑에서 선보인 백제인들의 뛰어난 조탑 기술은 이후 정림사지 5층 석탑 같은 단정하고 우아한 탑이 탄생할 수 있었던 밑거름이 되었습니다. 백제 멸망 후에도 다양한 탑들이 백제의 양식을 모방하여 만들어졌답니다.

◀ 미륵사지 석탑

 고종훈의 한국사 브리핑

## 인물 핵심 분석 ▶ 무왕

QR 코드를 찍으면 고종훈 선생님의 강의를 볼 수 있어요.

시대 ▶ ?~641년
재위 기간 ▶ 600년~641년
별명 ▶ 맛둥, 꽃미남 마장수, 전략 왕
가장 보고 싶은 사람 ▶ 선화 공주
좌우명 ▶ 용기있는 자가 미인을 얻는다.
연관 검색어 ▶ 서동요, 선화 공주, 신라 향가, 미륵사
역사적 중요도 ▶ ★★★☆☆
시험 출제 빈도 ▶ 보통

### 무왕에 대한 설화가 전해져 오고 있어요.

서동은 백제 무왕의 어릴 적 이름입니다. 서동은 신라의 선화 공주와 결혼하기 위해 금성(지금의 경주)에 왔어요. 아이들에게 자신과 선화 공주가 사랑하고 있다는 「서동요」라는 노래를 지어 부르게 하였고 「서동요」를 듣게 된 진평왕이 딸을 내쫓자, 공주를 백제로 데려와 결혼하였어요.

### 무왕은 다양한 업적을 남겼어요.

성왕 대에 쌓인 힘을 바탕으로 여러 차례 신라를 공격하였고 수와의 외교 관계를 통해 고구려를 견제하려 하기도 했지요. **무왕은 미륵사지 석탑을 세우며 백제의 힘을 과시했어요. 미륵사지 석탑은 목탑 형식을 띤 석탑이에요.** 하지만 무리한 토목 공사를 하여 백성을 힘들게 하기도 했어요.

### 미륵사지 석탑을 해체하는 과정에서 무왕의 부인에 대한 기록이 발견되었어요.

미륵사지 석탑을 보수하기 위해 해체하던 중 **미륵사지 석탑을 건립할 때 시주한 사람은 무왕의 부인인 사택 적덕의 딸이라는 기록이 나왔어요.** 서동요의 설화와는 조금 다르지요?

# 1 헤드라인 뉴스

### 백제의 마지막 왕, 의자왕

**삼천 궁녀**를 거느린 의자왕이 충신들의 충고를 듣지 않고 사치와 향락에 빠져 지내고 있다고 합니다. 그 사이 신라와 당의 나당 연합군은 백제를 침략할 계획을 세우고 있는데요. 크나큰 위기 앞에 놓인 백제의 운명은 어떻게 될까요?

의자왕이 처음부터 나라를 잘못 다스렸던 것은 아니에요.

김역사 기자

의자왕은 신라를 위협하는 백제의 뛰어난 왕 중 한 명이었습니다. 아마도 삼국의 왕들 중 의자왕처럼 큰 오해를 받는 왕도 없을 거예요. 술과 놀음에 빠져 백제를 멸망으로 이끈 왕이라고 말이죠. 하지만 역사라는 건 이긴 사람에게 유리한 기록이 남기 마련이에요. 삼국을 통일한 신라가 적국이었던 백제에 대한 기록을 나쁘게 남긴 경우가 많았거든요.

의자왕은 무왕의 아들로, 용감하고 담력이 뛰어나 일찍부터 능력을 인정받았습니다. 의자왕은 부모님에게 효도하고 형제 간의 우애가 깊어 '**해동증자**'라는 소리를 듣기도 했었지요. 왕위에 오른 의자왕은 왕권 강화에 걸림돌이 되던 귀족 세력을 즉시 추방하고 왕권을 강화했지요. 또한 지방을 돌아보면서 백성들을 위로하고 감옥에 있는 죄수들을 풀어 주었어요. 또한 나라를 잘 다스려 민심을 수습한 왕이었답니다.

의자왕은 아버지 무왕의 뜻을 이어받아 백제의 영토를 회복하기 위해 노력했어요. 즉위 초부터 나라가 멸망하기 5년 전까지 신라의 성을 40여 개나 빼앗았어요. 게다가 신라의 서쪽을 방어했던 중요한 성인 대야성을 공격해서 함락시켰죠. 그 전쟁으로 김춘추의 딸 고타소와 사위였던 김품석을 처형하는 공을 세웁니다. 또한 의자왕은 국제 정세를 잘 살펴서 고구려와 힘을 합쳐 신라를 공격하는 한편, 당에도 조공을 보내 나쁘지 않은 관계를 유지해왔어요.

그런데 의자왕이 왕에 오른 지 15년이 된 해부터는 향락에 빠지고 말았어요. 그러자 충신이었던 성충이 이를 말리고 나섰지요. 그러나 의자왕은 오히려 성충을 옥에 가두고, 임자 같은 간신들과 어울렸답니다. 게다가 자신의 서자 41명을 높은 벼슬자리에 앉혀 왕의 마음대로 정치를 하려고 했어요. 그에 반발한 귀족들과의 내부 다툼이 벌어져 나라의 힘이 약해지는 상황이 됐어요.

향락에 빠진 의자왕은 백제 밖 세상이 돌아가는 일에 대해서도 귀를 닫아 버렸어요. 나당 연합군이 결성되었다는 소식은 백제 입장에서도 걱정될 만한 일이었어요. 감옥에서 그 소식을 들은 성충은 미리 대비를 하자고 했어요. 하지만 의자왕은 성충의 충고를 받아들이지 않았어요. 북쪽의 고구려가 당의 침입을 몇 번이나 막아냈으니 앞으로도 별로 큰 문제가 없을 거라고 생각했던 거예요. 그러는 사이 나당 연합군은 힘을 키워 660년 백제에 쳐들어왔어요. 성충의 그 모든 우려는 결국 현실이 되고 말았답니다. 의자왕이 성충의 충고를 받아들여 침략을 막기 위해 노력했다면 어땠을지 아쉬움이 남습니다.

**삼천 궁녀**

삼천 궁녀에 대해 들어 보셨나요? 백제의 사비성이 함락되자 궁녀 3천 명이 낙화암에서 강물로 뛰어내렸는데 그 모습이 꽃잎이 흩날리는 것 같았다고 하죠. 하지만 역사 기록에는 그런 숫자가 전혀 나와 있지 않답니다. 조선 시대의 궁녀 수가 6백 명 정도에 불과했던 것으로 볼 때 사비성에 3천 명이나 되는 궁녀가 있었을 리는 없을 거예요. 후세 사람들이 과장되게 꾸며낸 이야기로 보면 될 것 같아요.

**해동증자**

의자왕을 부모에 대한 효를 강조했던 중국의 사상가 증자에 빗대어 부른 말이랍니다.

## 2 헤드라인 뉴스

**계백 장군의 5천 결사대와 황산벌 전투**

660년, 나당 연합군이 백제를 침입했습니다. 당의 13만 대군과 신라의 5만 군대가 동시에 침략한 상황입니다. 당황한 의자왕은 계백 장군에게 5천 명의 군사를 주어 황산벌로 가서 김유신의 5만 신라군을 막아달라고 부탁했습니다. 과연 누가 승리하게 될까요?

김역사 기자

의자왕의 명령을 받은 계백 장군은 전쟁터로 나가기 전 가족들을 자신의 손으로 죽였어요. 그만큼 백제의 상황은 절박했던 거예요.

계백은 황산벌에서 부하들을 모아놓고 말했습니다.

"오래 전 월의 왕 구천은 겨우 5천 명의 군사를 가지고 오의 70만 대군을 물리친 적이 있었다. 오늘 우리는 각자 혼신의 힘을 다해 싸워 내 나라 백제의 은혜에 보답해야 할 것이다."

계백은 황산벌의 험준한 산 위에 신라군이 통과할 수 없도록 방어 시설을 세워 버티는 전략을 세웠어요. 며칠 동안의 피비린내 나는 전투 끝에 백제의 5천 결사대는 신라군과 4번 싸워 4번 모두 막아 냈습니다. 당군과 약속한 시간에 사비성에서 만나기로 했던 신라군은 매우 조급해졌지요.

이때 한 청년이 신라의 힘을 보여 주겠다며 홀로 적진에 뛰어들었어요. **화랑** 출신인 16세의 관창이었지요.

의자왕 | 백제의 마지막 왕

관창은 곧바로 붙잡혀 계백 앞에 끌려갔어요. 그의 투구를 벗긴 계백은 관창이 어린 청년이라는 사실을 알고 깜짝 놀랐지요. 나라를 위해 목숨을 바치겠다며 홀로 적진에 뛰어든 용기가 대단하다고 생각했어요. 그래서 차마 죽이지 못하고 신라 진영으로 돌려보내 주었어요.

그런데 한 번 살려 보내 준 관창이 또 다시 백제 진영으로 뛰어들어 사로잡혔지 뭐예요. 화랑의 규칙인 '**임전무퇴**'를 지키고자 한 거예요. 계백 장군도 이제는 관창을 살려둘 수가 없었습니다. 관창을 죽이고 그 시체를 거두어 신라의 진영에 보냈지요. 어린 관창이 화랑의 명예를 다하고 죽었다는 소식에 신라군의 사기는 하늘을 찌를 듯이 올라갔어요.

결국 신라군 5만 명이 물밀 듯이 밀고 들어오자 계백 장군의 5천 결사대는 패배할 수밖에 없었어요. 김유신 장군이 이끄는 신라군은 사비성에서 당군과 연합하여 백제를 멸망시켰어요. 의자왕은 웅진성으로 도망쳤지만 나당 연합군에게 포위되어 결국 스스로 항복할 수밖에 없었어요. 어떤 기록에서는 의자왕이 직접 항복한 것이 아니라 믿었던 신하의 배신으로 항복하게 됐다고 하기도 해요.

백제가 멸망하고 의자왕과 신하들이 당으로 끌려가게 되었지요. 백제의 백성들은 의자왕의 마지막 모습을 보며 통곡하기 시작했지요. 의자왕이 나쁜 왕이기만 했다면 백성들이 그렇게 슬퍼할 리가 없었겠죠? 700년 백제의 역사는 이렇게 끝이 났답니다.

백제가 멸망하고 8년 뒤, 나당 연합군은 고구려도 멸망시켰습니다. 황산벌 전투에서 승리함으로써 신라는 삼국 통일로 나아가는 첫 걸음을 내딛은 셈이에요. 지금까지 황산벌 전투에 대한 소식이었습니다.

**화랑**
신라의 청소년 수련 단체를 말합니다. '화랑'은 '꽃보다 아름다운 남성'이란 뜻이에요.

**임전무퇴**
싸움에 임하면 물러서지 않는 것을 뜻하는 말로, 화랑은 임전무퇴의 정신을 중요하게 여겼답니다.

## 백제 부흥 운동을 둘러싼 두 왕자의 어긋난 운명

의자왕에게는 두 명의 아들이 있었어요. 한 명은 부여융이고, 또 한 명은 부여풍이었지요. 부여융은 태자로 책봉되었고, 부여풍은 일찍부터 일본으로 건너가 두 나라의 관계에 다리를 놓는 역할을 했어요.

두 왕자의 운명은 백제의 멸망과 함께 크게 엇갈리고 말아요. 백제 멸망 후 복신, 도침, 흑치상지 등의 인물들은 백제 부흥 운동을 일으켰어요. 특히 복신과 도침의 부흥군 세력은 나날이 커지더니 거의 3만 명에 달하게 되었답니다. 그들은 매서운 기세로 백제의 성 200여 개를 되찾았지요. 사비성을 되찾는 것도 멀지 않은 일처럼 보였어요.

이들은 일본에 있는 왕자 풍에게 새로운 백제의 왕이 되어 달라며 귀국을 요청했어요. 태자였던 융이 의자왕과 함께 당에 끌려가고 말았거든요. 그동안 바다 건너 일본에서 백제 멸망 소식을 듣고 두 발만 동동 굴렸던 왕자 풍은 즉시 일본 왕에게 부탁하여 백제에 구원군을 파견해 줄 것을 요청했어요. 그는 일본군과 함께 백제로 돌아와 부흥군 세력에 합류했지요.

의자왕 | 백제의 마지막 왕

그런데 승승장구하던 부흥군 내부에서 문제가 생겼어요. 의자왕의 사촌형제인 복신은 승려인 도침이 많은 공을 세우자 자신의 입지가 좁아지는 것이 못마땅한 나머지 그를 살해하고 말았습니다. 풍 왕자 역시 겉으로만 자신을 왕으로 내세울 뿐, 멋대로 권력을 휘두르는 복신을 미워해 결국 죽이고 말았지요.

한편, 부여융 왕자는 사비성 함락 후 아버지 의자왕과 함께 당으로 끌려갔어요. 백제 유민들이 부흥 운동을 한창 벌일 무렵, 당은 고구려를 멸망시키기 위한 전쟁에 여념이 없어 미처 백제까지 신경을 쓸 겨를이 없었지요. 당은 왕자 융에게 당이 지원을 해 줄테니 백제 부흥군을 무찔러 달라고 요청하지요. 자신의 나라를 부흥시키려는 세력을 막아달라는 요청을 왕자 융은 받아들였을까요? 그런데 놀랍게도 왕자 융은 당의 제안을 받고 출전했어요. 백제의 두 왕자가 서로를 향해 칼을 겨누게 된 셈이에요.

왕자 융은 당의 장군 유인궤와 함께 수군을 이끌고 백제 부흥군이 있는 주류성을 침략했어요. 자기들끼리 서로 다투느라 힘이 약해진 부흥군을 무찌르는 것은 쉬운 일이었어요. 백제 부흥군이 백마강 전투에서 크게 패배하자 백제 부흥 운동은 막을 내릴 수밖에 없었어요. 왕자 풍은 고구려로 피신하여 다시 전쟁을 준비하려고 했지요. 그러나 이후 고구려마저 멸망하게 되었어요. 결국 왕자 풍은 당에 포로로 끌려가 유배되었고 쓸쓸하게 생을 마감할 수밖에 없었지요.

또 다른 부흥군 세력이었던 흑치상지의 군대는 끝까지 나당 연합군에 맞서 싸웠지만, 왕자 풍의 부흥군이 무너지자 당에 항복하고 맙니다. 심지어는 저항하는 다른 부흥군을 물리치는 악역이 되기도 하지요.

왕자 융은 그 후 당이 백제의 옛 땅에 설치한 웅진도독부의 우두머리가 되었어요. 왕자 융은 어째서 같은 백제인들의 부흥 운동을 막으려고 했던 걸까요? 당의 지원을 받아 신라를 몰아 낸 후 나중에 백제를 부흥시키려고 했다는 이야기도 있지만, 아마도 그건 사실이 아닐 것 같아요. 끝까지 당에 저항하다가 유배되어 죽음을 맞이한 왕자 풍과 달리, 왕자 융은 당에서 대접받으며 호화로운 삶을 살았거든요.

# 고종훈의 한국사 브리핑

## 인물 핵심 분석 ▶ 의자왕

QR 코드를 찍으면 고종훈 선생님의 강의를 볼 수 있어요.

- 시대 ▶ ?~660년
- 재위 기간 ▶ 641년~660년
- 별명 ▶ 해동증자, 바람둥이
- 가장 믿는 사람 ▶ 계백
- 나의 마음은? ▶ 초지일관 할 걸…
- 연관 검색어 ▶ 백제 마지막 왕, 낙화암, 삼천 궁녀
- 역사적 중요도 ▶ ★★★★★
- 시험 출제 빈도 ▶ 높음

### 백제가 멸망하고 말았어요.

의자왕은 초반에 정치를 잘했어요. 의자왕의 공격을 받은 신라는 당과 동맹을 맺어 백제를 공격하였어요. 신라와 백제는 황산벌에서 맞붙었는데 계백의 결사대는 김유신이 이끈 신라군에게 패했습니다. **나당 연합군이 사비성을 함락하자 의자왕은 웅진성으로 도망갔다가 그후 항복하고 말았어요.**

## 인물 관계 분석

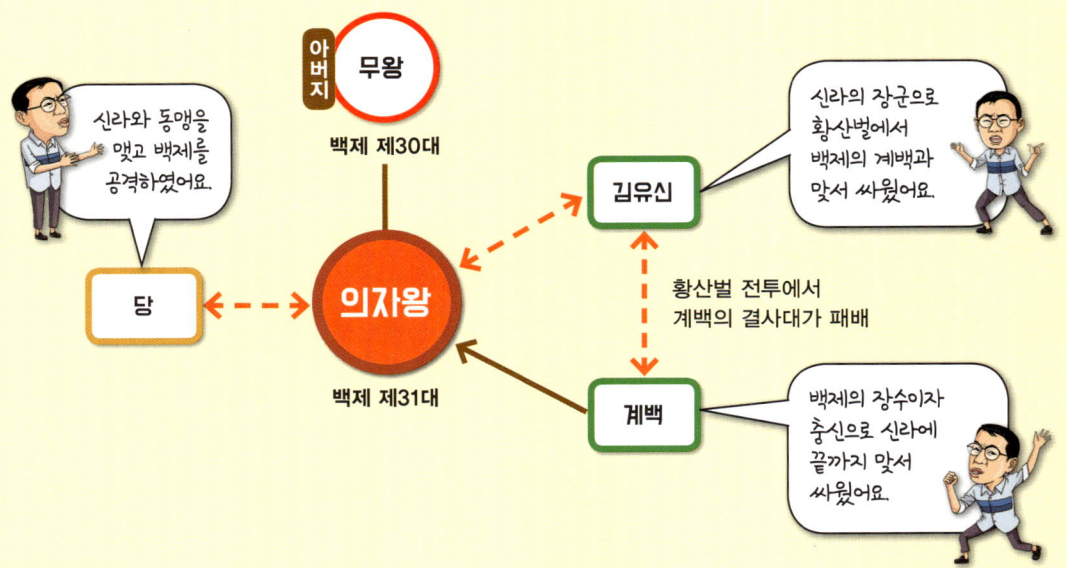

# 신라

한반도의 구석에서 성장해 삼국을 통일한 나라 신라!

천 년을 이어 온 신라의 역사가 화려한 금관만큼이나 빛을 발하며

우리 정신 속에 아직까지 이어지고 있습니다.

신라만의 독특한 제도에는 어떤 것들이 있을까요?

그리고 어떻게 삼국 간의 경쟁에서 주도권을 잡을 수 있었을까요?

김역사 기자가 자세히 전해드립니다.

## 01 박혁거세 — 신라를 세우다

**시대** 기원전 69년~4년  **재위 기간** 기원전 57년~4년

### 타임라인 뉴스

| 기원전 69 | 기원전 57 | 기원전 41 | 기원전 37 | 기원전 20 | 4 |
|---|---|---|---|---|---|
| 출생하다 | 왕위에 오르다 | 6부족을 돌며 부족들의 상황을 살피다 | 금성 주변에 성을 쌓다 | 마한에 대응할 정도로 국력이 성장하다 | 신라 건국의 업적을 남기고 승하하다 |

# 1 헤드라인 뉴스

### 신라 건국 이야기의 주인공, 박혁거세

경주의 한 마을에서 놀라운 소식이 전해졌습니다. 하얀 말 한 마리가 남겨 두고 간 알에서 건강한 사내아이가 태어났다는 소식인데요. 여섯 마을의 촌장들은 아이를 새로운 임금님으로 모시고자 한다는군요. 자세한 소식을 알아보도록 하겠습니다!

경주 지방에 있는 **여섯 마을** 사람들은 평화롭게 살아가고 있었어요. 이들을 사로 6촌이라고 해요. 신라는 여섯 마을의 촌장들이 서로 회의를 하여 한 명의 대표를 뽑아 나라를 다스리는 연맹체로 출발했답니다.

촌장들은 나라의 힘을 한데 모으고 좀 더 강하게 만들어 줄 왕이 필요하다고 생각하게 되었지요. 그러던 어느 날 고허촌 마을의 촌장은 나정이라는 우물 옆에 있는 숲에서 번쩍이는 빛을 발견했어요. 자세히 보니 우물 옆에 하얀 말이 무릎을 꿇고 앉아 울고 있는 게 아니겠어요? 그 모습이 하도 신비로워서 가까이 다가갔더니 하얀 말은 이미 하늘로 올라가 버려서 온데간데없이 자취를 감추어 버렸고, 그 자리에는 커다란 알 한 개만 덩그러니 놓여 있었답니다. 촌장들이 알에 손을 대자, 껍질이 깨지면서 그 속에서 건장하고 잘생긴 사내아이가 태어났지 뭐예요.

신라 역시 다른 나라들처럼 신비롭고 흥미진진한 건국 이야기를 가지고 있답니다.

김역사 기자

**여섯 마을**
알천 양산촌, 취산 진지촌, 무산 대수촌, 돌산 고허촌, 금산 가리촌, 명활산 고야촌 이렇게 여섯 마을이 있었답니다.

**계룡**
모습이 닭처럼 생긴 용이에요.

촌장들은 아이를 동쪽 개울로 데려가 목욕을 시켰지요. 그런데 아이의 몸에서 빛이 나더니 모든 새들이 춤을 추고 하늘과 땅이 울리며 크게 흔들렸어요. 그리고는 해와 달이 더욱 환하고 밝게 뜨는 것이 아니겠어요? 이를 본 여섯 촌장들은 '하늘이 보내 준 아이'가 틀림없다며 크게 기뻐했어요. 또한 아이의 이름을 '박혁거세'라 지었지요. 아이가 태어난 알이 커다란 박처럼 생겼다고 해서 성씨를 '박'씨, 세상을 '빛으로 환하게 밝혀 다스릴 사람'이라는 뜻에서 '혁거세'라고 지은 거랍니다.

그런데 혁거세가 태어나던 날, 또 다른 신비한 일이 벌어졌습니다. 사량리에 있는 우물가에 **계룡** 한 마리가 나타났답니다. 더 신기한 건 계룡이 오른쪽 겨드랑이 갈비뼈 밑으로 여자 아이를 낳은 거예요. 얼굴이 무척 곱고 아름다웠는데, 입술이 닭 부리처럼 생긴 아이였어요. 한 할머니가 아이를 북쪽에 있는 개울로 데려가 목욕을 시켰더니 부리가 똑 빠지면서 예쁜 얼굴이 되었어요. 여자 아이의 이름은 태어난 우물의 이름을 따서 '알영'이라고 지었습니다.

여섯 마을 촌장들은 경주에 궁궐을 짓고 신비롭게 태어난 두 아이를 정성스럽게 보살폈습니다. 그 후 13세가 된 박혁거세는 알영을 왕비로 맞아들이고 새로운 나라인 '서라벌'을 세웠습니다. 서라벌은 서벌, 서나벌, 사로, 계림 등의 다양한 이름으로 불리기도 했지요. 신라라는 이름은 그로부터 몇 백 년이 흘러 6세기 지증왕 때 처음 사용된답니다.

기원전 57년, 훗날 신라로 불리게 되는 나라가 탄생하는 순간이었어요. 고구려의 주몽보다는 20년 빠르게, 백제의 온조보다는 40년 빠르게 나라를 세운 거랍니다. 세 나라 중에 신라가 제일 먼저 세워진 거예요.

박혁거세가 다스리는 서라벌은 창고가 가득 차서 풍요로웠다고 해요. 특히 백성들이 왕을 잘 따르고 존경했다고 하지요. 혁거세는 61년 동안 평화롭게 나라를 다스린 후 목숨이 다 해 하늘로 돌아갔어요. 그런데 신비했던 탄생만큼이나 그의 죽음 역시 놀라웠답니다. 박혁거세가 하늘로 올라간지 7일 뒤에, 하늘에서 따로따로 조각난 그의 시신이 땅에 떨어지는 일이 벌어졌어요. 사람들이 왕의 시신을 모아 무덤에 묻고 장례를 치르려고 하자, 어디선가 거대한 뱀이 나타나 사람들의 일을 방해하는 게 아니겠어요? 어쩔 수 없이 서라벌 사람들은 왕의 조각난 시신을 각각 다섯 개의 무덤으로 나누어 묻어주었습니다. 그래서 박혁거세의 무덤을 다섯 개의 무덤이라 하여 '오릉'이라고 부르기도 하고, 뱀의 방해로 생긴 무덤이라 하여 '사릉'이라 부르기도 한답니다.

지금까지의 이야기는 『삼국유사』에 전해지는 신라의 건국 이야기입니다. 신라의 건국 이야기는 고구려의 건국 이야기처럼 알에서 태어난 아이가 한 나라를 세우는 왕이 되는 이야기랍니다. 조상들이 알에서 태어나는 이야기를 특별하게 생각한 이유는 고구려 주몽 뉴스 때도 다룬 적이 있을 거예요. 둥근 알은 곧 태양을 의미했기 때문에, 알에서 태어난 사람은 하늘에서 내려준 신의 아들이라고 믿었던 거지요. 또한 나라를 세우는 사람을 특별하게 만들어서 백성들이 왕을 더 잘 따를 수 있게 하기 위함이었어요.

경이롭고 놀라운 건국 이야기로 신라의 문을 연 박혁거세 이야기, 잘 들으셨나요? 박혁거세는 신라 최초의 왕이었어요. 그리고 오늘날 박씨 성을 가진 사람들의 **시조**이기도 하답니다.

**시조**
가장 맨 처음 조상을 뜻하는 말이에요.

 스페셜뉴스 인물 포커스

# 석탈해와 김알지 탄생 이야기로 알아보는 신라의 3성, 박·석·김

### 석탈해 탄생 이야기

신라 밖 머나먼 곳에 '용성국'이라는 나라가 있었어요. 그 나라 왕의 가장 큰 고민은 후계자인 아들이 없다는 것이었는데요. 7년 만에 겨우 왕비가 임신을 하게 되어 무척 기뻐했습니다. 그런데 열 달이 지나 왕비가 낳은 것은 커다란 알이었지 뭐예요. 실망한 왕은 알을 내다 버리도록 시켰지만, 왕비는 알을 차마 버릴 수 없어서 알과 일곱 가지의 보물을 비단으로 감싸 상자에 넣은 후 배에 실어 멀리 띄워 보냈답니다. 파도에 실려가는 내내 붉은 용 한 마리가 나타나 상자를 보호해 주기도 했다나요.

상자는 흘러흘러 진한의 아진포 바닷가에 도착했어요. '아진의선'이라는 이름을 가진 할머니가 까치 울음소리를 듣고 상자를 발견해 열어보니, 키가 거의 90cm, 석 자나 되는 잘생긴 아이가 눈부신 빛 속에 앉아있었습니다. 할머니는 아이에게 까치를 뜻하는 한자인 까치 작[鵲]에서 오른쪽 변을 떼어 '석(昔)'이라는 성씨를, 상자를 벗어나 알에서 태어났다는 뜻으로 '탈해'라는 이름을 지어 주었대요. 사내아이는 자라나면서 학문을 갈고 닦아 훌륭한 인물로 자랐습니다. 그의 뛰어난 능력은 신라 남해왕의 귀에까지 전해졌답니다. 남해왕은 자신의 딸과 석탈해를 결혼시키고 나랏일을 맡겼어요. 그 후 남해왕에 이어 유리왕까지 차례대로 왕을 지낸 후, 마침내 석탈해가 신라의 4번째 왕에 오를 수 있었습니다.

석탈해는 왕족이 아니었는데도 왕위에 올랐을 뿐 아니라, 자신의 탄생을 이야기로 남길 수 있었어요. 그만큼 많은 사람들이 우러러보는 대단한 사람이었을 거예요.

 **174** 박혁거세 | 신라를 세우다

## 김알지 탄생 이야기

어느덧, 석탈해가 왕위에 오른 지 9년이 지났어요. 궁궐에서 일하던 호공이 반월성 너머 서쪽 마을을 지나가는데, 시림이라는 숲 속 한가운데에 커다란 빛이 보이는 게 아니겠어요? 그때 호공의 시선을 잡아끈 것은 시림 숲 위에 드리워진 자줏빛 구름이었어요. 호공이 좀 더 가까이 다가가서 보니, 구름 속에 황금 궤짝 한 개가 나뭇가지에 걸려 있었어요. 궤짝은 눈부시게 빛이 나고 있었고, 하얀 닭 한 마리가 나무 밑에서 울고 있었지요.

"왕이시여, 시림 숲 속 한가운데에서 신비로운 광경을 보았사옵니다."

호공은 자신이 본 놀라운 광경을 탈해왕에게 알렸어요. 나라에 좋은 일이 있을 것을 예감한 탈해왕은 친히 시림 숲으로 찾아가 궤짝을 열어보았어요. 궤짝 안에는 눈부신 빛과 함께 사내아이가 나왔답니다. 탈해왕은 아이를 안고 궁궐로 돌아왔어요. 그리고 하늘이 내려보낸 아이라 하여 태자로 삼고, 아이의 이름도 지어주었어요. 황금 궤짝에서 나왔다고 해서 '김(金)'씨 성을 붙였고, 지혜가 뛰어나다는 뜻의 '알지'라는 이름을 지었지요. 즉, 김알지는 '금으로 만든 상자 안에서 태어난 지혜로운 아기'라는 뜻이랍니다.

탈해왕은 알지를 태자로 삼았지만, 알지는 왕의 자리를 유리왕의 아들 파사에게 양보해요. 그럼에도 김알지는 경주 김씨 가문의 시조가 되어 신라 왕족의 역사에 오래도록 영향을 미치게 됐어요.

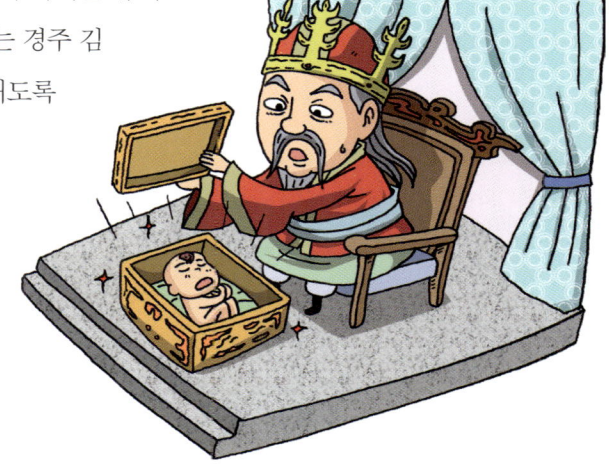

신라를 처음 세운 왕은 박혁거세였어요. 그리고 처음에는 박, 석, 김씨가 돌아가면서 왕을 했지요. 하지만 내물 마립간 이후로부터는 경주 김씨 가문이 왕을 세습하여 가장 많은 왕을 배출하게 된답니다. 어떻게 보면 김알지는 신라 왕들의 진정한 시조인 셈이에요!

 고종훈의 한국사 브리핑

## 인물 핵심 분석 ▶ 박혁거세

QR 코드를 찍으면 고종훈 선생님의 강의를 볼 수 있어요.

신라를 세운 **박혁거세**

**시대** ▶ 기원전 69년~4년
**재위 기간** ▶ 기원전 57년~4년
**별명** ▶ 서라벌 왕, 알 아기, 신비한 왕
**가장 보고 싶은 사람** ▶ 알영
**남기고 싶은 말** ▶ 나는 하늘이 내린 왕이다.
**연관 검색어** ▶ 박씨 시조, 알영, 서라벌, 신라 신화
**역사적 중요도** ▶ ★★★★★
**시험 출제 빈도** ▶ 높음

기원전 57년, 박혁거세가 신라의 왕이 되다

### 박혁거세가 나라를 세웠어요.

서라벌은 신라의 옛이름이에요. **박혁거세는 알에서 태어났어요. 그는 여섯 마을을 대표하는 임금이 되었지요.** 이후 신라는 마한과 대등한 관계를 유지할 정도로 성장하였답니다. 신라 초기에는 박, 석, 김씨가 교대로 왕위를 차지하였지만 내물 마립간 이후부터는 김씨의 왕위 세습이 확립되었어요.

## 인물 관계 분석

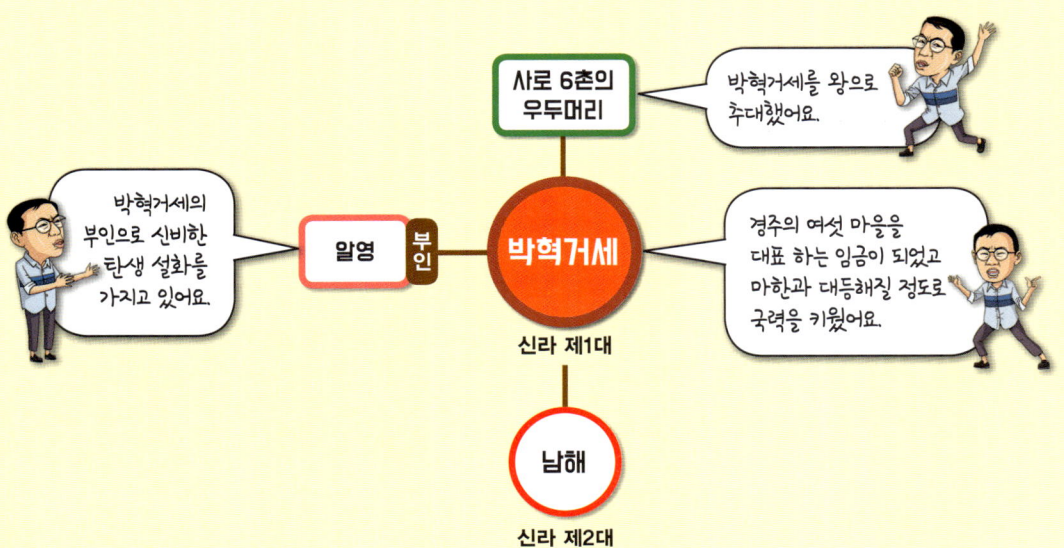

# 1 헤드라인 뉴스

생방송 한국사

**신라의 기틀을 세운 왕, 내물 마립간**

속보입니다! 백제의 후원을 받은 왜의 침략으로 신라가 위기를 맞이했습니다! 신라의 내물 마립간은 고구려의 광개토 대왕에게 군대를 보내주십사 도움을 요청한 상황인데요. 과연 고구려는 신라를 구해줄 수 있을까요?

호우명 그릇에 광개토 대왕의 이름이 적혀 있긴 하지만 호우명 그릇이 만들어진 건 장수왕 때랍니다.

김역사 기자

신라 초기의 역사를 이렇게 훌쩍 건너 뛴 이유는 그때까지 신라가 고대 국가로 발전을 이루지 못했기 때문이에요. 신라가 백제나 고구려보다 발전이 많이 늦어질 수밖에 없었던 데에는 여러 이유가 있었죠. 우선, 한반도 동남쪽에 위치한 탓에 육로로는 고구려에게 가로막히고, 해상으로는 백제로부터 가로막혀 강대국인 중국과 교류하기 어려운 점이 있었어요. 다른 나라들이 중국의 문물과 제도를 배워 빠르게 고대 국가로 성장해 나갈 때 신라만 홀로 고립되어 있었던 거죠.

또한 박·석·김씨의 3성이 번갈아가며 왕위를 물려받다보니 왕의 힘이 강해지기 어려웠어요. 게다가 건국 이야기에도 등장했던 여섯 마을의 힘이 강해 왕이 나라의 제도를 정비하고 정복 전쟁을 이끌어 나가기에도 어려움이 있었어요.

**178** 내물 마립간 | 고구려의 힘을 빌려 위기를 막아 내다

내물 마립간이 왕위에 올랐던 4세기, 삼국의 정세는 빠르게 변화하고 있었어요. 한강 유역에서 빠르게 성장한 백제는 근초고왕의 등장으로 일찌감치 전성기를 맞이했지요. 고구려도 소수림왕이 국가의 기틀을 잡으며 나라의 힘을 키워가고 있었고요. 게다가 소수림왕의 다음다음 왕은 고구려를 동아시아 최대 강국으로 키워낸 광개토 대왕이었답니다.

상황이 이렇다보니 내물 마립간은 고구려와 백제라는 강한 나라들의 틈바구니에서 신라를 지켜내야 하면서도, 한시라도 빨리 신라를 고대 국가로 발전시켜야 하는 중요한 사명을 지니고 있었어요. 특히 신라를 자주 괴롭혔던 것은 바다 건너 왜였어요. 왜는 걸핏하면 신라를 쳐들어와 노략질을 일삼았는데, 나중에는 아예 백제와 연합을 맺고 대대적으로 신라와 가야를 공격하기 시작합니다. 364년에도 대규모 침공을 했고, 393년에는 도읍인 금성(지금의 경주)을 5일 동안이나 포위하기도 했지요.

왜를 상대하기도 벅찬 마당에, 마한을 정복하고, 고구려의 고국원왕을 죽이는 등 그 세력을 떨치고 있었던 백제가 왜를 후원한다니 신라로서는 무척 부담되는 상황이 아닐 수 없었어요. 급기야 400년 백제의 선동으로 또 한 번 왜가 침략했을 때는 도읍인 금성을 단번에 빼앗기는 등의 국가적인 위기 상황에 놓이게 됩니다.

그래서 신라는 고국원왕의 죽음으로 백제와 사이가 나빠진 고구려에 도움을 요청하기로 결심했어요. 귀족 이찬 대서지의 아들인 실성을 고구려에 볼모로 보내며 군대를 보내 달라 했지요. 광개토 대왕의 입장에서도 한반도 남쪽에 영향력을 키워나가는 백제가 눈엣가시가 아닐 수 없었어요. 광개토 대왕은 신라를 구원하고 백제를 견제하기 위해 흔쾌

### 신라의 고대사

신라 제1대 왕인 박혁거세 다음에 소개해 드릴 왕은 무려 17대 왕인 내물 마립간입니다. 시간도 400년 가까이 흐른 4세기이지요. 또 고구려는 2세기 태조왕 때 고대 국가의 기틀을 다지고, 백제는 3세기 고이왕 때 중앙 집권적 고대 국가로 발전하는데, 신라는 아직 4세기가 되도록 고대 국가의 기틀을 이루지 못하고 있었어요.

히 동아시아 최강의 **철갑 기병대**와 보병을 합쳐 총 5만 명을 보내 주기로 결정했습니다.

백제의 후원을 받은 왜는 신라를 공격하려다 무시무시한 고구려 군대의 진격에 제대로 맞붙어 보지도 못하고 황급히 가야로 후퇴해요. 신라의 도읍 금성을 되찾은 고구려군은 왜군을 끝까지 쫓아 금관가야가 있는 김해 지역까지 들어가지요. 결국 이 사건으로 금관가야가 쇠퇴해요.

고구려의 군사력에 의존한 대가로 신라는 한층 더 고구려의 영향 아래 속하게 되었지요. 사실상 속국이 된 거나 마찬가지였답니다. 신라의 땅에는 고구려 군대가 남아 있게 됐고, 신라의 귀족이나 왕족 출신 아이들은 고구려에 볼모로 보내지곤 했어요. 그 무렵 신라와 고구려의 관계를 잘 나타내 주는 것이 바로 호우명 그릇입니다.

호우명 그릇은 경주 호우총에서 발견됐어요. 호우명 그릇에는 광개토 대왕의 이름이 새겨져 있는데요. 왕족이나 귀족들의 거대한 무덤 안에 남아 있던 광개토 대왕의 이름이 적힌 그릇을 통해 두 나라의 관계를 알 수 있지요. 비록 신라는 고구려에게 조공을 바치는 속국이 되었지만 그로 인해 고구려의 보호를 받으며 멸망을 피할 수 있었던 현실적인 이득도 있었어요. 또한 신라보다 선진국이었던 고구려와의 교류를 통해 다양한 문물과 제도가 들어왔고, 고구려군이 다녀간 이후 왕위 계승에도 큰 영향을 받게 되었죠. 또한 신라는 고구려를 통해 중국과 사신 교류를 하게 되었답니다.

**철갑 기병대**
쇠붙이를 겉에 붙여 지은 갑옷을 입고 말을 타고 싸우는 군사들로 이루어진 부대

▲ 호우명 그릇

고구려의 힘을 빌려 위기를 막아 낸 신라. 신라는 내물 마립간 때 비로소 고대 국가로서의 발전도 이루게 되는데요. 특히 다양한 제도의 정비를 통해 왕의 힘이 강해진 모습을 확인할 수 있답니다.

그중 첫 번째는 마립간이라는 칭호를 사용한 거예요. 그동안 신라는 '왕'이라는 칭호 대신 거서간-차차웅-이사금이라는 칭호를 사용해왔는데요. 내물 마립간 때 처음으로 '마립간'이라는 칭호를 사용하기 시작했어요. 『삼국사기』에 따르면 '마립'은 '말뚝'이라는 뜻인데요. 말뚝의 위치에 따라 계급의 높고 낮음을 구분하는 데서 온 말이에요. 이중에서 왕의 자리에 해당하는 '말뚝의 왕'이라는 뜻으로 쓰인 말이 '마립간'이라고 합니다.

또한 박·석·김씨 집안에서 교대로 왕을 선출하던 과거와 달리, 이제부터는 오직 김씨 집안에서만 왕위를 세습하게 됩니다. 왕위가 안정적으로 이어지게 되면, 왕의 힘 또한 자연스럽게 커지게 되겠죠?

또한 기록에는 전국에 관리를 파견해 백성들의 삶을 살펴보거나 세금 문제를 살피는 등 민심을 수습했다는 대목이 나옵니다. 물론 행정 제도가 완전히 정비된 것은 아니지만, 소국들이 저마다 다스리던 지방을 왕이 명령을 내려 다스리게 된다는 점에서 의의가 있어요.

이런 노력에도 아직까지 한반도 내에서 신라의 국력은 상당히 약한 편에 속했습니다. 고대 국가의 필수 조건들이 갖춰지지 않은 상황이었거든요. 고대 국가가 되기 위해서는 나라의 법인 율령을 반포하고, 불교를 수용하며, 행정 제도를 정비해야 한다는 거 기억하고 계시죠? 삼국 중 가장 늦게 발전을 시작한 신라의 놀라운 변신, 앞으로도 기대해주세요!

## 스페셜 뉴스 취재 수첩

## 신라 왕위 계보도로 알아보는 경주 김씨의 왕위 세습 과정

김역사 기자

내물 마립간이 김씨 가문 단독으로 왕위를 세습하기로 결정했다는 소식은 신라 사회에 큰 파장을 일으켰어요. 지금까지 신라는 박·석·김의 3성이 번갈아가며 왕위를 이었었는데요. 몇 대에 어떤 성씨가 왕위를 이었는지 신라 1대 박혁거세부터 17대 내물 마립간까지의 신라 왕위 계보도를 구해 자세히 알아보도록 해요.

1대 박혁거세 거서간(赫居世居西干)
2대 박남해 차차웅(南解次次雄)
3대 박유리 이사금(儒理尼師今)
4대 석탈해 이사금(脫解尼師今)
5대 박파사 이사금(婆娑尼師今)
6대 박지마 이사금(祗摩尼師今)
7대 박일성 이사금(逸聖尼師今)
8대 박아달라 이사금(阿達羅尼師今)
9대 석벌휴 이사금(伐休尼師今)
10대 석내해 이사금(奈解尼師今)
11대 석조분 이사금(助賁尼師今)
12대 석첨해 이사금(沾解尼師今)
13대 김미추 이사금(味鄒尼師今)
14대 석유례 이사금(儒例尼師今)
15대 석기림 이사금(基臨尼師今)
16대 석흘해 이사금(訖解尼師今)
17대 내물 마립간(奈勿麻立干)

1대 왕이었던 박혁거세 이후 남해왕과 유리왕까지 박씨 성이 왕위를 잇는 것을 볼 수 있어요. 그 후 석탈해 탄생 이야기의 주인공인 탈해왕이 '석씨'로 왕위에 오르지요. 탈해왕은 황금 궤짝에서 태어난 아이인 김알지를 태자로 올렸지만, 김알지가 유리왕의 아들인 파사에게 왕위를 양보해 다시 한동안 박씨가 왕위를 이어가지요. 그러다가 9대 임금인 벌휴왕부터는 석씨가 왕위를 이어가요.

김씨 가문 사람으로 처음 임금을 한 사람은 13대 임금인 미추왕이었어요. 그는 경주 김씨의 시조 김알지의 6대손이었답니다. 그러나 미추왕 이후로는 또다시 석씨 가문이 3대 연속 왕위를 이었기 때문에, 아직까지는 김씨 가문이 권력을 잡았다고 보긴 어렵겠네요.

경주 김씨 가문이 본격적으로 왕의 자리에 오르기 시작한 것은 17대 내물 마립간부터입니다. 내물 마립간 이후 52대 효공왕까지 김씨가 신라의 왕위를 잇고 있어요. 그 이유는 내물 마립간 이후 오직 김씨 집

내물 마립간 | 고구려의 힘을 빌려 위기를 막아 내다

안에서만 왕위를 세습하도록 정했기 때문이에요! 53대부터 55대까지는 박씨가 다시 왕위를 잇다가 신라의 마지막 왕인 56대 경순왕 때 다시 김씨가 왕이 되지요. 신라의 시조는 박씨이지만, 그 이후는 영락없는 김씨 왕조라고 볼 수 있어요. 내물 마립간은 신라를 김씨 왕조로 만든 장본인이고요.

신라는 천 년의 역사 동안 56명의 왕을 배출했는데요. 어떤 성씨가 얼마나 많은 왕을 배출했는지 통계를 한번 내볼까요?

박씨 10명, 석씨 8명, 김씨 38명이군요. 압도적으로 김씨가 많다는 걸 확인할 수 있어요. 신라 왕위 계보도를 통해 알 수 있는 것은 내물 마립간이 왕권을 강화하면서 왕위 세습권을 확립함으로써, 천 년의 신라 역사를 안정적으로 이어갈 수 있는 바탕을 만들었다는 거예요. 그러나 아직까지는 왕위가 형제 상속제였기 때문에 완전히 강화되었다고 보기는 어려워요. 왕위가 부자 상속제로 바뀐 것은 5세기 눌지왕 때의 일이랍니다.

# 고종훈의 한국사 브리핑

## 인물 핵심 분석 ▶ 내물 마립간

QR 코드를 찍으면 고종훈 선생님의 강의를 볼 수 있어요.

시대 ▶ ?~402년
재위 기간 ▶ 356년~402년
국정 운영 스타일 ▶ 이제 신라는 김씨가 다스린다!
친해지고 싶은 나라 ▶ 고구려
연관 검색어 ▶ 마립간, 김씨, 박씨, 석씨, 광개토 대왕, 호우명 그릇
역사적 중요도 ▶ ★★★☆☆
시험 출제 빈도 ▶ 보통

### 김씨가 계속 왕위를 계승하게 되었어요.

그동안은 박씨, 석씨, 김씨가 번갈아 왕을 하였어요. 그러나 **내물 마립간은 왕권을 강화하여 김씨만이 왕이 될 수 있도록 하였어요.** 이것은 신라가 국력을 강하게 하는 것에도 도움이 되었어요.

### 체제를 정비하고 왜의 침입을 격퇴하였어요.

내물 마립간은 왕호를 대군장을 의미하는 마립간으로 바꾸었어요. 또한 정복 활동을 활발히 하여 진한 지역을 정복하였습니다. 그리고 **왜가 자주 신라에 쳐들어와 도읍인 금성까지 공격하는 일이 발생하자, 고구려의 광개토 대왕에게 도움을 요청해 왜를 물리쳤어요.**

### 고구려의 도움을 받아 왜를 물리친 이후 고구려의 간섭을 받게 되었어요.

신라의 왕릉에서 발견된 청동 그릇인 호우명 그릇의 바닥에는 광개토 대왕의 이름이 적혀 있어요. **호우명 그릇을 통해 신라가 고구려의 영향권 아래에 있었다는 것을 알 수 있어요.** 고구려에게 군사적 도움을 받은 대가였던 거예요.

# 03 지증왕

**우경을 시작하고 제도를 정비하다**

시대 437년~514년　재위 기간 500년~514년

## 타임라인 뉴스

| 437 | 500 | 504 | 505 | 512 | 514 |
|---|---|---|---|---|---|
| 내물왕의 증손자로 태어나다 | 소지왕의 뒤를 이어 왕위에 오르다 | 관리들의 옷을 지정하다 | 주, 군, 현을 정하고 각 주에 군주를 두다 | 우산국을 정복하다 | 신라 발전의 기초를 다지고 승하하다 |

# 1 헤드라인 뉴스

*생방송* 한국사

### 지증왕, 왕호와 국호를 정하다!

지증 마립간이 신하들을 모아 놓고 중대 발표를 하고 있습니다! 앞으로 마립간 대신 '왕'이라는 이름을 사용하겠다는 건데요. 이제 신라도 동아시아의 다른 나라들처럼 유행에 발맞춰갈 수 있게 됐습니다! 김역사 기자, 자세한 내용 보도해 주시죠.

22대 왕인 지증왕 이후 신라는 왕호와 국호를 제대로 갖추게 되었습니다!

김역사 기자

지증왕은 키가 아주 크고 체격이 좋아서 힘도 셌다고 해요. 너무 체구가 큰 나머지 알맞은 배우자가 없어서 신하들이 수소문 끝에 겨우 왕비가 될 여성을 찾기도 했다고 전해져요. 그는 64세라는 늦은 나이에 왕위에 올라 78세에 세상을 떠났어요. 하지만 다양한 체제 정비 사업을 통해 젊은 왕 못지않은 왕성한 활동을 펼쳤답니다.

우선 그는 신라를 빠르게 발전시키기 위해 중국의 제도와 문물을 적극적으로 배우기로 결심했어요. 그 첫 단추는 바로 '왕'이라는 이름을 사용하기로 한 거예요. 그게 뭐 대단한 일이냐고요? 앞선 뉴스에서는 편의상 초기 신라의 임금을 왕이라고 표현했지만, 사실 그 당시에는 그렇게 불리지 않았어요. 예를 들어 탈해왕도 석탈해 이사금이라는 신라만의 호칭으로 불렸지요.

동아시아의 대부분 나라에서는 이미 오래전부터 중국식 칭호를 따라 '왕'이라는 왕호를 사용해왔는데, 신라만 고유의 왕호를 사용해 온 거예요. 개성이 있는 거라고 볼 수도 있지만, 한편으로는 유행에 뒤처진 나라였다고나 할까요. 그럼 그동안 신라가 사용했던 왕호를 알아볼까요?

| 왕호 | 뜻 |
|---|---|
| 거서간 | 1대 왕 박혁거세가 사용한 왕호예요. 족장, 군장들의 우두머리이자 '신령한 큰 사람'이라는 뜻을 지니고 있어요. 연맹 왕국으로서의 신라 모습이 드러나는 왕호예요. |
| 차차웅 | 2대 왕 남해가 사용한 왕호예요. '무당' 또는 '제사장'이라는 뜻을 가지고 있어서 신라의 왕이 종교의 지도자를 겸했을 수도 있다는 추측이 있어요. |
| 이사금 | 3대 왕 유리가 사용한 왕호예요. '연장자'라는 뜻을 가지고 있고 왕이 박·석·김 3부족의 연맹장임을 나타내고 있어요. |
| 마립간 | 17대 왕인 내물 마립간부터 사용한 왕호예요. 마립은 '말뚝'이라는 뜻을 가지고 있고, 마립간은 '말뚝의 왕'이라는 뜻으로 왕권 강화의 의미를 담고 있습니다. |
| 왕 | 22대 왕인 지증왕부터 사용한 왕호입니다. 중국의 발전된 정치 제도를 도입하기 위해 왕호 역시 중국의 칭호를 따라 사용했답니다. |

지증왕은 마립간으로 불린 마지막 왕이었어요. 초기의 왕호들은 연맹 왕국의 우두머리라는 뜻을 가지고 있었는데, 점점 왕과 신하의 관계를 명확하게 보여 주는 뜻으로 바뀌게 됩니다. 왕호가 바뀌면서 **신라**의 왕권이 강해졌음을 알 수 있어요.

또한 지증왕은 나라의 이름인 국호 또한 신라로 바꾸기로 결심해요. 그전까지 신라는 사로, 서벌, 신로, 서라, 사라, 서나, 서야 등 다양한 이름으로 불렸었는데요. 대표적인 이름은 사로국이었어요. "과거의 신라는 잊어라! 전보다 더 새롭고 강력해진 신라를 보여 주겠다!"라는 지증왕의 포부를 담고 있는 거지요.

**신라**
신라는 '덕업일신 망라사방(德業日新 網羅四方)'이라는 말에서 따온 이름이에요. '왕의 업적이 나날이 새로워지고, 사방의 영역을 두루 넓힌다.'라는 뜻을 담고 있어요.

## 2 심층 취재

**중국 문화를 수용하여 발전을 이끈 지증왕!**

지증왕이 '우경'을 도입하겠다고 발표하였습니다. 앞으로는 백성들이 농사를 지을 때 직접 손으로 밭을 갈 필요가 없을 것 같군요! 또한 금성 동쪽에 시장을 설치하여 백성들이 활발하게 물건을 거래할 수 있게 됐습니다. 지증왕을 전화로 연결하였습니다.

지증왕

안녕하세요. 나는 왕이 되자마자 신라의 제도와 체제를 고쳐서 다시 짜는 데 주력했어요. 중국의 앞선 제도를 참조하여 신라의 '주군 제도'를 정비했답니다. 주군 제도란 신라의 모든 지방을 주와 군과 현으로 나누어 그곳에 '군주'라는 관리를 파견하는 지방 제도예요. 덕분에 왕의 명령이 먼 지방에도 전달될 수 있어 왕의 힘이 더욱 강해질 수 있었죠. 모든 권력이 왕에게 집중된 중앙 집권 국가에 한걸음 더 나아간 거예요.

**농업 생산력 향상을 위해 애썼다고 하는데, 어떤 노력들을 했습니까?**

각 지방의 땅주인들과 파견된 관리들에게 농사를 잘 지을 수 있도록 지시를 내리기도 했고, 물길을 내거나 저수지를 축조하는 등의 수리 사업을 벌여 농사지을 물을 확보하기도 했습니다.

188 지증왕 | 우경을 시작하고 제도를 정비하다

무엇보다 획기적이었던 것은 밭갈이를 할 때 소를 이용하는 '**우경**'을 처음으로 도입한 거예요. 사람이 손으로 직접 밭을 가는 것보다 훨씬 편리하고 시간도 절약할 수 있으며 효율도 높았어요. 발달된 농법을 적극적으로 배우려는 내 노력으로 신라의 농업 생산량은 크게 향상되어 나라의 힘을 키우는 데 큰 도움이 되었죠.

### 우경
농사지을 때 소를 이용하는 것을 말해요. 소를 이용하면 농사를 더욱 편리하게 지을 수 있을 뿐 아니라 수확할 곡식의 양도 늘릴 수 있어요.

### 순장
왕이나 귀족 같은 높은 신분의 사람이 죽었을 때 그의 살아있는 신하나 노비 등을 함께 무덤에 묻는 장례 방법을 말해요. 저승으로 가는 길에 시중을 들어줄 사람들이 필요할 거라는 생각 때문이었어요.

#### 신라의 경제를 발전시키기 위해 시장을 설치했다지요?

금성(지금의 경주)의 동쪽에 시장을 설치하여 나라의 상거래가 더욱 활발해질 수 있도록 했어요. 또한 상인들 간의 거래를 감독하는 관청도 세웠는데 이게 바로 '동시전'이랍니다.

#### 대대로 이어지던 **순장** 풍습을 없애고 영토도 넓혔다고 들었습니다.

순장은 사람을 산 채로 무덤에 묻는 너무 억울하고 잔인한 풍습이지요. 신하나 시중들을 순장으로 희생시키는 것이 아니라, 차라리 전쟁터에 군사로 내보내는 것이 더 낫지 않겠어요? 다양한 개혁으로 나라의 힘이 강해졌으니 이제 활발한 정복 활동을 통해 그 힘을 확인해봐야겠죠? 512년에는 이사부 장군을 지방 관리인 군주로 파견하여 지금의 울릉도 땅인 우산국을 정복하도록 했답니다.

**지증왕은 중국의 문물을 본받은 다양한 체제 정비 사업으로 신라의 발전을 더욱 빠르게 앞당겼습니다. 지증왕의 뛰어난 정책들은 아들인 법흥왕에게도 이어져 문화 발전의 꽃을 피우게 됩니다.**

# 신라의 명장 이사부 장군의 우산국 정벌 이야기

**오늘은 우산국 정벌의 영웅이자 신라의 뛰어난 명장, 이사부 장군님을 모시고 이야기를 나눠 보겠습니다. 우선 자기소개를 해 주세요.**

 저는 신라 장군 이사부입니다. 내물 마립간의 4대손으로 왕족 출신이에요. 지증왕 때부터 진흥왕까지 여러 훌륭한 왕을 모시며 신라 전성기 때의 수많은 전투를 승리로 이끌었지요. 일본, 백제, 고구려, 가야 등 상대해 보지 않은 나라가 없습니다.

**우산국(지금의 울릉도)을 정벌하러 가게 된 계기는 뭔가요?**

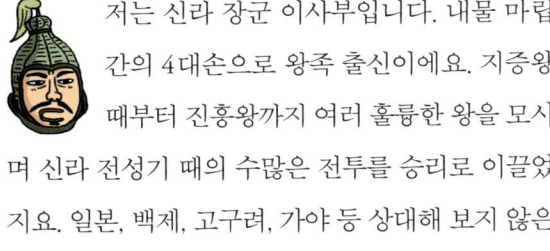 지증왕께서 저를 실직주(지금의 삼척)의 군주로 임명하시며 우산국 정복을 명하셨지요. 그때까지 우산국은 신라와는 제법 멀리 떨어져 있던 섬나라로, 오랜 세월 독립적인 나라를 유지하고 있었고요. 우산국 정벌을 성공해 신라의 힘을 보여 주는 것도 나쁘지 않을 것 같았습니다.

**우산국 정벌은 어떻게 해서 성공할 수 있었나요?**

 우산국의 지형은 파도가 험하여 배가 접근하기 어려웠습니다. 게다가 우산국 사람들은 억세고 용맹하기로 소문나 있었지

 **190** 지증왕 | 우경을 시작하고 제도를 정비하다

요. 우산국 사람들을 물리치기 위해서 저도 나름대로 꾀를 부렸습니다. 나무로 사자를 만들어 배에 잔뜩 싣고 갔지요. 그리고는 우산국 해안가에서 소리쳤습니다. "순순히 신라에 항복하지 않거든, 이 무서운 짐승을 풀어놓아 너희를 모조리 죽여 버리고 말 것이다!" 그랬더니 겁에 질린 우산국 사람들이 제발로 나와 항복하더군요. 그들이 뭍의 사정에 대해 잘 모른다는 점을 이용한 거지요. 전쟁도 하지 않고 손쉽게 우산국을 정벌하였답니다.

**신라의 우산국 정벌로 인해, 울릉도와 가까이 있는 독도 역시 신라 영토에 들어갔다고 봐도 될 것 같습니다! 이사부 장군님께서는 우산국 정벌 외에도 다른 나라와의 전쟁에서 빛나는 공을 세우셨다죠?**

사람들은 제가 우산국 정벌만을 했다고 알지만 다른 업적도 있답니다. 바로 금관가야와 대가야를 차례로 병합시킨 것입니다. 어쩌면 우산국을 정벌한 것보다도 더 큰 업적이 바로 가야를 멸망시킨 것일 지도 모르겠네요. 529년 법흥왕 때 금관가야를 공격해 신라의 영향 아래에 두었는데요. 가야를 돕기 위해 쳐들어온 왜군과 백제군을 차례로 쳐부수고 금관가야를 완전히 우리 신라의 땅으로 합쳐버렸습니다. 562년 진흥왕 때에도 가야 정벌에 나서 화랑 사다함의 도움을 받아 대가야를 완전히 멸망시켰답니다.

**진흥왕 때의 신라가 전성기를 맞이해 활발하게 정복 전쟁을 할 때도 이사부 장군님의 활약이 돋보였다죠?**

그렇습니다. 백제와 고구려가 도살성과 금현성을 놓고 서로 다투다가 지친 틈을 이용해 두 성을 모두 빼앗은 적도 있고, 김무력 장군 등과 함께 한강 상류의 땅을 차지하기도 했습니다.

**진흥왕 때에는 중앙 관료로 진출하여 정치인으로서도 활약했다고 들었습니다. 어떤 활약이었습니까?**

병부령이라고 하는 지금의 국방부 장관 격인 높은 직책을 맡아 나랏일을 하게 되었습니다. 특히 저는 진흥왕께 역사서를 남기실 것을 건의했습니다. 그랬더니 진흥왕께서 신하 거칠부에게 시켜 『국사』라는 유명한 역사책을 남기게 했답니다. 현재는 책이 전해지지 않고 있지만요.

**이사부 장군은 지증왕부터 진흥왕까지 신라가 눈부시게 발전하던 시기에 정복 전쟁을 훌륭하게 해내 나라의 위세를 떨치는 데 크게 기여했습니다. 지금까지 이사부 장군님을 모시고 인터뷰를 진행했습니다.**

 고종훈의 한국사 브리핑

## 인물 핵심 분석 ▶ 지증왕

QR 코드를 찍으면 고종훈 선생님의 강의를 볼 수 있어요.

시대 ▶ 437년~514년
재위 기간 ▶ 500년~514년
국정 운영 스타일 ▶ 신라의 발전을 위해 중국의 제도를 받아들이자!
가장 보람된 일 ▶ 국호를 신라로 바꾼 것.
연관 검색어 ▶ 신라 국호 사용, 주군 제도, 우경 도입
역사적 중요도 ▶ ★★★★☆
시험 출제 빈도 ▶ 높음

### 나라의 이름을 신라로 바꾸고 영토를 확장하였어요.

지증왕 때 중국의 제도와 문물을 받아들여 '왕'이라는 호칭을 사용하고 나라 이름을 '신라'로 정하였습니다. 또한 영토를 효율적으로 다스리기 위해 지방을 주와 군으로 나누어 관리를 파견하였어요.

### 경제와 사회가 발달하였어요.

지증왕 때 후일 신라가 경제적으로나 사회적으로 발전할 수 있는 토대가 많이 마련되었어요. 농사에 소를 이용하는 우경을 처음으로 도입하여 농업 생산량이 급격히 증가하였습니다. 또한 시장을 설치하여 상거래가 활발해졌으며 오랫동안 내려온 순장이라는 장례 풍습을 없앴습니다.

### 이사부 장군을 보내 우산국(지금의 울릉도)를 정복했어요.

신라 최고의 장군이었던 이사부 장군은 가야, 백제, 고구려와의 전쟁에서 활약한 장군이었어요. 지증왕의 명령을 받은 이사부 장군은 꾀를 내어 큰 희생 없이 우산국을 정복했어요.

# 1 헤드라인 뉴스

## 신라의 정치·문화적 토대를 만든 법흥왕!

드디어 법흥왕이 불교를 공인했습니다! 6부 귀족들과의 회의에서 당당하게 왕의 목소리를 내기 위해서라고 하는데요. 그동안 제멋대로 권력을 휘둘러 온 6부 귀족들도 이번만큼은 왕에게 대들지 못하고 있는 상황입니다. 법흥왕은 어떻게 왕권 강화에 성공한 걸까요?

김역사 기자

> 법흥왕은 신라의 천 년 역사에서 계속 이어지는 중요한 정치·문화적인 토대를 만든 왕입니다!

신라는 지증왕 때부터 고대 국가의 기틀을 세우고자 다양한 노력을 해 왔습니다. 지방 행정 제도인 주군 제도를 정비했고, 중국의 앞선 문물을 배우고자 노력했어요. 하지만 신라는 여전히 왕의 힘은 약하고 귀족의 힘이 강한 나라였답니다.

법흥왕은 아버지 지증왕의 정책을 이어받아 더욱더 강력한 중앙 집권 국가를 이루고자 했습니다. 그 첫 번째 정책은 바로 국가의 법인 **율령**을 반포하는 것이었어요. 율령을 반포하는 것 역시 고대 국가의 중요한 조건이라는 거 알고 계시죠? 율령을 반포하면 각 지방마다 다르게 적용되던 법률을 하나로 통일해서, 왕의 명령과 사회 질서를 어기는 귀족들을 처벌할 수 있는 강력한 권한을 가질 수 있어요.

법흥왕이 율령을 반포했음을 알려 주는 유적이 하나 있어요. 울진 봉

**법흥왕** | 부처의 법을 흥하게 하라

평 신라비라고 하는 비석이 바로 그것이에요. 비석을 살펴보면 왕이 6부의 귀족들과 함께 회의를 열어 '법'에 따라 죄 지은 관리를 처벌했다는 내용이 담겨 있어요.

법흥왕은 율령을 반포하면서 군사 업무를 전문적으로 담당하는 부서인 '병부'를 설치했어요. 이 역시 군사권을 장악하여 왕권을 강화하려는 의도를 담고 있었던 거예요.

율령을 반포하고 병부를 설치했음에도 왕은 여전히 6부 귀족들과의 회의에서 제대로 된 권력을 휘두르지 못했어요. 왜냐하면 신라의 귀족들이 오래전부터 믿고 있던 종교 때문이었어요. 그 종교에 따르면 각각의 부족은 하늘에서 내려온 사람들이기 때문에 왕만큼 자신들도 다 특별하다고 생각하고 있었거든요. 게다가 6부 귀족들은 각자 자신들의 군사를 따로 이끌 정도로 큰 권력을 가지고 있었어요.

법흥왕이 6부 귀족들을 넘어서기 위해서는 더욱 특별하고 강력한 종교를 통해 왕권을 높이는 수밖에는 없었어요. 그래서 좀 더 적극적으로 불교 공인을 추진하게 됩니다.

법흥왕은 신라 귀족들이 토착 종교의 신에게 제사를 지냈던 일곱 개의 **성지**를 없애버리고 그곳에 절을 짓는 사업을 벌였어요. 당연히 귀족들의 반대가 뒤따랐지요. 귀족들은 새로운 종교인 불교가 자신들의 권력을 약하게 할까 봐 그것을 거부하고 나선 거여요. 이때 법흥왕은 젊은 신하 이차돈의 희생을 통해 귀족들의 반발을 누르고 불교를 국교로 정할 수 있었어요.

불교 공인에 성공하고 난 이후에는 거침없이 왕권 강화 정책을

**법흥왕과 불교**
법흥왕은 불교의 교리에 따라 살생을 금지하는 율령을 반포하기도 하고, 스스로 출가하여 스님이 되는 등 진정으로 불교의 가르침을 본받고자 노력했답니다.

**율령**
고구려는 4세기 소수림왕 때, 백제는 3세기 고이왕 때 각각 율령을 반포했지요. 신라는 5세기 법흥왕 때 처음 율령을 반포했답니다.

**성지**
특정 종교에서 신성시하는 장소

▶ 울진 봉평 신라비

**상대등**
신라의 최고 관직으로 화백 회의를 이끌며, 귀족의 입장을 대변했어요.

추진했어요. 이를 알 수 있는 것이 바로 **상대등**이라는 직책이죠. 법흥왕은 상대등이라는 새로운 직책을 만들었는데요. 오늘날의 국무총리로 볼 수 있는 높은 자리예요. 상대등은 높은 신분인 진골만이 임명될 수 있는 자리였고, 귀족 회의를 맡아서 진행하는 역할을 했습니다. 이렇게 상대등이라는 자리를 따로 만든 이유는 6부 귀족들의 대표를 관료로 뽑아 왕의 아랫사람으로 두기 위해서였어요.

그러나 상대등은 명목상으로 왕 밑에 있었을 뿐, 실제로는 왕만큼이나 강력한 권한을 가진 직책이었어요. 왕권이 약할 때는 상대등의 힘이 왕권을 능가할 때도 있었고요. 상대등이 강하게 반대하는 정책을 왕이 실행하기란 어려웠어요. 결국 상대등이란 신라 귀족 세력이 워낙 강했기 때문에, 왕이 그들의 권한을 인정해 주고 잘 달래기 위해 만든 특별한 자리라고 보면 될 것 같아요.

법흥왕은 왕의 힘을 강하게 만들고 관료들의 서열을 정하는 다양한 제도들도 마련했어요. 왕의 권력이 귀족보다 강해지면, 귀족들이 서운해 하거나 반발할 수도 있겠죠? 그래서 내놓은 정책이 바로 관료들의 옷 색깔을 정하고, 17관등과 골품제를 정비하는 것이었어요. 백제 고이왕 때도 비슷한 정책이 있었죠? 이제 신라의 신하들은 자신의 등급에 맞춰 관복의 색깔을 달리 입어야 했어요. 색깔은 자색, 비색, 청색, 황색이었어요. 이렇게 다른 색깔의 옷을 입게 하면, 신하들이 등급에 따라 서로를 견제하게 되어 왕이 신하들을 다루기 좀 더 쉬워진답니다.

심지어 신라는 백제보다 훨씬 더 신하들의 가문과 출신을 엄격하게 분류하고 따져 직책을 주었어요. 그런 제도를 골품제라고 해요. 골품제는 왕권을 강화하고 신하들을 일렬로 나란히 줄 세우는 효과가 있었지만, 신라 말에는 뛰어난 능력을 가지고도 낮은 출신 때문에 높은 자리에

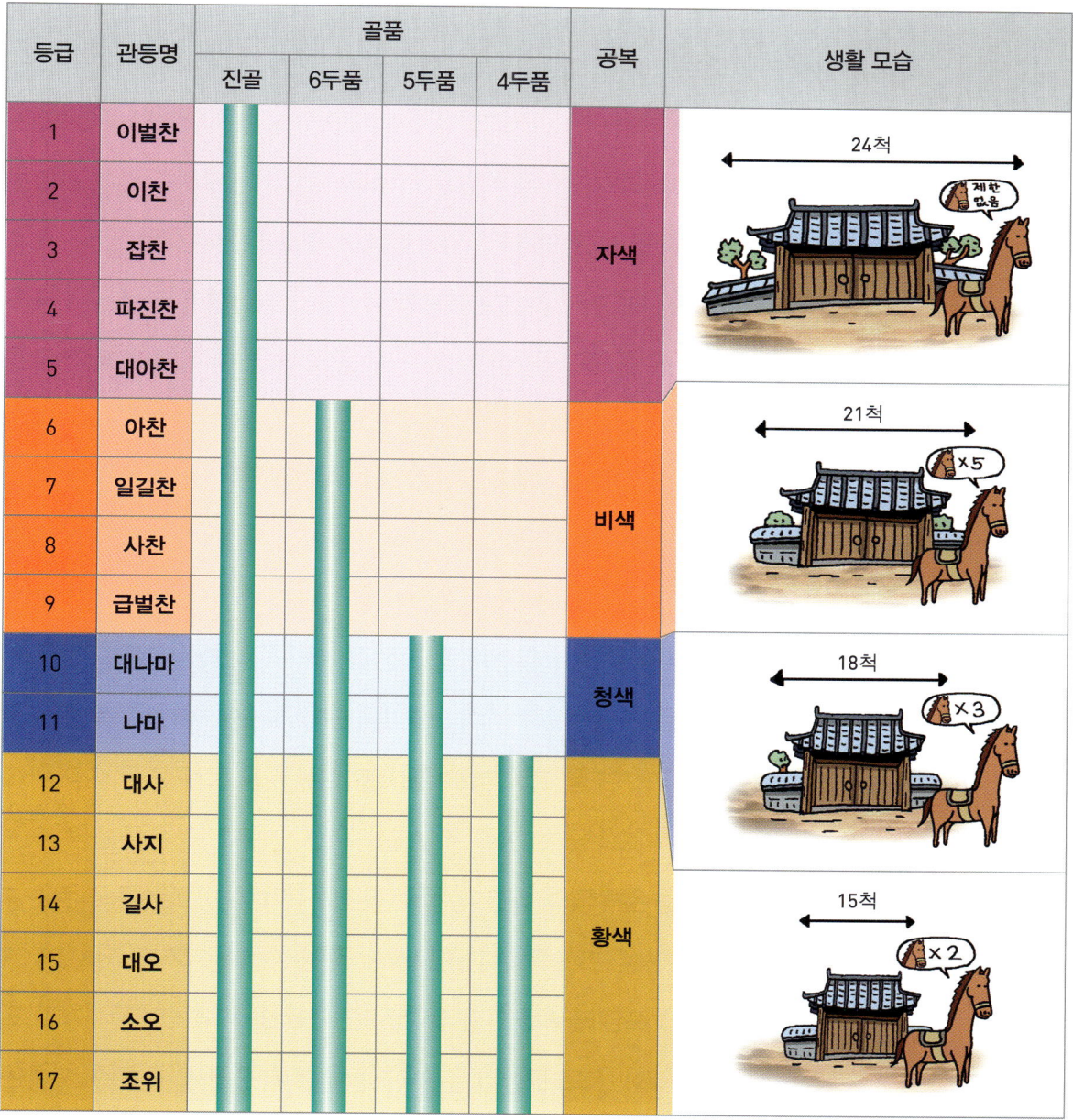

▲ 신라의 골품과 관등표

올라가지 못하는 사람들로 인해 불만이 쌓이게 되었답니다.

　법흥왕의 왕권 강화 정책으로 인해 신라의 힘은 더욱더 강해졌어요. 그 결과는 정복 전쟁에서도 드러났지요. 신라는 이사부 등의 활약으로 금관가야를 정벌하고 신라 땅으로 완전히 합치게 합니다.

　법흥왕은 신라만의 독자적인 연호인 '건원'을 사용했습니다. 신라가 한반도 동남쪽에 고립된 작은 나라가 아니라, 다양한 체제를 갖추고 고대 국가로서 성장한 나라임을 다른 나라에게 자랑했던 거예요.

　법흥왕은 율령을 반포하고 불교를 공인하여 다른 삼국의 발전을 따라잡았을 뿐만 아니라 신라만의 새로운 발전 방향을 찾게 되었죠. 그것은 바로 진정한 불교 국가로 거듭나는 것이었어요.

　법흥왕은 이름부터가 특별한 뜻을 지닌 왕입니다. '불교의 법을 흥하게 했다.'라는 뜻이죠. 즉, 불교를 공인한 왕이라는 뜻이에요. 앞선 뉴스에서 고구려와 백제의 역사를 살펴보면서 불교를 공인하는 것이 고대 국가로 나아가기 위해서 얼마나 중요한 조건인지를 말씀드렸을 거예요. 신라는 백제와 고구려보다 거의 2세기나 늦은 6세기 때에나 불교를 받아들이게 됐지만, 그 어떤 나라보다도 불교를 통해 눈부신 발전을 이룩할 수 있었습니다.

　다른 나라들이 불교를 왕권 강화에 이용하는 데 그쳤다면, 신라는 불교를 통해 국가 체제를 정비하고 백성들의 정신을 통일하게 되지요. 또 불교 국가로서 아름다운 문화를 꽃피우게 됐어요. 이후 신라는 불교 정신을 바탕으로 **화랑도**라는 인재를 양성하여, 전성기인 진흥왕 시대를 열게 되었답니다.

**화랑도**
꽃다운 소년들을 모아 불교 정신과 무예를 가르치던 군사 집단이었어요.

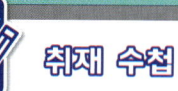 스페셜뉴스 취재 수첩

## 법흥왕과 이차돈의 비밀 계략은?

법흥왕이 다스리던 시절, 신라에는 다양한 경로로 불교가 들어와 있었지만 널리 전파하는 일은 쉽지 않았어요. 왜냐하면 귀족 세력들이 불교를 거부하며, 자신들의 권력을 유지할 수 있는 토착 신앙을 계속 믿으려고 했기 때문이지요. 그때 이차돈은 귀족들의 반대를 이겨 내고 불교를 공인할 수 있는 계획을 법흥왕에게 제안했어요.

1. 이차돈이 왕의 명령을 받았다는 핑계를 대며 전통 신앙의 성스러운 땅인 금성(지금의 경주) 천경림에 절을 짓겠다고 한다.
2. 귀족들이 절을 짓는 것을 반대하며 왕에게 항의하기 위해 궁궐로 몰려든다.
3. 왕은 그런 명령을 내린 적이 없다고 말하며, 거짓으로 왕의 명령을 들먹거린 죄로 이차돈의 목을 쳐서 처형한다.

법흥왕은 이차돈의 계획을 듣고 깜짝 놀랐습니다. 아끼는 신하인 이차돈을 죽게 만들 수는 없었기 때문이에요. 그러나 이차돈은 평온한 얼굴로 말했습니다.

"제 목을 치는 순간 부처님의 기적이 일어날 것입니다. 그 기적의 힘으로 전하께서 한결 수월하게 불교를 공인할 수 있을 것이옵니다. 또한 왕께서는 가까이 지냈던 신하인 저를 단호하게 처형하는 모습을 보여야 합니다. 그 모습에 놀란 6부 귀족들은 앞으로 함부로 전하의 권력에 도전할 수 없을 겁니다."

법흥왕은 이차돈의 충성에 감탄하여 결국에는 승낙하게 되었고 반드시 꼭 불교를 공인해야겠다고 다짐했지요.

## 이차돈의 희생으로 피어난 불교의 꽃

온 궁궐 내에 이차돈이 왕의 명령을 받아 천경림에 절을 짓는다는 소문이 돌았습니다. 귀족들과 신하들은 법흥왕 앞으로 몰려와 항의하기 시작했어요.

"전하, 이것이 어찌된 일이옵니까? 이차돈이라는 자가 임금님의 명령을 받고 천경림에 '흥륜사'라는 절을 짓고 있다고 합니다. 천경림은 전통 신앙이 깃든 성스러운 땅입니다. 어떻게 저희 귀족들의 동의도 없이 그런 명령을 내리십니까?"

"그게 무슨 말이냐. 나는 절대로 그런 명령을 내린 적이 없다. 여봐라, 거짓말을 한 이차돈을 당장 끌고 오너라!"

귀족들은 화를 내며 반발했고, 이차돈은 아무것도 모르는 척 법흥왕 앞에 끌려왔지요. 법흥왕은 이차돈에게 자초지종을 따지기 시작했어요.

"어째서 내가 절을 지으라는 명령을 내렸다는 거짓말을 했느냐?"

"불교가 흥하게 되면 신라 백성들이 행복하고 나라의 힘이 강해질 것입니다. 그러니 거짓으로 명을 꾸민 것이옵니다."

"어쩔 수가 없구나. 네가 아무리 아끼는 신하라고 할지라도 나라의 법인 율령을 지켜야 하기 때문이다. 왕의 명령을 사칭한 죄로 너의 목을 칠 것이다."

이차돈은 차분하게 죽음을 받아들였어요. 법흥왕과 신라를 위해 목숨을 바치기로 굳은 결심을 했기 때문이에요. 반면, 귀족들은 법흥왕이 이차돈을 가차 없이 처형 명령을 내리자 벌벌 떨었어요. 사형 집행인의 칼이 이차돈의 목을 내리쳤어요.

그런데 그만 놀라운 일이 벌어졌답니다. 잘린 이차돈의 목에서 붉은 피가 흐르는 것이 아니라, 흰색의 피가 솟구쳐 오르는 것이 아니겠어요? 게다가 하늘에서 꽃비가 내리기 시작하더니 땅이 크게 흔들렸습니다. 이차돈이 말한 대로 기적이 일어난 거예요.

"말도 안 돼. 어떻게 이런 일이 벌어질 수가 있지? 어떻게 사람의 몸에서 붉은 색이 아닌 흰 피가 흐를 수 있단 말이야! 게다가 하늘에서 꽃비가 내리는 건 또 어떻고? 진짜 부처님의 힘이 존재하는 거 아냐?"

눈앞에 벌어진 광경에 궁궐에 있는 모든 사람들은 깜짝 놀랐어요. 그 때 또 한 번 신비로운 일이 벌어졌어요. 이차돈의 잘린 머리가 도읍인 금성(지금의 경주) 북쪽에 있는 산자락으로 날아가는 것이 아니겠어요? 머리가 떨어진 곳에는 무덤이 생겨났답니다. 기적이 일어난 덕분에, 법흥왕은 귀족들을 향해 아주 강력한 힘을 발휘할 수 있었어요.

"너희도 이차돈의 기적을 보았느냐? 나의 말을 의심하고 사찰 건설에 반대한 너희들 역시 반역을 하려고 했던 것이 아니냐?"

"아니옵니다, 전하. 저희들은 절대로 반역을 하려고 한 것이 아니옵니다. 목숨만은 살려주십시오. 이제부터는 전하가 바라시는 대로 불교를 공인하도록 하소서. 소신들은 절대로 반대하지 않겠사옵니다."

모든 귀족들은 왕 앞에 무릎을 꿇은 채 머리를 조아렸어요. 법흥왕은 불교를 공인하면서, 자신은 곧 부처님과 마찬가지로 신성한 권력을 지닌 사람이라고 했습니다. 강력해진 왕권을 바탕으로 귀족들의 힘을 누르고 훌륭한 정치를 할 수 있었지요.

훗날 신라에서는 목숨을 바쳐 불교를 공인하게 한 이차돈의 희생을 기리게 됐어요. 신라의 불교는 나날이 꽃피워서 아름다운 문화와 강력한 힘을 가진 나라로 성장하게 되었답니다.

# 불교 수용으로 달라진 신라인들의 삶

김신라는 오늘 절에 다녀왔어요. 김신라가 절 안으로 들어서자 마당 한 가운데에는 불교 예술이 잘 표현된 크고 웅장한 탑이 세워져 있었어요. 김신라와 다른 신라의 백성들은 탑 주변을 돌며 부처님에게 소원을 빌었지요. 또한 법당 안에는 부처님의 모습이 그려진 멋진 그림 한 점이 걸려 있었어요. 그러고 보니 마을 사람들에게 '우리 임금님이 곧 부처님'이라는 말을 들은 적이 있었어요. 왕이 부처님처럼 신성한 힘을 가지고 있다는 생각이 들자, 왕에 대한 충성심도 높아지는 기분이 들었어요.

### 왕권의 강화

'왕은 곧 부처'라는 생각이 널리 전해지면서, 왕을 신성한 힘을 가진 사람으로 생각하게 되었어요. 왕에게 권력이 집중되면서 정치 체제가 안정되고, 나라의 힘도 강해질 수 있었지요. 주변 국가들을 향해 활발한 정복 전쟁을 벌일 수도 있었고요. 특히 신라의 불교는 '호국 불교'라고 해서, 불교의 힘으로 외적을 물리치고 나라를 강하게 만들기를 바라는 면을 지니고 있답니다. 화랑도와 같은 단체는 호국 불교의 성격을 잘 나타내 주고 있어요.

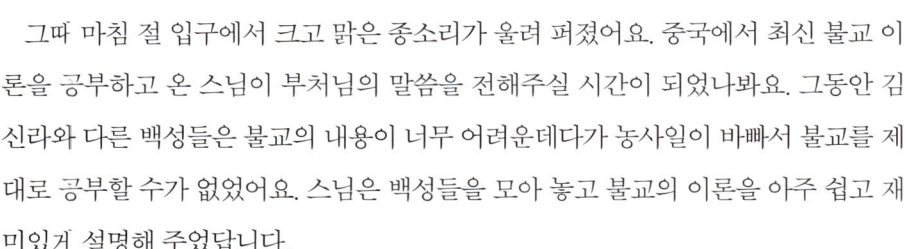

그때 마침 절 입구에서 크고 맑은 종소리가 울려 퍼졌어요. 중국에서 최신 불교 이론을 공부하고 온 스님이 부처님의 말씀을 전해주실 시간이 되었나봐요. 그동안 김신라와 다른 백성들은 불교의 내용이 너무 어려운데다가 농사일이 바빠서 불교를 제대로 공부할 수가 없었어요. 스님은 백성들을 모아 놓고 불교의 이론을 아주 쉽고 재미있게 설명해 주었답니다.

법흥왕 | 부처의 법을 흥하게 하라

### 백성들의 마음을 위로하는 다양한 불교 사상

삼국 시대에는 국가들 간의 정복 전쟁이 자주 벌어졌어요. 전쟁으로 지친 백성들의 마음을 위로해 줄 종교가 절실한 상황이었지요. 불교는 혼란스러운 세상을 뛰어 넘어 정신적으로 평화로워질 수 있는 답을 주는 종교였어요. 신라에서는 원효, 의상 스님 같은 유명한 스님들이 나타나 중국의 불교를 공부하고, 수많은 절을 지었습니다. 또한 부처님의 말씀을 이해하기 쉽게 백성들에게 전해 주었지요.

아름다운 절의 대웅전과 불상, 탑, 종을 보는 것도 큰 즐거움이라 절을 나서는 김신라의 마음은 한결 밝아졌어요.

### 뛰어난 가치를 지닌 불교 문화재

나라와 왕의 힘을 과시하고, 불교의 가르침을 널리 전하기 위해 다양한 예술 작품들이 탄생했어요. 하나의 불교 작품을 만드는 데에는 고대 국가의 최첨단 기술이 모두 동원된답니다. 당시의 불교 문화재들은 예술적인 가치도 뛰어나지만 과학 기술 역시 뛰어나거든요. 특히 신라가 삼국을 통일한 이후 나라가 안정되고 나서부터는 우수한 가치를 지닌 불교 문화재들이 더욱 많이 탄생했습니다. 경주 불국사, 성덕대왕 신종 등의 문화재들은 아름답고 정교할 뿐 아니라, 완벽하게 균형과 비례를 맞춰 제작되었기 때문에 오늘날의 기술로도 완전하게 재현하기가 어려울 정도랍니다.

김신라가 절 밖으로 나오는데 근처 숲속에서 어린 화랑들이 훈련을 받고 있는 모습을 봤어요. 공기 좋고 물 맑은 숲 속에서 몸과 마음을 수련하는 화랑들의 모습을 보면서, 김신라 자신도 화랑들을 따르는 낭도가 되는 것이 어떨까라는 생각이 들었답니다. 화랑도는 무술 훈련을 하면서 동시에 불교를 공부한다고 들었거든요. 불교를 열심히 믿으면 그 힘으로 신라가 더욱 강해져 다른 나라들과의 전쟁에서 이길 수 있다고 믿었기 때문이에요. 김신라는 낭도로 지원할 계획을 세우며 집으로 돌아왔답니다.

## 고종훈의 한국사 브리핑

### 인물 핵심 분석 ▶ 법흥왕

QR 코드를 찍으면 고종훈 선생님의 강의를 볼 수 있어요.

시대 ▶ ?~540년
재위 기간 ▶ 514년~540년
국정 운영 스타일 ▶ 신라를 왕권이 강한 국가로!
내가 한 일 중 마음에 드는 것 ▶ 상대등 설치
연관 검색어 ▶ 이차돈, 불교, 울진 봉평 신라비, 율령 반포, 상대등
역사적 중요도 ▶ ★★★★★
시험 출제 빈도 ▶ 높음

---

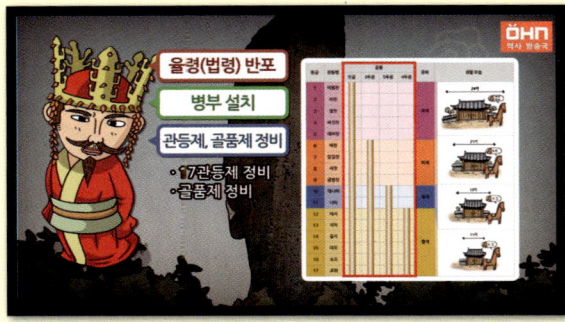

### 신라의 각종 체제를 정비했어요.

법흥왕 때 각종 체제가 정비되었어요. 통일된 법체계인 율령을 반포하고 독자적 연호를 사용했으며 병부를 설치해 군사권을 장악하였습니다. 또한 **귀족 회의의 대표자인 상대등이라는 큰 직위를 마련해 귀족들과 조화를 이루려 하였고**, 신라의 독특한 신분 제도인 골품제를 정비하였어요.

### 금관가야를 정복했어요.

금관가야의 마지막 왕이었던 김유신 장군의 증조할아버지가 법흥왕에게 항복하고, **가야 왕족은 신라 귀족에 편입되었어요.** 금관가야를 정복한 신라는 점점 영토를 넓혀갔어요.

### 불교를 공인하였어요.

토착 신앙이 강했던 신라 사회에서 이차돈의 순교로 불교를 공인하였습니다. **불교 공인으로 왕이 곧 부처라는 생각이 퍼져 왕권도 강화될 수 있었어요.** 법흥왕은 백성들에게 살생을 금하는 명령을 내리는 등 불교의 가르침을 잘 따랐습니다. 그리고 노년에는 출가를 하여 지냈습니다.

# 05 진흥왕

**삼국의 주도권을 잡다!**

시대 534년~576년  재위 기간 540년~576년

## 타임라인 뉴스

- **534** 법흥왕의 외손자로 태어나다
- **540** 법흥왕의 뒤를 이어 왕위에 오르다
- **545** 거칠부에게 『국사』를 편찬하게 하다
- **553** 황룡사를 창건하다
- **562** 대가야를 정복하다
- **576** 신라의 전성기를 열고 승하하다

# 1 헤드라인 뉴스

## 한강을 차지한 신라, 삼국 통일을 꿈꾸다!

속보입니다! 진흥왕이 백제의 성왕을 배신하고 한강을 차지했다고 합니다. 동맹국이었던 백제는 배신감에 치를 떨고 있다고 하죠. 과연 한강을 차지한 신라는 더 큰 나라로 발전할 수 있을까요?

진흥왕은 처음으로 신라가 삼국 통일을 꿈꿀 수 있도록 해 준 왕이에요!

김역사 기자

진흥왕이 왕위에 오른 것은 겨우 7세 때였어요. 처음에는 어린 그를 대신해서 **태후**가 정치를 하기도 했지만, 다행히 별탈없이 훌륭한 왕으로 성장할 수 있었어요. 무엇보다도 진흥왕의 최대 관심사는 신라의 영토를 넓히는 것이었지요. 그래서 그는 본격적으로 정치에 뛰어든 18세부터 활발하게 정복 전쟁을 시작해요.

그러나 무턱대고 전쟁을 할 수는 없지요. 나라의 힘을 키우기 위해서는 왕에게 충성을 다하는 훌륭한 신하와 군사들이 많이 필요하겠지요? 진흥왕은 기존의 화랑도를 국가적으로 운영하면서 인재를 키우고, 군사력을 늘렸어요. 화랑도란 신라의 청소년들을 모아 무예와 불교를 가르치는 교육 기관이에요. 고구려의 소수림왕도 인재를 키우기 위해 유교를 공부할 수 있는 태학을 설립했는데, 진흥왕도 마찬가지랍니다.

그러나 신라의 화랑도는 조금 독특하게도 불교를 바탕으로 한 신라 고유의 정신을 가르쳤어요. 화랑도는 아주 큰 효과를 발휘했어요. 사다함, 김유신, 관창 등의 화랑 출신 장군들이 전쟁에서 큰 공을 세웠거든요. 높은 관리들과 무열왕 같은 왕족들도 화랑 출신이었답니다.

**태후**
앞선 임금님의 왕후가 살아있을 때 태후라고 부른답니다.

551년, 진흥왕은 오랫동안 동맹 관계를 유지해 온 백제의 요청에 따라 한강을 정복하기 위한 첫 원정을 떠나요. 고구려가 지배층의 다툼과 중국의 침입 등으로 내부 사정이 복잡했던 틈을 노린 거지요. 진흥왕은 백제의 성왕과 힘을 합쳐 고구려를 공격했고 마침내 한강 유역을 차지하는 데 성공해요.

이때부터 진흥왕의 고민이 시작됐어요. 사실 신라가 정말로 원했던 것은 당항성이 있는 한강 남쪽 지역이었는데, 그 지역은 백제가 차지하게 되었거든요. 당항성은 황해의 바닷길이 열려 있어서 중국과 직접 교류를 할 수 있는 아주 중요한 곳이었어요. 그렇다고 120년이란 오랜 세월 동안 동맹 관계를 유지해 온 백제를 배신한다는 게 쉬운 결정은 아니었어요. 그러나 분명한 것은 만약 지금 이 기회를 놓친다면 신라는 영영 한강을 차지하지 못한 채 한반도의 작은 나라로 머물지도 모른다는 사실이에요. 결국 신라는 백제를 공격했어요. 이때 진흥왕의 나이는 겨우 20세였답니다.

신라의 행동에 배신감을 느낀 백제는 태자 부여창(훗날의 위덕왕)을 앞세워 3만 명의 군사를 끌고 국경 근처의 관산성을 기습 공격했어요. 관산성은 백제와 신라의 국경이 만나는 곳이라 두 나라 모두 빼앗겨서는 안 되는 중요한 지역이지요. 혼신의 힘을 다한 백제의 공격에 자칫하

면 신라도 위험할 뻔한 상황이었습니다.

그러나 다행히 신라의 **김무력**이 관산성을 차지한 백제군을 공격해 전세를 역전시켰습니다. 이때 아들 부여창을 격려하고자 50여 명의 호위 병력만을 이끌고 관산성으로 향했던 성왕이 몰래 숨어 있던 신라의 병사에게 기습을 당해 죽고 말았어요. 백제는 3만 대군이 몰살당하는 수모를 겪고 물러서야 했어요. 진흥왕은 한강을 차지한 김에 동해안을 따라 고구려의 영토였던 영흥만 일대와 함흥평야까지 진출하였어요.

562년, 진흥왕은 신라의 **명장**이자 국방부 장관인 이사부에게 대가야를 정복하도록 지시해요. 전투의 **선봉**에는 화랑 사다함이 있었지요. 화랑도를 통해 인재를 키워온 진흥왕의 정책이 빛을 발한 순간이었지요. 이사부와 사다함의 활약으로 대가야는 결국 멸망해요.

진흥왕의 정복 전쟁으로 신라의 영토는 3배 이상 확장되었어요. 이제 신라는 경상도 일부에 불과했던 작은 나라에서 북쪽으로 영흥만과 함경도 일부 지역을, 서쪽으로 한강을, 남쪽으로는 대가야가 있었던 경상도 지역을 차지해 한반도의 절반 이상을 차지하는 나라가 되었지요. 한강을 빼앗긴 백제와 고구려는 강력해진 신라를 견제하기 위해서 서로 동맹을 맺었습니다.

전쟁의 성과를 거둔 진흥왕은 신라 곳곳에

**김무력**
가야의 왕자 출신이자, 김유신 장군의 할아버지랍니다.

**명장**
이름이 널리 알려진 장군

**선봉**
부대의 맨 앞에 나서서 작전을 수행하는 군대

▲ 신라의 진출 방향

행차하였어요. 진흥왕은 나라 곳곳에 전쟁으로 지친 백성들을 위로하고 상을 주었을 뿐 아니라, 개국 이래 최대 영토를 차지하게 된 신라의 위대함을 자축하기도 했지요.

특히 그는 신라의 드넓은 영토를 자랑하기 위해 **순수비**와 **단양 신라 적성비**라는 비석을 세웠어요. 강력해진 신라의 국력을 천하에 뽐내 나라의 위상을 높이고, 자신의 업적을 기록하기 위해서였지요. 진흥왕은 순수비에서 스스로를 **태왕**이라고 표현하여 황제의 **위엄**을 뽐냈어요. 진흥왕의 순수비는 현재 4개가 남아 있어요. 영토의 끝자락마다 한 개씩 세웠지요. 한강을 차지했을 때 세운 북한산 순수비(국보 3호), 가야를 합병시켰을 때 세운 창녕 척경비, 함경도 진출을 자랑하며 세운 황초령 순수비, 마운령 순수비가 바로 그것이에요. 특히 북한산 순수비는 한강을 차지한 후 세운 것이기 때문에 진흥왕의 업적을 가장 잘 나타내 주지요.

진흥왕은 정복 전쟁을 하는 동시에 나라를 안정적으로 다스릴 수 있도록 많은 노력을 기울였어요. 진흥왕은 이사부의 조언을 들어 신하 거칠부에게 『국사』라는 역사책을 펴내도록 지시했어요. 불교에 대한 믿음이 깊었던 그는 황룡사라는 거대한 절을 짓기도 했답니다. 황룡사에서는 나라의 발전과 평안을 기원하고, 백성들의 마음이 하나가 될 수 있도록 불교 집회를 열곤 했어요.

한강을 차지한 신라가 중국과 직접 교류를 하면서 생긴 큰 변화는 '고구려-백제-왜' 대 '당-신라'의 십자형 외교를 하게 됐다는 거예요. 또한 신라는 삼국 통일을 이뤄낼 수 있다는 자신감과 인재를 양성할 수 있는 토대를 마련하게 됐답니다.

**순수비**
왕이 직접 영토를 살피며 돌아다닌 곳을 기념하기 위하여 만든 비석을 말해요.

**단양 신라 적성비**
단양 신라 적성비는 순수비가 아니랍니다. 한강 지역에 살고 있었던 백성에게 포상을 내린 내용이 있는데요. 다른 곳의 백성들도 신라에 충성하면 상을 받는다는 것을 보여 주어 백성들의 마음을 얻기 위한 뜻이 담겨 있어요.

**태왕**
왕을 높여 부르는 표현. 대왕과 비슷한 뜻

**위엄**
존경받을만한 힘과 엄숙한 태도를 지녔음

## 스페셜뉴스 - 현장 브리핑

### 진골 청소년 여러분, 화랑에 지원하세요!

고구려, 백제에는 없고 신라에만 있는 특별한 단체가 있습니다. 바로 청소년들이 모여 훈련을 받는 군사 단체인 '화랑'입니다. 오늘날로 치면 보이스카우트와 비슷하다고 볼 수 있겠네요. 화랑의 '화'는 '꽃 화(花)', '랑'은 '사내 랑(郞)'을 써서 '꽃처럼 아름다운 남자'라는 뜻을 지니고 있답니다. 아름다운 남자들을 뽑아서 군사 훈련을 시킨다니, 뭔가 독특하고 개성적이지요?

원래 화랑은 원화라고 불리는 여성 우두머리들이 그들을 따르는 3백 명의 젊은이들을 거느리는 인재 양성 제도였어요. 그런데 원화였던 남모와 준정이라는 여인들 사이에서 시기와 질투가 벌어지면서 비극이 발생했지요. 아름다운 남모를 질투한 준정이 그녀에게 술을 먹여 강물에 던져버리는 사건이 발생한 것이죠. 그 후 준정은 처형을 당하게 됐어요. 남모와 준정 소식을 접한 진흥왕은 이 사건을 해결하고 화랑 제도를 변화시키겠다고 밝혔지요.

> 나 진흥왕은 기존 화랑도의 문제점을 고치고, 국가적으로 인재를 키우는 단체로 완전히 개편할 예정입니다. 그래서 낭도들이 따르던 원화를 여성에서 용모가 뛰어난 남성으로 바꾸고자 합니다.
> 전쟁이나 관직에 나가 공을 세우고, 가문의 명예를 높이고 싶은 귀족 청소년들의 많은 지원 바랍니다.

국가에서 화랑도를 통해 대대적으로 인재를 양성한다는 소문에 꿈을 가진 청소년들이 너도나도 줄을 서서 신청서를 내려고 하고 있습니다. 하지만 아무나 화랑이 될 수는 없다고 하는데요. 화랑의 자격 조건이 어떤 것인지 알아볼까요?

## 화랑을 모집합니다!

1. 성별 : 남자만 가능
2. 나이 : 15~18세 청소년
3. 출신 : 진골 귀족만 가능. 단, 화랑을 따르는 낭도의 경우에는 평민도 지원 가능합니다.
4. 외모가 단정하고 품행이 올바른 사람이어야 합니다.
5. 책을 많이 읽어 학식이 높은 사람이어야 합니다.

한편 화랑에 대한 명성이 날로 높아지면서, 화랑이 무엇을 배우는지에 대한 관심도 높아지고 있는데요. 전국 각지의 경치 좋은 곳을 여행하며 몸과 마음을 수련한다고 합니다. 취재팀이 수련 현장을 찾아갔습니다. 화랑이 된 청소년들이 아름다운 풍경 속에서 땀을 흘려 가며 무예를 갈고 닦고 있군요. 화랑도에서는 무술뿐만 아니라, 마음을 수련하는 것을 가장 중요하게 여기지요.

### 세속 5계
1. 임금님께 충성해야 합니다(사군이충).
2. 부모님께 효도해야 합니다(사친이효).
3. 믿음으로 친구를 사귀어야 합니다(교우이신).
4. 살아있는 것을 함부로 죽여서는 안 됩니다(살생유택).
5. 한 번 싸우면 물러서지 않습니다(임전무퇴).

화랑들은 원광 법사님께서 만든 다섯 가지의 규칙인 '세속 5계'를 외우며 충성심, 애국심, 협동심, 효도, 용기, 정의 등의 중요한 가치들을 공부합니다. 화랑도라면 누구나 세속 5계를 지켜야 할 뿐만 아니라, 전쟁터에 나갔을 때 신라를 지키기 위해 목숨을 바쳐 싸워야 하지요.

이토록 멋진 생각을 가진 청소년들이 늘어난다면 신라의 힘도 점점 커지겠죠? 화랑 출신들이 높은 관직에 대거 진출하고, 전쟁터에서도 크게 활약하면서 훌륭한 인재 양성 제도로 인정받았답니다.

## 한강의 주인은 바로 나!

시청자 여러분 안녕하세요? 고구려, 백제, 신라 모두의 사랑을 받은 강인 '한강'이라고 합니다. 저의 주인이 되겠다는 나라들이 너무 많아서 서로 싸우고 야단이라니까요! 이놈의 인기란…. 우선, 저의 매력이 뭔지 알려 드릴게요.

**매력 1** 한반도 한가운데에 위치해 있어서 저를 차지하는 순간 삼국 통일의 주도권을 잡기 편해져요. 전쟁의 전략을 짜기 좋다고나 할까요?

**매력 2** 제 주변에 펼쳐진 평야 지대에는 곡식이 무척 잘 자랐어요. 물을 주기도 편하고, 땅이 비옥하기 때문이죠. 농사가 잘 되면 먹을 것이 풍부하기 때문에 백성들의 삶이 편안해지고, 나라의 경제적인 기반이 탄탄해진답니다.

**매력 3** 저를 통해 배를 띄우면 육지에서보다 빠르게 이동할 수 있어 세금을 걷거나 물건을 운송하기 편하답니다. 또한 저와 황해 바다가 이어져 있기 때문에 중국과의 교류가 쉬워져서 나라가 빠르게 발전할 수 있어요.

지금부터 저의 주인이었던 나라들을 소개해 드리려고 합니다. 각각의 지도에서 영토의 크기와 한강의 위치를 주목해 주세요!

### 첫 번째 주인 : 백제(기원전 18~4세기, 근초고왕)

백제는 처음 온조왕이 나라를 세울 때부터 거의 5백 년 동안 저의 주인이었던 나라랍니다. 삼국 중 한강 유역이 도읍이었던 유일한 나라기도 하고요. 백제는 저의 장점을 빨리 이용한 덕분에 세 나라 중에 가장 먼저 전성기를 맞이했어요. 특히 근초고왕 때의 백제는 고구려의 고국원왕을 전사시키기도 하고, 한강과 바다를 접한 나라답게 활발한 해상 활동으로 중국과 왜 등의 여러 지역과 직접적으로 교류를 하며 세계 무대로 나아갔답니다. 그러나 고구려의 남진 정책으로 개로왕이 전사하자 한강을 빼앗기고 말았죠.

진흥왕 | 삼국의 주도권을 잡다!

### 두 번째 주인 : 고구려(5세기, 광개토 대왕, 장수왕)

고구려는 저를 차지한 주인들 중 가장 힘이 세고 땅도 넓게 차지한 나라였어요. 저를 차지한 고구려의 대표적 왕은 그 이름도 유명한 광개토 대왕과 장수왕이지요. 광개토 대왕 때 백제를 공격하여 한강 이북을 차지하였어요. 그리고 그의 아들인 장수왕이 평양으로 도읍을 옮긴 후 남진 정책을 추진하였어요. 그래서 백제의 한성을 무너뜨리고 남한강 유역으로 진출하여 금방 저를 차지할 수 있었답니다. 그런데도 저를 다스린 기간은 삼국 중에서 가장 짧았어요. 왜냐고요? 그 후 고구려는 지배층들이 서로 권력 다툼을 하느라 나라가 분열되는 바람에 저를 신경 쓸 겨를이 없었거든요. 그런 고구려의 복잡한 상황은 신라에게 기회가 되었답니다.

### 세 번째 주인 : 신라(6세기, 진흥왕)

신라는 그동안 호시탐탐 저를 노려왔어요. 신라는 한반도 동남쪽 구석에 위치한 작은 나라였던 탓에 중국과 교류를 하지 못해 다른 나라들에 비해 발전이 많이 늦어졌거든요. 사실 저도 신라가 저의 주인이 될 줄은 미처 몰랐어요. 원래 신라는 백제랑 동맹을 맺어서 고구려를 공격한 뒤, 저를 반반씩 나눠 가지기로 약속했었는데, 갑자기 백제를 배신하더니 저를 전부 다 차지하는 게 아니겠어요? 이로써 신라는 고구려와 백제의 연결을 차단하고, 황해를 통해 직접 교역을 하게 되었어요. 신라의 진흥왕은 저의 주인이 되고 얼마나 신이 났는지 비석을 세워 자랑을 하기도 했답니다. 신라는 저를 차지한 후로 아주 빠른 속도로 발전하더니 결국 삼국을 통일한 주인공이 되었답니다.

삼국 시대 이후로도 조선의 도읍인 한양과 대한민국의 수도인 서울 모두 저를 중심으로 발전했답니다. 어때요? 역사적으로 제가 얼마나 중요한 곳인지 알 수 있지요?

213

 고종훈의 한국사 브리핑

## 인물 핵심 분석 ▶ 진흥왕

QR 코드를 찍으면 고종훈 선생님의 강의를 볼 수 있어요.

시대 ▶ 534년~576년
재위 기간 ▶ 540년~576년
장래 희망 ▶ 정복 전쟁에 승리해 삼국 통일을 이루는 것.
내가 좋아하는 사람들 ▶ 화랑
연관 검색어 ▶ 화랑도, 순수비, 단양 신라 적성비, 진흥왕 순수비, 대가야 멸망
역사적 중요도 ▶ ★★★★★
시험 출제 빈도 ▶ 높음

### 고구려를 몰아내고 한강을 차지하기 위해 나제 동맹을 맺었어요.

백제의 성왕이 신라에 동맹을 제의했어요. 백제의 성왕과 신라의 진흥왕은 나제 동맹을 통해 **100여 년 동안 한강을 차지한 고구려를 몰아내고 한강 유역을 사이좋게 나눠 갖자**고 약속했어요.

### 나제 동맹을 깨고 한강을 모두 차지했어요.

진흥왕은 동맹을 깨고 백제에게서 한강 하류 지역을 빼앗아 한강을 모두 차지하였어요. 신라는 기세를 몰아 고령의 대가야를 정복하여 경상도 지역 전체를 손에 넣었고 고구려를 공격해 동해안을 따라 북쪽으로 함흥 평야까지 차지했어요. **진흥왕은 점령 지역에 4개의 순수비와 단양 신라 적성비를 세웠습니다.**

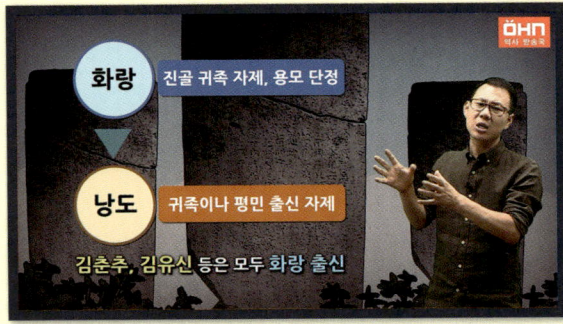

### 불교를 정비하고 화랑도로 인재를 키웠어요.

진흥왕은 불교의 교단을 정리하여 사상적 통합을 꾀하였습니다. 또한 황룡사를 축조하기도 했어요. 한강을 차지한 후 중국의 문화를 더 쉽고 빠르게 받아들일 수 있었어요. 또한 **진흥왕은 화랑도를 통해 인재를 키웠습니다.** 이 인재들은 훗날 삼국 통일에도 많은 활약을 하였답니다.

# 06 선덕 여왕

**우리나라 최초의 여왕**

**시대** ?~647년　**재위 기간** 632년~647년

말풍선:
- 성골 남자가 씨가 말랐군~~!
- 으~~ 골치야! 도대체 누가 왕을 해야 한단 말인가!
- 후훗! 제가 한 번 잘해 보죠!
- 도대체 여자 왕이 어디 있단 말이야! 이건 안될 일이야!
- 하지만 덕만 공주 말고는 왕을 할 사람이 없는데 어떡해~
- 최초의 여왕 탄생이군요!
- 기념할 만한 일인 걸?

## 타임라인 뉴스

| ? | 632 | 634 | 640 | 642 | 647 |
|---|---|---|---|---|---|
| 진평왕의 첫째 딸로 태어나다 | 왕위에 오르다 | 분황사를 세우다 | 귀족 자제들을 당으로 유학 보내다 | 의자왕의 공격으로 영토를 잃다 | 신라 문화 발전에 이바지하고 승하하다 |

# 1 인물 초대석

*생방송*한국사

여왕을 등장시킬 만큼 강력했던 골품제!

지금 이곳은 신라의 제27대 선덕 여왕의 즉위식이 거행되는 현장입니다! 우리나라 최초로 여성이 왕위에 오르게 된 것인데요. 신라의 귀족들은 대체로 **여왕**의 등장에 불만이 있는 눈치입니다. 스튜디오에 선덕 여왕을 모시고 인터뷰를 진행하도록 하겠습니다.

선덕 여왕

안녕하세요. 제가 왕에 오를 수 있었던 것은 골품제라는 신라 특유의 신분 제도 덕분이었어요. 골품제에 따르면 성골만이 왕의 자리에 오를 수 있답니다. 그런데 아버지 진평왕은 아들을 낳지 못하고 세상을 떠났어요. 남은 성골은 저와 사촌동생 승만 공주(훗날의 진덕 여왕)뿐이었죠. 성골의 숫자가 줄어들게 된 이유는, 부모님 양쪽이 모두 성골인 사람만 성골이 될 수 있었기 때문이에요.

신라 귀족들은 다음 왕을 어떻게 정할지 고민에 빠졌어요. 골품제에 의하면 성골 아닌 다른 출신을 왕위에 올릴 수도 없고, 그렇다고 여자를 왕위에 올리는 것도 마음에 걸렸기 때문이에요. 그러나 저는 결국 아버지의 뒤를 이어 632년에 여성으로는 최초로 왕위에 올랐고 16년간 나라를 다스렸답니다.

216 선덕 여왕 | 우리나라 최초의 여왕

### 왕의 자리에 오르고 나니 어떤 점이 가장 힘들게 느껴지셨나요?

 우선 백제군의 공격에 시달려야 했어요. 급기야 백제 의자왕의 공격으로 대야성이 함락당해 김춘추의 사위 김품석이 죽는 일이 생겼지요. 백제를 견제하기 위해 김춘추를 고구려에 파견했지만, 고구려는 김춘추를 감옥에 가둬 버리기까지 했지요. 상대등의 자리에 있던 '비담'이라는 사람은 반란을 일으켰고요. 다행히 김유신 장군이 진압했지요.

### 선덕 여왕 대에는 훌륭한 문화재가 많이 만들어졌지요?

 저는 **황룡사** 앞마당에 80m 높이의 거대한 9층 목탑을 세웠지요. 아파트 25층 정도 되는 높이에요.

황룡사 9층 목탑에는 불교의 힘으로 중국, 일본 등 주변에 있는 아홉 개의 나라를 신라에 항복시키겠다는 원대한 포부가 담겨 있어요. 안타깝게도 고려 때 몽골군에 의해 불타버리고 말았습니다. 이 외에도 분황사 석탑, 첨성대 등 뛰어난 문화재들도 만들었어요.

### 신라의 역사를 나누는 기준에 대해 말씀해 주시겠습니까?

 『삼국사기』에서는 신라의 역사를 상대, 중대, 하대로 나눠 설명하고 있어요. 상대는 성골, 중대는 무열왕의 자손인 진골, 하대는 내물왕의 자손인 진골이 왕위를 계승했지요. 저와 진덕 여왕을 끝으로 성골이 끝이 나고, 그 후로는 진골이 왕이 되어 나라를 다스리게 됐답니다.

### 이상으로 선덕 여왕과의 인터뷰를 마무리하겠습니다.

**여왕**

우리나라에 세워진 나라들 중 여자가 왕에 오를 수 있었던 나라는 오직 신라밖에 없어요. 신라는 27대 선덕 여왕과 28대 진덕 여왕, 51대 진성 여왕 이렇게 세 명의 여왕을 배출했지요.

**황룡사**

진흥왕이 세운 절이고, 황룡사 9층 목탑은 선덕 여왕이 세운 거랍니다.

## 삼국은 왜 천문 관측을 중요시 했을까?

시계나 달력이 없었던 옛날 사람들은 밤하늘의 별을 관찰하며 방향이나 시간 같은 정보를 얻었어요. 별은 사람들의 신화적인 상상력을 자극하기도 하고, 국가의 운세를 점치는 점성술과도 연관이 있었기 때문에 고대 국가의 왕들은 하늘의 움직임을 주의 깊게 관찰하곤 했지요. 이는 하늘이 준 왕권을 강조하기 위한 것이기도 했어요. 그러나 무엇보다도 별을 관찰하는 가장 중요한 이유는 날씨를 정확히 예측해서 농사를 잘 짓기 위해서였답니다. 백성들이 걱정 없이 농사를 잘 짓게 할 수 있도록 보살피는 것이 왕의 가장 큰 의무였으니까요.

우리나라의 대표적인 천문도, '천상열차분야지도'

▲ 천상열차분야지도

'천상열차분야지도'는 가로 122.8cm, 세로 200.9cm의 검은 대리석에 새겨져 있어요. 이는 세계에서 두 번째로 오래된 천문도이기도 합니다. 천상열차분야지도란 이름은 '하늘의 모양을 각 구역마다 나눠 그린 후 순서대로 배열한 그림'이라는 뜻입니다. '천상열차분야지도'에 그려진 별은 총 1,467개로 우리나라 하늘에서 두 눈으로 관찰할 수 있는 모든 별이 담겨 있어요. 북두칠성처럼 일 년 내내 볼 수 있는 중요한 별부터 은하수까지 전부 표시되어 있지요. 중국 천문도에는 들어가지 않은 우리만의 별자리가 들어가 있는, 우리가 직접 관측한 천문도라서 더 가치가 있어요.

고구려의 천문도

고구려의 천문도는 각각의 돌 안에 하늘에 대한 수많은 정보와 천하의 중심임을 자부했던 고구려의 뛰어난 천문 과학 기술이 담겨 있습니다. 고구려의 석각 천문도는 고구려가 멸망할 무렵에 전쟁으로 대동강에 떠내려 가버리는 바람에 영영 잃어 버리게 됐어요. 다행히 먼 훗날인 700년 뒤에 고구려 천문도의 탁본을 보관했던 사람이 나타나 조선을 건국하는 이성계에게 바쳤다고 해요. 그래서 오늘날의 '천상열차분야지도'가 남아 있게 된 것이지요.

### 신라의 첨성대

삼국 시대의 뛰어난 천문학 기술을 엿볼 수 있는 또다른 유적은 바로 신라 첨성대에요.

첨성대는 선덕 여왕 때 만들어진 천체 관측 기구로, 우리나라 최초의 천문대이자 세계에서 가장 오래된 천문대입니다. 무려 그 나이가 1300년이나 된다고 해요.

첨성대의 높이는 9.17m로, 오늘날 상상할 수 있는 천문대 치고는 그렇게 거대한 규모는 아닙니다. 그러나 돌의 개수와 단의 숫자가 천문학에서 중요하게 여기는 숫자에 딱 맞춰 쌓아올려져 있어요. 우선 전체 돌의 개수는 362개로 음력으로 계산한 1년의 날수와 같아요. 전체 단의 숫자 27단은 선덕 여왕이 27대 왕임을 의미하는데요. 우물 정(井)자 모양의 돌을 합치면 28단이 되어서 별자리 28수를 의미하고, 거기에 아래 기단부 돌까지 합치게 되면 29단, 30단이 되어서 한 달의 날 수와 같아집니다. 또한 창문을 기준으로 위쪽과 아래쪽 단이 12단으로 나뉘는데 이는 12달이자 24절기를 의미하게 됩니다.

첨성대는 출입문이 없는 대신, 사다리를 걸쳐서 올라갈 수 있도록 되어 있었어요. 사다리를 타고 창문 안으로 들어간 뒤, 다시 내부 사다리를 타고 꼭대기에 올라가 하늘을 관측했을 거라고 해요.

신라 사람들은 첨성대에서 24절기와 날씨를 관측해 농사에 활용했어요. 뿐만 아니라 천문 담당 관리를 따로 뽑아 천문학을 연구하고, 천문도나 천문 기구를 제작하기도 했지요. 일식을 29번 관찰하여 기록할 만큼 신라의 천문학은 발전되어 있었답니다.

▶ 첨성대

## 일본에 전파된 삼국의 문화

　일본에 가장 많은 영향을 준 나라는 해상 왕국 백제예요. 백제는 일본에 아직기와 왕인 등의 학자를 보내 한자, 유교, 회화, 불교 등 백제의 우수한 선진 문화를 전했지요. 또한 일본의 사신들에게 백제의 우수한 철기 기술을 자랑하기도 했어요. 그리하여 칠지도라는 칼을 하사하기도 했지요. 또한 수많은 왕족들과 학자들, 백제 유민들이 일본으로 건너와서 살았어요.

　고대 일본 문화의 흔적 곳곳에 백제라는 이름을 찾아보기란 어렵지 않답니다. 7세기 아스카 문화를 이끈 쇼토쿠 태자는 법륭사(호류지)라는 절을 건립했는데요. 이곳에는 백제 왕이 쇼토쿠 태자에게 보낸 백제 관음상이 있어요. 이 백제 관음상은 많은 일본 사람에게 여전히 사랑받는 보물로 남아 있답니다.

　고구려가 일본에 남긴 영향 역시 쉽게 찾아볼 수 있어요. 고구려의 승려였던 담징은 일본으로 건너가 불교에 대한 지식뿐 아니라 종이와 먹의 제조법을 전해 주었습니다. 쇼토쿠 태자가 지은 법륭사 안에 있는 금당 벽화를 담징이 그렸다고 전해지고 있어요.

◀ 법륭사 백제 관음상

◀ 법륭사 금당 벽화

고구려의 수산리 고분 벽화와 일본 다카마쓰 고분 벽화가 얼마나 닮았는지 보실까요? 수산리 고분은 고구려 귀족 부부의 무덤이에요. 벽화 속에는 나들이를 가는 귀족 부인의 모습이 담겨 있어요. 수산리 고분 속 부인의 치마 주름 모양과 다카마쓰 고분 속 여인들의 치마 주름 모양이 매우 흡사하지요.

▲ 고구려의 수산리 고분 벽화(왼쪽), 일본의 다카마쓰 고분 벽화(오른쪽)

마지막으로 신라가 남긴 영향을 확인해 볼 차례에요. 일본에는 광륭사(고류지)라는 절이 있는데, 이곳은 신라에서 온 불상을 모시기 위해 세운 거라고 해요. 그 불상은 바로 일본의 국보 제1호로 지정된 목조 미륵보살 반가사유상입니다. 신라에서 온 불상이 국보 1호로 지정되었다니 그 가치가 얼마나 인정받았는지 알 수 있겠죠? 이 불상은 우리의 국보 83호인 금동 미륵보살 반가사유상과 쌍둥이처럼 꼭 닮았답니다. 한쪽 다리만 올린 자세, 얼굴 주변으로 손을 올린 모양, 고요히 생각에 잠긴 표정, 옷 주름, 머리 모양까지 보면 볼수록 똑같아요. 어때요? 삼국이 일본에게 남긴 영향, 여러분도 확인할 수 있겠지요?

▲ 금동 미륵보살 반가사유상(왼쪽),
광륭사 목조 미륵보살 반가사유상(오른쪽)

## 고종훈의 한국사 브리핑

### 인물 핵심 분석 ▶ 선덕 여왕

QR 코드를 찍으면 고종훈 선생님의 강의를 볼 수 있어요.

시대 ▶ ?~647년
재위 기간 ▶ 632년~647년
국정 운영 스타일 ▶ 나라의 위기를 불심으로 극복하자!
지금 생각나는 사람 ▶ 김유신
연관 검색어 ▶ 신라 여왕, 황룡사 9층 석탑, 첨성대
역사적 중요도 ▶ ★★★★☆
시험 출제 빈도 ▶ 높음

### 최초의 여왕이 되었어요.

진평왕이 죽자 성골 출신의 남자가 존재하지 않아 선덕 여왕이 여성으로서 최초로 왕이 될 수 있었어요. 여성으로 왕위에 올라 많은 혼란이 있었지만 잘 이겨냈지요.

### 국가적 위기를 겪고 있던 신라는 외교에 힘써 나당 동맹을 맺었어요.

선덕 여왕은 외교에 힘썼어요. 백제의 공격이 심해 김춘추를 고구려에 보내 연맹을 제의하기도 하였고 백제와 고구려의 압박을 피하기 위해 당과의 외교를 꾀했어요. 이러한 과정을 거쳐 신라는 **결국 백제와 고구려 멸망의 토대가 되는 나당 동맹을 맺었어요.**

### 문화적 발전을 많이 이루었어요.

선덕 여왕은 황룡사 9층 목탑을 세워 불교의 힘으로 백성의 마음을 하나로 모으고자 하였어요. 분황사와 영묘사도 세웠지요. **뿐만 아니라 세계에서 가장 오래된 천문대인 첨성대를 세워** 별자리를 관측해 농사에 도움이 되고자 하였습니다.

# 가야

삼국 사이에서 당당히 균형추 역할을 하며 우리 고대사를 장식한 가야!

비록 정치력이 약해 가장 먼저 사라져 버렸지만

유적 속에서 보이는 가야는 뛰어나고도 강한 나라입니다.

가야는 왜 정치적 단결이 약했을까요?

그리고 주변에 문화적으로 어떤 영향을 끼쳤을까요?

김역사 기자와 함께 알아보시죠.

# 1 헤드라인 뉴스

## 가야의 시조들, 여섯 개의 알에서 태어나다!

촌장들과 마을 사람들이 구지봉이라는 산봉우리에 모여들어 노래를 부르고 춤을 추고 있는 현장입니다! 그러자 갑자기 하늘에서 황금 알 여섯 개가 들어있는 황금 상자가 내려왔다고 하는데요? 과연 앞으로 어떤 일이 벌어지게 될까요? 김역사 기자가 전해 드립니다.

낙동강 하류의 변한이라는 지역에는 아직까지 나라 이름도, 왕도 없었습니다. 대신 촌장들이 아홉 개의 마을을 다스리고 있었지요. 그런데 어느 날, 마을 북쪽에 있는 구지봉이라는 산봉우리에서 이상한 소리가 들렸어요. 봉우리에는 아무도 없었고 하늘에서 목소리만 들려왔습니다.

"하늘이 내게 명령하길, 변한 땅에 나라를 세우고 임금이 되라고 하셨다. 내가 이곳에 왔으니 너희들은 봉우리 주변의 흙을 파면서 노래를 부르고 춤을 추어라. 그러면 곧 너희가 바라는 임금님을 맞이하게 될 것이다."

촌장들과 마을 사람들은 흙을 파면서 「구지가」라는 노래를 부르고 춤을 추었어요.

"거북아, 거북아, 머리를 내밀어라, 내밀지 않으면 구워서 먹으리!"

그러자 하늘에서 붉은 줄이 내려오더니 그 끝에 붉은 보자기로 감싸

지금부터 가야라는 나라가 어떻게 시작되었는지 그 이야기를 들어 보실까요?

김역사 기자

진 황금 상자가 있었어요. 상자를 열어보니 태양처럼 둥글고 환하게 빛나는 황금 알 여섯 개가 들어 있었답니다.

15일이 지나 상자를 다시 열어 보니 여섯 개의 알은 여섯 명의 사내아이로 변해 있었죠. 그중 가장 먼저 태어난 아이는 키가 크고 잘생겼는데 사람들은 그 아이가 제일 처음 나타났다고 해서 '김수로'라는 이름을 지어주었지요. 그리고 그가 세운 나라를 금관가야라고 했어요. 다른 다섯 아이들도 각각 다섯 가야국의 왕이 되었지요. 그때가 42년이었어요. 김수로가 세운 금관가야는 가장 힘이 센 나라여서 가야국들의 연맹을 이끄는 나라가 되었답니다. 또한 김수로는 김해 김씨의 시조가 되었어요.

**가야**의 건국 이야기에는 중요한 특징이 있어요. 우선 가야의 시조가 되는 여섯 왕들이 구지봉 하늘 위에서 내려왔다는 거예요. 게다가 모두 태양을 닮은 황금 알에서 태어났지요. 고구려의 주몽, 신라의 박혁거세의 건국 이야기와 비슷하지 않나요? 이런 건국 이야기들은 하늘에서 내려온 신의 아들이 나라를 세웠다는 걸 보여 주고 있답니다.

그러나 가야 건국 이야기만의 독특한 점도 있어요. 우선 왕을 맞이하기 위해서 「구지가」라는 노래를 부른다는 거예요. '머리'라는 것은 왕을 뜻하기 때문에, 결국 이 노래는 거북이에게 왕을 달라고 소원을 비는 내용인 거예요. 게다가 흙을 파고 노래를 부르며 춤을 추는 모습은 모든 백성들이 힘을 모아 노동을 하는 신성한 순간을 표현하고 있지요. 한 개의 알에서 왕이 태어나는 이야기들과 달리 한꺼번에 여섯 개의 알에서 왕이 태어난다는 점도 달라요. 가야는 여러 나라가 하나의 나라를 이루는 연맹 왕국이었기 때문에 각 나라마다 따로 왕이 있었거든요.

**가야**

김해라는 지역을 중심으로 작은 나라들이 모여 만든 나라였습니다. 흔히 금관가야, 대가야, 성산가야, 고령가야, 아라가야, 소가야 등의 6가야라고 전해지는데, 사실은 더 많은 나라들이 있었을 거라고 해요.

## 2 헤드라인 뉴스

중계 무역으로 번성했던 철의 나라, 가야

가야에 수많은 나라의 상인이 몰려들어 철로 만든 제품들을 구입하고 있습니다! 왜, 중국, 멀리 인도 사람들까지 보이는데요. 전 세계에서 인정받는 가야 제품들의 인기 비결은 뭘까요? 김역사 기자와 함께 신비의 나라 가야에 대해 알아보시죠!

가야는 김해 지역에서 생산된 철을 바탕으로 빠르게 성장할 수 있었습니다. 가야 사람들은 철을 생산할 뿐만 아니라 그것을 제련하여 갑옷과 무기, 농기구 등을 만들어 다른 나라와의 교역에 내놓았어요. 우수한 철제품을 사기 위해 여러 나라 상인들이 줄지어 가야를 찾아왔지요.

또한 가야는 발달된 상업 국가였어요. 가야의 여러 나라들 중에서도 특히 금관가야가 있었던 김해 지역은 교통의 요충지였답니다. 김해 지역은 낙동강을 따라 내륙 깊숙이 바닷길이 연결되어 있어요.

가야의 시조였던 김수로는 인도 아유타국의 공주 허황옥과 결혼했어요. 허황옥은 붉은 돛을 달고 붉은 깃발을 휘날리는 배를 타고 바다 건너 가야로 왔다고 해요. 인도에서 가져온 돌로 만든 파사 석탑이 아직도 남아 있지요.

> 가야가 '철의 나라'로 불렸던 이유는 뭘까요? 그건 바로 김해 지역에서 생산되는 우수한 품질의 철 덕분이랍니다!

김역사 기자

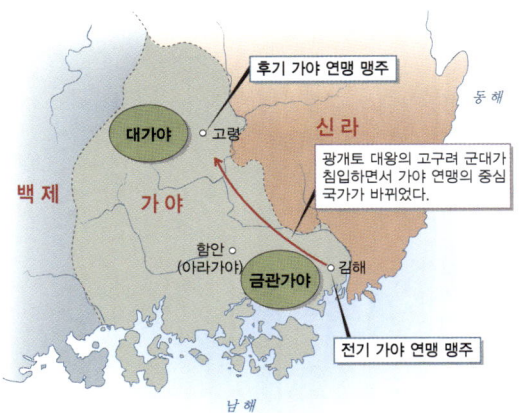

▲ 가야 연맹

**낙랑군, 대방군**
고조선 멸망 당시 중국 한에서 한반도에 남겨 두고 간 군사 주둔 지역이에요.

**환두대도**
칼의 손잡이 쪽의 둥근 모양을 한 큰 칼을 말해요.

가야는 주로 바다 건너 왜나, **낙랑군**, **대방군**과 같은 곳과 거래하였어요. 가야는 중국의 발전된 문화를 받아들이고, 그것을 왜와 변한 지역에 전파했어요. 그 과정에서 철을 팔아 돈을 벌기도 하고, 다른 나라의 물건을 비싼 값에 되팔기도 하며 무역 중계 국가로서 크게 이득을 볼 수 있었습니다.

특히 왜는 철을 만드는 기술이 뒤쳐졌던 터라 가야의 철 기술에 상당히 의지했답니다. 많은 왜인들이 가야에 들어와서 살기도 했지요. 이때 가야인들이 만들었던 금관, **환두대도**, 철제 농기구, 판갑옷, 말 머리 가리개, 덩이쇠 등의 유물은 오늘날에도 여전히 남아 있답니다.

그런데 가야에게 위기가 닥쳤어요. 백제와 신라가 성장하면서 가야 못지않게 뛰어난 기술로 철을 생산할 수 있게 된 거예요. 백제와 신라는 이를 계기로 가야와 잦은 분쟁을 일으켰어요. 또한 고구려가 낙랑군과 대방군을 무너뜨리자 가야는 주로 교역하던 나라들을 잃게 되었답니다. 게다

▲ 지산동 고분에서 출토된 금관

▲ 철제 갑옷과 투구

▲ 말 머리 가리개

가 금관가야로 돈과 권력이 집중되는 것에 불만을 품은 가야의 소국끼리 다툼이 벌어지기도 했어요.

그러나 무엇보다도 가야의 힘을 약하게 만들었던 것은 고구려 광개토 대왕이 신라에 침입한 왜를 물리치기 위해 보낸 대규모의 원정군 때문이었어요. 결국 금관가야가 이끌던 전기 가야 연맹이 무너지기 시작하지요.

그 후 5세기 무렵, 가야는 금관가야로부터 지리적으로 떨어져 있어 고구려군의 공격에도 크게 피해를 입지 않았던 '대가야'가 중심이 되어 새로운 연맹을 주도하게 되었어요. 이것을 후기 가야 연맹이라고 불러요. 그러나 이미 그 무렵에는 고구려, 백제, 신라가 중앙 집권 국가로 성장하여 서로 활발한 정복 전쟁을 벌일 때였어요.

게다가 신라와 백제는 가야 땅을 차지하기 위해 치열한 경쟁을 벌였지요. 그에 비해 가야 연맹은 각 소국이 독자적인 세력을 유지하고 있어서 힘을 하나로 모으지 못했어요.

결국 532년 신라 법흥왕은 금관가야를 멸망시켰어요. 이때부터 금관가야의 왕자 김무력이 신라로 건너가서 장수로 활약하게 됩니다. 그 후 562년 신라 진흥왕 때는 신라 장군 이사부와 화랑 사다함의 활약으로 대가야가 멸망했습니다. 결국 가야의 힘은 약해져 신라에 완전히 속한 나라가 되었답니다.

가야는 삼국의 틈바구니 속에서 5백 년이라는 긴 시간 동안 나라를 지켜온 또 다른 주인공이었습니다. 그러나 연맹 왕국 단계를 넘어서지 못하고 그만 무너지고 말았습니다. 아름다운 문화의 꽃을 피웠던 가야의 사람들은 신라로 넘어가서도 큰 활약을 하였답니다.

## 가야의 인재들이 한 자리에 모이다!

김역사 기자

가야의 멸망은 참 안타깝습니다. 하지만, 가야의 뛰어난 인재들과 문화는 신라로 전해졌습니다. 과연 어떤 인물들이 있는지 알아볼까요?

금관가야의 왕자 김무력

저의 아버지 구형왕은 금관가야의 마지막 왕이셨어요. 금관가야가 멸망하여 신라와 합쳐질 때 우리 금관가야의 왕족과 후손들은 신라의 진골 신분으로 편입되었습니다. 저는 그 후 신라의 장군이 되어 전쟁터에서 크게 활약했습니다. 비록 가야 출신이지만, 저의 활약으로 신라는 나라의 운명을 바꿀 큰 전투에서 번번이 승리할 수 있었습니다. 제 손자인 김유신은 화랑으로도 이름을 날리고 훗날 삼국 통일에 기여하는 장군이 된답니다.

가야 출신의 글쓰기 천재 강수

저는 어렸을 때부터 글쓰기에 뛰어난 재주가 있었어요. 저는 가야가 멸망한 후 신라로 건너가 신라 정부의 관료가 되었습니다. 태종 무열왕 때 당의 사신이 보낸 외교 문서를 해석하고, 신라의 입장을 잘 표현한 답장을 보내 큰 공을 세웠지요. 또한 유학자로 이름을 떨치기도 했습니다. 저는 훗날 설총, 최치원과 함께 신라의 3대 문장가로 꼽히게 된답니다.

가야금 연주자 우륵

저는 멸망을 앞둔 가야를 떠나 신라로 망명했습니다. 신라 진흥왕은 저의 음악적인 재능을 높이 평가해 주었습니다. 저는 왕의 명령에 따라 가야금 소리를 아름답게 들려줄 수 있는 연주곡을 12개나 만들기도 했지요. 국가의 행사 때 사용하는 음악을 만드는 것은, 나라의 힘을 하나로 모을 수 있는 효과가 있었거든요. 가야의 궁정 음악은 신라의 궁정 음악으로 이어졌고, 가야금은 오늘날까지 연주되는 악기로 남게 됐습니다.

김수로 | 연맹 왕국에 머무른 가야!

## 고종훈의 한국사 브리핑

### 인물 핵심 분석 ▶ 김수로

QR 코드를 찍으면 고종훈 선생님의 강의를 볼 수 있어요.

시대 ▶ ?~199년
재위 기간 ▶ 42년~199년
내가 태어난 곳 ▶ 구지봉
내가 제일 좋아하는 물건 ▶ 철로 만든 것
연관 검색어 ▶ 구지가, 가야, 금관가야, 김해 김씨, 철, 가야 연맹
역사적 중요도 ▶ ★★★★★
시험 출제 빈도 ▶ 중요

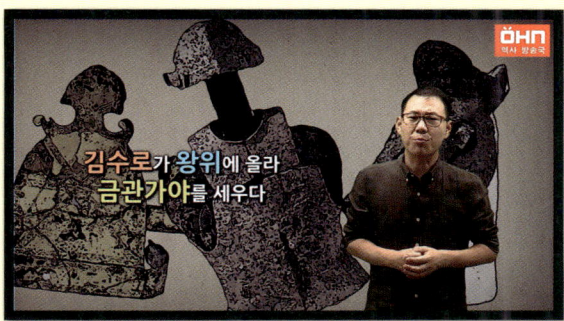

**김수로가 금관가야의 왕이 되었어요.**

어느날 구지봉에서 촌장들이 「구지가」를 부르자 하늘에서 황금알 여섯 개가 들어 있는 황금 상자가 내려왔습니다. **여섯 개의 알에서 아이가 태어났는데 그중 가장 먼저 나타난 김수로가 금관가야의 왕이 되었습니다.**

**금관가야는 풍부한 철을 바탕으로 해상 무역을 통해 번영을 누렸어요.**

가야는 변한 시절부터 철이 풍부했고, 가야인들은 철을 다루는 기술이 매우 뛰어났어요. 왜와 낙랑 사람들은 가야의 철을 사기 위해 가야에 방문했어요. **가야는 풍부한 철을 바탕으로 철의 중계 무역으로 번성을 누렸어요.**

**가야는 중앙 집권 국가로 성장하지 못하고 멸망하였어요.**

가야는 여러 나라로 나뉘어 있어 고대 국가로 발전하지 못하고 연맹 왕국 단계에 머무르고 말았어요. 또한 백제와 신라 사이에 위치하여 두 나라의 압박을 받았습니다. 결국 신라의 법흥왕이 금관가야를 멸망시켰으며 30년 후 신라의 진흥왕이 대가야를 멸망시켰어요.

# 인물 연표  삼국·가야

## 고구려

**1대 동명성왕(고주몽)**
기원전 58~기원전 19
재위 기원전 37~기원전 19
알에서 태어났으며, 활을 잘 쏘았어요. 부인 소서노의 도움을 받아 고구려를 세웠어요.

**6대 태조왕**
47~165
재위 53~146
고구려의 영토 확장에 힘썼으며 연맹 왕국 단계에 있던 고구려를 고대 국가로 발전시켰어요.

**9대 고국천왕**
?~197
재위 179~197
왕위의 형제 상속제를 부자 상속제로 바꾸며 왕권을 키웠고, 을파소와 함께 진대법을 실시했어요.

**17대 소수림왕**
?~384
재위 371~384
불교를 받아들여 고구려를 통합하였고, 태학을 세워 유학을 널리 퍼뜨렸어요. 또한 율령을 반포했어요.

## 백제

**1대 온조왕**
?~28
재위 기원전 18~28
동명성왕이 예씨 부인의 아들을 후계자로 삼자 고구려에서 내려와 한강 유역의 위례성에 백제를 세웠어요.

**8대 고이왕**
?~286
재위 234~286
마한의 여러 지역을 정복했으며 율령을 반포했어요. 이로써 백제는 중앙 집권 국가로 나아갈 수 있었어요.

**13대 근초고왕**
?~375
재위 346~375
마한 땅 전체를 차지하였고, 고구려를 침략했어요. 백제의 역사서인 『서기』를 만들었어요. 칠지도를 일본에 전했답니다.

**21대 개로왕**
?~475
재위 455~475
고구려 스파이인 도림의 꾐에 빠져 무리한 대규모 공사를 추진해 국가 재산을 탕진했어요. 결국 도읍인 한성을 떠나야 했지요.

## 신라

**1대 박혁거세**
기원전 69~4
재위 기원전 57~4
알에서 태어났으며 여섯 촌장의 추대를 받아 서라벌이라는 나라를 세웠지요. 후일 6부족은 6개의 두품으로 흡수되었어요.

**17대 내물 마립간**
?~402
재위 356~402
김씨의 왕위 계승을 확립시켰지요. 왕호로 마립간을 사용했으며 광개토 대왕의 도움을 받아 왜군을 물리쳤어요.

**22대 지증왕**
437~514
재위 500~514
나라 이름을 신라로 확정했으며 왕이라는 칭호를 처음 사용했어요. 우산국을 정복해 영토를 넓히기도 했답니다.

**23대 법흥왕**
?~540
재위 514~540
율령을 반포하고 병부를 설치했으며 불교를 공인해 왕권을 강화시켰어요. 건원이라는 연호를 사용하고, 금관가야를 병합했지요.

**19대**

## 광개토 대왕

374~412
재위 391~412

고구려의 탄탄한 군사력을 바탕으로 영토를 확장하였으며 신라를 도와 왜의 침입을 물리쳤어요.

**20대**

## 장수왕

394~491
재위 413~491

도읍을 평양으로 옮기며 남진 정책을 펼쳤어요. 고구려 역사상 가장 넓은 영토를 차지했지요.

## 을지문덕 ?~?

고구려를 침입한 수에 맞서 싸웠어요. 수의 100만 대군을 살수에서 물리쳤답니다.

## 연개소문 ?~666

고구려 말기에 실권을 잡고 중국에 강하게 대항했어요. 하지만 그의 죽음 이후 고구려는 곧 망하게 되었지요.

**25대**

## 무령왕

462~523
재위 501~523

지방에 22담로를 설치하였으며 고구려에 대한 공격도 강화하였습니다. 무엇보다 무령왕릉으로 유명해요.

**26대**

## 성왕 ?~554
재위 523~554

도읍을 사비로 옮겼으며 중앙에 22개의 실무 관청을 만들었어요. 행정 구역도 정비해 도읍을 5부, 지방을 5방으로 구분해 다스렸어요.

**30대**

## 무왕 ?~641
재위 600~641

미륵사지 석탑을 세워 백제의 힘을 과시했어요. 성왕 대에 쌓인 힘을 바탕으로 신라를 계속 공격했지요.

**31대**

## 의자왕

?~660
재위 641~660

초기에는 모범적 정치를 펼쳤으며 신라를 공격해 영토를 넓히기도 했어요. 하지만 나당 연합군의 공격에 백제를 잃었답니다.

**24대**

## 진흥왕

534~576
재위 540~576

고구려를 공격해 함경도 지방까지 영토를 넓혔어요. 불교를 중시해 황룡사를 지었답니다. 또한 화랑도를 통해 인재를 키웠답니다.

**27대**

## 선덕 여왕

?~647
재위 632~647

여성으로서 최초로 왕이 되었어요. 황룡사 9층 목탑을 세워 불교의 힘으로 백성의 마음을 하나로 모으고자 했어요.

**가야** **1대**

## 김수로

?~199
재위 42~199

여섯 개의 알에서 태어난 아이 중 가장 잘생긴 아이인 김수로가 금관가야의 왕이 되었어요. 가야는 철을 중계 무역하며 번성했어요.

# 찾아보기

5방 145
5부 26, 32, 44, 145
5호 16국 시대 43, 119
6부 195
6좌평 16관등제 111

## ㄱ
가야 60, 63, 119, 125, 179, 226, 227
개로왕 69, 130, 132, 150
거서간 181
계백 164
고구려 부흥 운동 98
고국원왕 42, 55, 70, 119, 179
고국천왕 32, 35, 38
고이왕 110
골품제 196, 216
관산성 전투 148
관창 164
광개토 대왕 54, 59, 128, 179, 213
광개토 대왕릉비 62
국내성 19, 46, 67, 71, 84, 131
근초고왕 43, 118, 212
금관가야 55, 60, 180, 226, 227
금성 59, 154, 179, 189
금와왕 14, 19, 106
김무력 147, 148, 208
김수로 226, 227
김알지 175, 182
김유신 147, 165, 217

## ㄴ
나당 동맹 80
나당 연합군 92, 163, 165
나제 동맹 79, 129, 146
남부여 107, 144
남진 정책 68, 146
내물 마립간 59, 178, 182

## ㄷ
담로 137
당 태종 89, 94, 96
대가야 208, 229
대대로 72, 89
대소 왕자 15
도림 70, 131, 132
돌무지무덤 75, 106, 140
동북공정 74

## ㅁ
마한 119, 123
목지국 110
몽촌 토성 114
무령왕릉 138, 141
무왕 154, 162
무용총 수렵도 49
문주왕 131
미륵사지 석탑 157, 159

## ㅂ
박혁거세 172, 175
발기 38
백제 금동 대향로 158
백제 부흥 운동 166
법흥왕 194, 199, 200
벽골제 137
벽돌무덤 140
변한 225
병부 195
보덕왕 99
보장왕 89, 99
부자 상속제 27, 29, 32, 44, 129
불교 45, 145, 195, 199, 200, 202
비류 19, 20, 103
비유왕 133

## ㅅ
사비 115, 144, 151
살수 83
상대등 73, 196
서동 154
석탈해 174
선덕 여왕 90, 216
선화 공주 154
성왕 79, 107, 144, 146, 157, 208
성충 163
세속 5계 211
소서노 16, 19, 20, 39, 103
소수림왕 42, 44, 179, 206
수 문제 78
수 양제 81
순장 107, 189
실리 외교 67

## ㅇ
아신왕 59, 129
안승 98
안시성 싸움 92, 96
양만춘 97
연개소문 89, 94, 96
연맹 왕국 24, 32, 60, 72, 107, 110, 226
영류왕 88, 94, 99
오녀산성 84
온조 19, 43, 103
왕후 우씨 38
우산국 189, 190
우중문 82
울진 봉평 신라비 194
웅진 70, 115, 131, 144, 151
위례성 104, 129, 150
유리 19, 21, 103
유화 14, 19, 51
율령 47, 113, 194
을파소 33, 35
의자왕 90, 162, 166
이사금 181, 182, 186
이사부 189, 190, 208
이차돈 195, 199, 200
임나일본부설 63

## ㅈ
장군총 85, 106
장수왕 62, 66, 69, 130, 132
정사암 회의 73
제가 회의 72, 107
좌평 73, 111
주몽 15, 18, 20, 103, 107
중앙 집권 국가 24, 29, 46, 72, 111, 115, 229
지증왕 186, 188
진대법 34, 35
진평왕 154, 216
진흥왕 79, 146, 148, 190, 198, 206, 210, 213
진흥왕 순수비 209

## ㅊ
차차웅 181
천리장성 89
천상열차분야지도 218
첨성대 219
청야 전술 82, 88
충주 고구려비 71
친당 정책 88
칠지도 124, 220

## ㅌ
태조왕 25, 28, 44
태학 46, 206

## ㅍ
풍납 토성 115

## ㅎ
한강 68, 70, 79, 104, 128, 137, 148, 206, 212
해모수 14
형사취수제 28, 39, 107
형제 상속제 27, 28, 32
호우명 그릇 61, 180
화랑도 164, 198, 202, 206, 210
화백 회의 73
황건적의 난 26
황룡사 209, 217

한국사, 더 쉽고, 재밌고, 생생하게!

# 생방송 한국사 시리즈

총 10권

**〈생방송 한국사〉에서 생생한 뉴스로 전해드립니다.**

### 시대별 8권
선사 시대·고조선 | 삼국·가야 | 남북국 시대 | 고려
조선 전기 | 조선 후기 | 근대 | 근대·현대

### 종합편 2권
용어 편 (600개 어휘 정리)
문제 편 (한국사능력검정시험대비 문제 수록)

**한국사 대표 강사 고종훈!!**

**수능 한국사 강의 1인자 고종훈 선생님과 함께!
〈생방송 한국사〉로 한국사 완전 정복!!**

- 수능 한국사 강의 독보적 1인자!
- 메가스터디 13년, 누적 유료 수강생 70만 명 돌파!
- 9년 연속 유료 수강생 1위!
- 한국사능력검정시험 고급 합격자 최다 배출!
- 〈생방송 한국사〉 시리즈 감수 및 동영상 강의

**1** 역사 인물의 이야기를 통해 역사를 쉽고 재미있게 이해해요.

**2** 다양한 방송 프로그램 형식으로 시대와 사건의 배경을 알아봐요.

**3** 고종훈 선생님의 동영상 강의로 다시 한 번 개념을 정리해요.

**4** 용어 편, 문제 편으로 한국사능력 검정시험까지 완벽하게 준비해요.

한국사 완전 정복

# 생방송 한국사 시리즈는
## 이런 내용으로 구성되어 있어요.

### 01 선사 시대, 고조선

우리 역사의 시작! 한반도에는 사람들이 언제부터 살기 시작했을까?

### 02 삼국 시대, 가야

고구려, 백제, 신라의 물러날 수 없는 대결! 그리고 홀로 고고히 풍요를 누리던 가야의 이야기!

### 03 남북국 시대

천년 왕국 신라의 시작과 끝! 신라의 저력과, 광활한 영토를 차지했던 발해의 모습!

### 04 고려

드높은 고려의 자긍심! 수많은 외적의 침략을 물리치고 나라를 지켜낸 고려의 이야기!

### 05 조선 전기

유교의 나라, 백성의 나라! 드디어 조선이 시작됐다!

### 06 조선 후기

조선의 위기! 임진왜란 이후 조선의 운명이 달라지기 시작했다!

### 07 근대

일본과 서양 열강이 조선을 노린다! 어떻게든 조선을 지키고자 했던 우리의 슬픈 역사!

### 08 근대, 현대

지금의 대한민국이 있기까지! 우리의 민주주의의 모습!

### 09 용어 편
역사적 흐름 속에서 이해할 수 있도록 구성된 600개의 용어 정리

### 10 문제 편
개념 정리부터 한국사능력검정시험 문제까지 총정리